金融化过程中的
劳动力再生产

Labor Reproduction in the Process of Financialization

黄泽清 著
导师 陈享光

中国社会科学出版社

图书在版编目（CIP）数据

金融化过程中的劳动力再生产 / 黄泽清著. -- 北京：中国社会科学出版社，2025. 2. -- ISBN 978-7-5227-4709-5

Ⅰ. F0-0

中国国家版本馆 CIP 数据核字第 20253SU013 号

出 版 人	赵剑英
责任编辑	王　衡
责任校对	王　森
责任印制	李寡寡

出　　版	中国社会科学出版社
社　　址	北京鼓楼西大街甲 158 号
邮　　编	100720
网　　址	http://www.csspw.cn
发 行 部	010-84083685
门 市 部	010-84029450
经　　销	新华书店及其他书店
印　　刷	北京君升印刷有限公司
装　　订	廊坊市广阳区广增装订厂
版　　次	2025 年 2 月第 1 版
印　　次	2025 年 2 月第 1 次印刷
开　　本	710×1000　1/16
印　　张	16.75
插　　页	2
字　　数	280 千字
定　　价	89.00 元

凡购买中国社会科学出版社图书，如有质量问题请与本社营销中心联系调换
电话：010-84083683
版权所有　侵权必究

《中国社会科学博士论文文库》
编辑委员会

主　　任：李铁映
副 主 任：汝　信　江蓝生　陈佳贵
委　　员：（按姓氏笔画为序）
　　　　　王洛林　王家福　王缉思
　　　　　冯广裕　任继愈　江蓝生
　　　　　汝　信　刘庆柱　刘树成
　　　　　李茂生　李铁映　杨　义
　　　　　何秉孟　邹东涛　余永定
　　　　　沈家煊　张树相　陈佳贵
　　　　　陈祖武　武　寅　郝时远
　　　　　信春鹰　黄宝生　黄浩涛
总 编 辑：赵剑英
学术秘书：冯广裕

总　序

在胡绳同志倡导和主持下，中国社会科学院组成编委会，从全国每年毕业并通过答辩的社会科学博士论文中遴选优秀者纳入《中国社会科学博士论文文库》，由中国社会科学出版社正式出版，这项工作已持续了12年。这12年所出版的论文，代表了这一时期中国社会科学各学科博士学位论文水平，较好地实现了本文库编辑出版的初衷。

编辑出版博士文库，既是培养社会科学各学科学术带头人的有效举措，又是一种重要的文化积累，很有意义。在到中国社会科学院之前，我就曾饶有兴趣地看过文库中的部分论文，到社科院以后，也一直关注和支持文库的出版。新旧世纪之交，原编委会主任胡绳同志仙逝，社科院希望我主持文库编委会的工作，我同意了。社会科学博士都是青年社会科学研究人员，青年是国家的未来，青年社科学者是我们社会科学的未来，我们有责任支持他们更快地成长。

每一个时代总有属于它们自己的问题，"问题就是时代的声音"（马克思语）。坚持理论联系实际，注意研究带全局性的战略问题，是我们党的优良传统。我希望包括博士在内的青年社会科学工作者继承和发扬这一优良传统，密切关注、深入研究21世纪初中国面临的重大时代问题。离开了时代性，脱离了社会潮流，社会科学研究的价值就要受到影响。我是鼓励青年人成名成家的，这是党的需要，国家的需要，人民的需要。但问题在于，什么是名呢？名，就是他的价值得到了社会的承认。如果没有得到社会、人民的承认，他的价值又表现在哪里呢？所以说，价值就在于对社会重大问题的回答和解决。一旦回答了时代性的重大问题，就必然会对社会产生巨大而深刻的影响，你也因此而实现了你的价值。在这方面年轻的博士有很大的优势：精力旺盛，思想敏捷，勤于学习，勇于创新。但青年学者要多向老一辈学者学习，博士尤其要很好地向导师学习，在导师的指导下，发挥自己的优势，研究重大问题，就有可能出好的成果，实现自己的价值。过去12年入选文库的论文，也说明了这一点。

什么是当前时代的重大问题呢？纵观当今世界，无外乎两种社会制度，一种是资本主义制度，一种是社会主义制度。所有的世界观问题、政治问题、理论问题都离不开对这两大制度的基本看法。对于社会主义，马克思主义者和资本主义世界的学者都有很多的研究和论述；对于资本主义，马克思主义者和资本主义世界的学者也有过很多研究和论述。面对这些众说纷纭的思潮和学说，我们应该如何认识？从基本倾向看，资本主义国家的学者、政治家论证的是资本主义的合理性和长期存在的"必然性"；中国的马克思主义者，中国的社会科学工作者，当然要向世界、向社会讲清楚，中国坚持走自己的路一定能实现现代化，中华民族一定能通过社会主义来实现全面的振兴。中国的问题只能由中国人用自己的理论来解决，让外国人来解决中国的问题，是行不通的。也许有的同志会说，马克思主义也是外来的。但是，要知道，马克思主义只是在中国化了以后才解决中国的问题的。如果没有马克思主义的普遍原理与中国革命和建设的实际相结合而形成的毛泽东思想、邓小平理论，马克思主义同样不能解决中国的问题。教条主义是不行的，东教条不行，西教条也不行，什么教条都不行。把学问、理论当教条，本身就是反科学的。

在21世纪，人类所面对的最重大的问题仍然是两大制度问题：这两大制度的前途、命运如何？资本主义会如何变化？社会主义怎么发展？中国特色的社会主义怎么发展？中国学者无论是研究资本主义，还是研究社会主义，最终总是要落脚到解决中国的现实与未来问题。我看中国的未来就是如何保持长期的稳定和发展。只要能长期稳定，就能长期发展；只要能长期发展，中国的社会主义现代化就能实现。

什么是21世纪的重大理论问题？我看还是马克思主义的发展问

题。我们的理论是为中国的发展服务的，绝不是相反。解决中国问题的关键，取决于我们能否更好地坚持和发展马克思主义，特别是发展马克思主义。不能发展马克思主义也就不能坚持马克思主义。一切不发展的、僵化的东西都是坚持不住的，也不可能坚持住。坚持马克思主义，就是要随着实践，随着社会、经济各方面的发展，不断地发展马克思主义。马克思主义没有穷尽真理，也没有包揽一切答案。它所提供给我们的，更多的是认识世界、改造世界的世界观、方法论、价值观，是立场，是方法。我们必须学会运用科学的世界观来认识社会的发展，在实践中不断地丰富和发展马克思主义，只有发展马克思主义才能真正坚持马克思主义。我们年轻的社会科学博士们要以坚持和发展马克思主义为己任，在这方面多出精品力作。我们将优先出版这种成果。

2001 年 8 月 8 日于北戴河

摘 要

在当今社会，金融逐渐丧失了润滑经济摩擦的能力，它开始脱离实体经济并不断抽取当前及未来的经济剩余，呈现出了一种金融化转型的趋势。实际上，金融化是一个动态发展的过程，无论是企业发展的金融化还是资本积累的金融化，都会落脚到对于劳动力的影响上，因为后者是剩余价值的创造者，其再生产能否顺利实现关系到整个资本主义体系的发展进程。随着金融化对于劳动者收入、消费以及其他一切与劳动力再生产相关因素的冲击，劳动力再生产理论亟须革新以适应当前社会经济运行的现实。

第一章、第二章为本书的第一部分。该部分是本书分析的前提与基础，从总体上阐述了研究背景与研究意义、主要内容与研究方法以及逻辑结构与创新不足等，通过梳理多种视角下的金融化文献对金融化过程中的劳动力再生产问题进行了归纳总结，并在对已有文献评述的基础上提出本书研究的主要方向。

第三章为本书的第二部分。该部分是全书的纲领性章节，为后续章节的分析奠定了总基调。首先，第三章阐述了劳动力再生产的一般理论，主要是传统意义上马克思主义政治经济学相关的经典理论；其次，结合资本主义不同发展阶段下劳动力再生产的特征分析了劳动力再生产问题在实践中的演变过程；再次，聚焦当前后福特制资本主义生产方式下，经济金融化的出现以及与之相对应的劳动力再生产的新特征；最后，总结劳动力再生产的决定因素，并阐述金融化过程中分析劳动力再生产的新框架，为后续章节的分析奠定基础。

第二部分研究发现，金融化条件下劳动力再生产的分析框架涉及两个过程，并与资本在七个领域的循环相联系。一方面，劳动力商品循环 $A-$

$G-W_{labor}$ 中的两阶段过程都会受到金融化的影响。在劳动力与资本的交换阶段 $A-G$，金融化能够使得劳动者面临不稳定就业和不稳定薪酬的问题；在劳动者用工资购买生活资料的阶段 $G-W_{labor}$，金融化能够使得劳动力再生产面临公共部门私有化与消费资料金融化的问题。另一方面，金融化条件下的劳动力再生产涉及不同类型的资本在七个领域的循环问题，包括劳动力商品领域、产业资本循环领域、传统的"国家—金融"联合领域、金融化资本扩张领域、金融化条件下的新型"国家—金融"联合领域、固定资本生产流通领域以及消费资料生产流通领域。

第四章至第六章为本书的第三部分。该部分是全书的支撑性章节，为全书分析提供充足的论据。其中，第四章主要分析劳动力作为可变资本参与资本主义生产过程时，金融化对劳动力再生产的影响。主要涉及两个方面：一是资本主义企业爆发股东价值革命的理论逻辑以及金融化对劳动力商品和可变资本的理论影响；二是金融化条件下企业的投资运营实践和裁员战略对劳动者就业和收入的影响。第五章主要分析消费资料金融化对于劳动力再生产成本的影响以及消费信贷稳定状态下的劳动力再生产水平，主要涉及三个方面：一是消费资料的组成结构与金融化逻辑；二是劳动力成本的上升与消费信贷的演进；三是消费信贷的稳定状态及其对应的劳动力再生产水平。第六章从全球化的视角来完善金融化的发展逻辑，主要探究了不同于欧美发达国家自发性金融化的从属性金融化逻辑，并在联系两种金融化的基础上分析其对于核心国家、非核心国家劳动力再生产的影响。

该部分研究的主要结论如下。第一，劳动力商品的金融化是金融化资本家利用金融化资本分割劳动力价值、压低其交换价值的过程，这一过程使得劳动力不再完全是劳动者的商品，而是部分地成了资本家的商品资本。劳动力商品的金融化使得劳动力在被出卖给产业资本家之前，其价值就已经被分割为了两个部分，一个是维持自身生存——仅仅是生存——的消费资料的价值，另一个是偿还给借贷资本家的利息。一旦劳动力的价值被分割为生存消费和利息，那么借贷资本家或生息资本家就占有了劳动力价值的部分所有权，从而占有了其创造出剩余价值的部分所有权。

第二，金融化带来的股东价值逻辑强化了企业运行的短视性，企业投资已经高度金融化了，金融化的企业对于员工采用了多种裁员措施，造成了劳动者薪酬收入的不稳定下行和结构性分化。股东价值导向下的"委托—代理"理论强调了企业短期运营的重要性,与这种短期运营相一致的是"准时生产制"(just in time)的当代资本主义新特征,不仅企业生产销售方面变成准时生产制,而且企业对于部门员工的雇佣策略也变为"准时生产制"了:非核心部门的"多余"工人被"及时地"排除出雇佣体系,从而陷入了不稳定就业的困境;核心部门的工人工资被"及时地"控制在维持其基本生活水平的位置(甚至更低)。

第三,消费资料不同组成结构的金融化提升了劳动力再生产所需消费资料的价格和费用。消费资料的金融化分为四种情况,即一般性消费对象的金融化、一般性消费工具的金融化、耐用性消费对象的金融化、耐用性消费工具的金融化。结合消费过程中的生产、交易以及使用的环节可知,一般性消费对象的金融化主要涉及其交易过程的金融化;一般性消费工具的金融化包括其交易过程的金融化和使用过程的金融化;耐用性消费对象的金融化表现为其交易过程的金融化和使用过程的金融化;耐用性消费工具的金融化主要涉及其生产过程中的金融化问题。实践表明,随着土地和房地产金融化的发展,消费工具的价格在上升,与此同时,美国医疗服务和教育服务等耐用性消费对象也都出现了金融化转型,它们并没有致力于让更多的消费者获得医疗和教育方面的服务,而是按照金融化要求的股东价值最大化逻辑来发展自己,其最终后果必然是医疗和教育费用的持续走高。

第四,在劳动力再生产收入下行、成本上升的情况下,金融化作用下的消费信贷得到了迅速发展,围绕着消费信贷的风险约束,劳资双方虽然能够通过演化博弈的方式来确定消费信贷的稳定状态和最终演化结果,但金融化条件下的消费信贷很难达到稳定的状态,且这种不稳定会进一步加深劳动力再生产所面临的困境。博弈结果表明,在消费信贷利率低于临界值的情况下,随着抵押品金融化程度的不断上升和金融化条件下抵押品折旧率的不断下行,消费信贷会被逐渐抑制,系统的演化稳定状态会大概率趋向于不使用消费信贷,劳动力再生产回归传统上无须消费信贷的水平。但是,当抵押品金融化程度不足、折旧率较大时,劳资双方会朝向都参与消费信贷的方向演化,劳动力再生产几乎完全依赖于消费信贷的水平。前者会因为劳资双方消费信贷概率的错位而不利于劳动力再生产,后者则会通过催化出脱离抵押品融资的平台类消费信贷来加深劳动力再生产的实现困难。

另外，资本全球循环支配着一种新型的金融化，即非核心国家从属性金融化的逻辑，它与核心国家的金融化逻辑相联系，对于两类国家的劳动力再生产造成了新的影响。其中，非核心国家公共产品的私有化和金融化进程加快；"三方联盟"通过并购国内中小企业而挤出大量的劳动力，就业和薪酬不稳定性上升；与国际资本积累相关的劳动者后备军扩大，进而形成新一轮的"过剩劳工"。核心国家的劳动力再生产，一是劳动力市场被进一步分割来加深劳动对金融的隶属；二是加速了非法移民现象，他们被用来对抗本国劳动者，降低了所有劳动者的工资。

第七章为本书的第四部分。该部分主要对全书进行归纳总结，并结合相应结论提出可行的政策建议。本书建议，一是对于企业的股东价值导向型发展进行监管与防控；二是允许金融企业开展合法适当的消费信贷业务，严格控制民间高利贷和非正规消费信贷行为；三是政府部门应充分积极提供公共产品和公共服务，同时加强对于国内外资本市场宏观审慎政策的执行；四是成立战略性国家投资体系，从增量上调节劳动力再生产。

关键词：金融化；劳动力再生产；股东价值；消费资料；消费信贷

Abstract

In today's society, finance has gradually lost its ability to lubricate economic friction, and it has begun to detach itself from the real economy and continue to extract current and future economic surpluses, showing a tendency of financialization transformation. In fact, financialization is a dynamic process, whether it is the financialization of enterprise development or the financialization of capital accumulation, it all comes down to the impact on the labor force, because the latter is the creator of surplus value, and whether its reproduction can be successfully realized has a bearing on the development process of the entire capitalist system. With the impact of financialization on workers' income, consumption and all other factors related to labor reproduction, the theory of labor reproduction needs to be innovated in order to adapt to the reality of the current social and economic operation.

Chapters 1 and 2 are the first part of the book. This part is the premise and foundation of the analysis of this book, which explains the research background and research significance, the main content and research methodology as well as the logical structure and innovation insufficiency in general, summarizes the labor reproduction problem in the process of financialization by combing the financialization literature from various perspectives, and draws the main direction of the research of this book on the basis of the review of the existing literature.

Chapter 3 is the second part of the book. This part is the programmatic chapter of the whole text and sets the general tone for the analysis of the subsequent chapters. First, the chapter elaborates the general theory of labor reproduction, mainly the classical theories related to Marxist political economy in the traditional sense. Second, it analyzes the evolution of the problem of labor reproduction in practice in the light of the characterization of labor reproduction under the different stages of capitalism's development. Third, it focuses on the emergence of the financialization of the economy under the current post-Fortean capitalist mode of production and the corresponding new features of labor reproduction. Finally, summarizes the determinants of labor reproduction and elaborates a new framework for analyzing labor reproduction in the process of financialization, laying the foundation for the analysis in the subsequent chapters.

The second part of the study finds that the analytical framework for labor reproduction under financialization involves two processes and is linked to the circulation of capital in seven areas. On the one hand, both stages of the process in the labor commodity cycle $A - G - W_{labor}$ are affected by financialization. In the stage of exchange between labor and capital $A - G$, financialization can make labor face the problem of unstable employment and unstable pay; in the stage of purchasing means of subsistence with wages $G - W_{labor}$, financialization can make labor reproduction face the problem of privatization of the public sector and financialization of the means of consumption. On the other hand, labor reproduction under the condition of financialization involves the circulation of different types of capitals in seven major fields, including the field of labor commodities, the field of industrial capital circulation, the field of traditional "state-financial" association, the field of financial capital expansion, the field of new type of "state-financial" association under the condition of financialization, the field of "state-financial" association, and the field of new type of "state-financial" association under the condition of financialization. "State-finance" joint field, fixed capital production and circulation field, and the production and circulation field of consumer goods.

Chapters 4 – 6 are the third part of the book. This part is the supporting chapters of the book and provides sufficient arguments for the analysis of the book. Among them, Chapter 4 focuses on the analysis of the impact of financialization on the reproduction of labor when it participates in the capitalist production process as variable capital. It mainly involves two aspects: the theoretical logic of the outbreak of the shareholder value revolution in capitalist enterprises and the theoretical impactof financialization on labor commodities and variable capital; and the impact of the investment and operation practices and retrenchment strategies of enterprises under the conditions of financialization on the employment and income of labor. Chapter 5 focuses on analyzing the impact of the financialization of consumer goods on the reproduction cost of labor and the level of labor reproduction under the steady state of consumer credit, which involves three main aspects: first, the compositional structure of consumer goods and the logic of financialization; second, the rise of labor cost and the evolution of consumer credit; and third, the steady state of consumer credit and its corresponding level of labor reproduction. Chapter 6 is to refine the development logic of financialization from the perspective of globalization, mainly exploring the logic of subordinate financialization which is different from the spontaneous financialization in developed countries in Europe and America, and analyzing its impact on the reproduction of labor force in core and non-core countries on the basis of linking the two kinds of financialization.

The main conclusions of this part of the study are as follows. First, the financialization of the labor commodity is the process by which financialized capitalists use financialized capital to divide the value of labor and depress its exchange value, a process that makes labor no longer entirely a commodity of the worker but partly a commodity capital of the capitalist. The financialization of the commodity of labor makes it possible for the value of labor to be divided into two parts before it is sold to the industrial capitalists: the value of the means of consumption that sustains one's own subsistence-just subsistence-and the value of the repayment of interest to the borrowing capitalists. of interest. Once the value of labor is split between subsistence consumption and interest, then the lending or interest-bearing capitalist takes partial ownership of the value of labor, and thus of the part of it that creates surplus value.

Second, the logic of shareholder value brought about byfinancialization reinforces the short-sightedness of corporate operations; corporate investments have become highly financialized, and financialized corporations have adopted a variety of retrenchment measures for their employees, resulting in a precarious downward spiral of workers' compensation and income and structural differentiation. Shareholder value-oriented principal-agent theory emphasizes the importance of short-term operations, which is consistent with the new feature of contemporary capitalism, "just in time", where not only does production and sales become just in time, but also the production and sales of enterprises become just in time, and the production and sales of enterprises become just in time. not only in terms of production and sales, but also in terms of the hiring strategy of the sectoral employees: "redundant" workers in non-core sectors are "just in time" removed from the hiring system, thus falling into precarious employment. The "redundant" workers in non-core sectors are "just in time" excluded from the hiring system and thus trapped in precarious employment; the wages of workers in the core sectors are "just in time" kept at a level that maintains their basic standard of living (or even lower).

Third, the financialization of the different components of the means of consumption raises the prices and costs of the means of consumption needed for the reproduction of labour. The financialization of the means of consumption is divided into four cases, namely, the financialization of general consumption objects, the financialization of general consumption instruments, the financialization of durable consumption objects, and the financialization of durable consumption instruments. Combined with the production, transaction and use segments of the consumption process, it can be seen that the financialization of general consumption objects mainly involves the financialization of their transaction process; the financialization of general consumption tools includes the financialization of their transaction process and the financialization of their use process; the financialization of durable consumption objects is manifested in the financialization of their transaction process and the financialization of their use process; and the financialization of durable consumption tools is mainly concerned with the financialization of their financialization of the production process. Practice shows that with the development of financialization of land and real estate, the price of consumption tools is rising, at the same time, the U. S. health care services and education services and other durable consumption objects have also appeared in the financialization of the transition, they are not committed to allowing more consumers to access health care and education services, but rather, in accordance with the logic of the maximization of shareholder value required by the financialization of the development of their own, and the ultimate consequence will inevitably be the health care and education costs continue to rise. continued high costs of education.

Finally, under the situation of downward income and rising costs of labor reproduction, consumer credit under financialization has developed rapidly. Around the risk constraints of consumer credit, although both employers and employees are able to determine the stable state of consumer credit and the final evolution of the outcome by means of evolutionary games, it is difficult to achieve a stable state of consumer credit under financialization, and this instability will further deepen the difficulties faced by labor reproduction. The results of the game show that in the case where the consumer credit rate is lower than the critical value, as the degree of collateral financialization continues to rise and the depreciation rate of collateral under the condition of financialization continues to decline, consumer credit will be gradually suppressed, and the evolutionary stable state of the system will tend to not use consumer credit with a high probability, and the reproduction of labor returns to the level of the traditional level that does not need consumer credit. However, when collateral financialization is insufficient and depreciation rates are large, labor and management will evolve in the direction where both participate in consumer credit, and labor reproduction is almost entirely dependent on the level of consumer credit. The former would be detrimental to labor reproduction because of the mismatch in the probability of labor-management consumer credit, while the latter would deepen the difficulty of realizing labor reproduction by catalyzing the emergence of platform-type consumer credit that is financed out of collateral.

In addition, the global circulation of capital has dominated a new type of financialization, namely, the logic of subordinatefinancialization of non-core countries, which is linked to the logic of financialization of core countries, with new implications for the reproduction of labour in both types of countries. In particular, the privatization and financialization of public goods in the non-core countries has accelerated; the "tripartite alliances" have squeezed out large numbers of workers through the acquisition of domestic small and medium-sized enterprises (SMEs), which has led to an increase in the precariousness of employment and remuneration; and the expansion of the reserve army of workers associated with the accumulation of international capital has created a new wave of "surplus labor". The reproduction of labor in the core countries has either further fragmented the labor market to deepen the financial subordination of labor, or accelerated the phenomenon of illegal immigrants, who have been used against national workers to lower the wages of all workers.

Chapter 7 is the fourth part of the book. This part focuses on summarizing the full text and proposing feasible policy recommendations with corresponding conclusions. The book suggests that, first, to regulate and prevent the shareholder value-oriented development of enterprises. Second, financial enterprises should be allowed to carry out legitimate and appropriate consumer credit business, and private loan-sharking and informal consumer credit behavior should be strictly controlled. Third, government departments should actively provide public products and services, and strengthen the implementation of macro-prudential policies for domestic and foreign capital markets. Fourth, a strategic national investment system should be set up to regulate the reproduction of labor at an incremental level.

Key Words: Financialization; Labor Reproduction; Shareholder Value; Means of Consumption; Consumer Credit

目　　录

第一章　导论 …………………………………………………………（1）
　　第一节　选题背景与选题意义 …………………………………（1）
　　第二节　主要内容与研究逻辑 …………………………………（4）
　　第三节　概念界定与研究方法 …………………………………（6）
　　第四节　主要创新点与可改进之处 ……………………………（9）

第二章　文献综述 ……………………………………………………（10）
　　第一节　新型积累体制视角下的金融化与劳动力再生产 ……（10）
　　第二节　股东价值导向视角下的金融化与劳动力再生产 ……（15）
　　第三节　日常生活视角下的金融化与劳动力再生产 …………（20）
　　第四节　对已有文献的评述 ……………………………………（24）

第三章　金融化条件下劳动力再生产理论分析框架 ………………（30）
　　第一节　劳动力再生产的一般理论 ……………………………（30）
　　第二节　资本主义不同历史阶段的劳动力再生产过程 ………（42）
　　第三节　金融化资本的形成逻辑与基本特征 …………………（55）
　　第四节　金融化背景下劳动力再生产新特征与理论分析
　　　　　　新框架 ……………………………………………………（66）

第四章　劳动力商品的金融化与可变资本的价值补偿 ……………（74）
　　第一节　劳动力商品的金融化过程 ……………………………（74）
　　第二节　金融化企业的短视性及其对可变资本价值补偿的
　　　　　　影响 ………………………………………………………（82）

第三节　股东价值导向下的企业投资运营战略 …………… (95)
　　第四节　企业的裁员战略与劳工的结构性薪酬 …………… (111)

第五章　消费资料的金融化与消费信贷的演进过程 ………… (130)
　　第一节　劳动力再生产所需消费资料的金融化 …………… (130)
　　第二节　劳动力再生产成本的上升与消费信贷的演进 …… (143)
　　第三节　消费信贷的发展现状、风险约束与演化稳定状态 …… (160)

第六章　全球视角下的金融化与劳动力再生产 ……………… (178)
　　第一节　资本全球循环及其支配下的从属性金融化 ……… (178)
　　第二节　两种金融化的关系及其共同影响下的劳动力再生产 …… (188)
　　第三节　资本全球流动对劳动力再生产影响的计量分析 …… (196)

第七章　结论与政策建议 ……………………………………… (215)
　　第一节　主要结论 …………………………………………… (215)
　　第二节　政策建议 …………………………………………… (219)

参考文献 ………………………………………………………… (221)

索　引 …………………………………………………………… (239)

后　记 …………………………………………………………… (242)

Contents

Chapter 1 Introduction ··· (1)
  Section 1 Background and Significance of Topic Selection ············ (1)
  Section 2 Main Content and Research Logic ······························· (4)
  Section 3 Concept Definition and Research Methods ····················· (6)
  Section 4 Main Innovations and Improvements ···························· (9)

Chapter 2 Literature Review ·· (10)
  Section 1 Financialization and Labor Reproduction from the
             Perspective of the New Accumulation System ··············· (10)
  Section 2 Financialization and Labor Reproduction from the
             Perspective of Shareholder Value Orientation ··············· (15)
  Section 3 Financialization and Labor Reproduction from the
             Perspective of Daily Life ·· (20)
  Section 4 Review of Existing Literature ···································· (24)

**Chapter 3 Theoretical Analytical Framework of Labor Reproduction
           under the Condition of Financialization** ···················· (30)
  Section 1 General Theory of the Reproduction of Labor Force ······ (30)
  Section 2 The Process of Reproduction of Labor Power at Different
             Historical Stages of Capitalism ·································· (42)
  Section 3 The Formation Logic and Basic Characteristics of
             Financialized Capital ·· (55)

Section 4　New Characteristics of Labor Reproduction in the Context of Financialization and a New Framework for Theoretical Analysis ················ (66)

Chapter 4　The Financialization of Labor Commodities and the Value Compensation of Variable Capital ············ (74)
Section 1　The Process of Financialization of Labor Commodities ······ (74)
Section 2　The Short-sightedness of Financialized Enterprises and their Impact on the Compensation of Variable Capital Value ················ (82)
Section 3　Enterprise Investment and Operation Strategies Guided by Shareholder Value ················ (95)
Section 4　Layoff Strategies of Enterprises and Structural Compensation of Workers ················ (111)

Chapter 5　The Financialization of Consumer Means and the Evolution of Consumer Credit ················ (130)
Section 1　Financialization of theMeans of Consumption Required for the Reproduction of Labor Force ················ (130)
Section 2　The Rise of Labor Reproduction Costs and the Evolution of Consumer Credit ················ (143)
Section 3　The Development Status, Risk Constraints, and Evolutionary Stability of Consumer Credit ················ (160)

Chapter 6　Financialization and Labor Reproduction from a Global Perspective ················ (178)
Section 1　The Global Circulation of Capital and the Financialization of Subordinate Attributes under Its Domination ············ (178)
Section 2　The Relationship between the Two Financializations and the Reproduction of Labor under Their Common Influence ················ (188)

Section 3 Econometric Analysis of the Impact of Global Capital
          Flows on Labor Reproduction ················· (196)

Chapter 7 Conclusions and Policy Recommendations ·············· (215)
Section 1 Main Conclusions ··· (215)
Section 2 Policy Recommendations ································· (219)

References ··· (221)

Index ·· (239)

Postscript ··· (242)

第一章

导 论

第一节 选题背景与选题意义

一 选题背景

当今社会存在着一种金融化转型的事实：金融逐渐丧失了润滑经济摩擦的能力，它开始脱离实体经济并不断抽取当前及未来的经济剩余。为了探究金融化对于经济社会造成的影响，学界从多个角度进行了分析，包括非金融性企业的金融化问题、经济危机的金融化解释以及资本积累形式的金融化转型等内容。然而，与金融化过程的各方面都联系紧密的劳动力再生产问题却没有得到学者的足够关注。实际上，金融化是一个动态发展的过程，它是资本主义发展到一定阶段的产物，无论是企业发展的金融化还是资本积累的金融化，其都会落脚到对于劳动力的影响上，因为后者是剩余价值的创造者，其再生产能否顺利实现关系到整个资本主义体系的发展进程。随着金融化对于劳动者收入、消费以及其他一切与劳动力再生产相关因素的不断冲击，原先传统的理论很难解释这一过程中劳动力再生产所出现的各种问题，劳动力再生产理论亟须革新以适应当前社会经济运行的现实。

根据拉帕维查斯[①]的分析，2008年国际金融危机并非直接爆发于生产过程，而是与金融化影响下的个人收入相关，具体而言，主要涉及个人收入与住房、教育、医疗、养老以及保险等方面支出关系。据统计，美国普

---

① ［希］考斯达斯·拉帕维查斯：《金融化了的资本主义：危机和金融掠夺》，李安译，载柳欣、张宇主编《政治经济学评论》第15辑，中国人民大学出版社2009年版。

通工人工资收入的40%用于住房，15%用于基于住房的社会保障和医疗等其他债务，15%用于学生贷款、汽车贷款等债务的支付，只有不到1/3的工资收入用于日常的食品、衣物等消费支出①，住房等消费资料的金融化在很大程度上挤压了劳动者的日常生活质量，从而不利于劳动力再生产的持续进行。不仅在美国，在中国，劳动力的再生产也同样受到金融化趋势的影响。资料显示，自2008年以来，中国A股市场上市公司中房地产、医疗和教育类企业的总利润占A股市场总利润的比例长期高于40%，2015年甚至超过了60%，如果利润最高的行业都是劳动力再生产的相关行业，那么在收入既定的条件下，其对于劳动力质量的负向影响将会不断加强，而在收入相对稳定的假定也难以成立的情况下，其对于劳动力水平的挤压就更是可见一斑了。事实表明，金融化在提升消费资料价格的同时并没有同比例提升劳动者的收入。统计数据表明，中国居民收入中的工资性收入占可支配收入的比例不断走低，已经由20世纪90年代的80%降到2017年的不足70%，同时，城镇单位平均工资的同比增速也由2000年初的16%震荡下行，至2016年已跌破9%。另外，如果把居民收入与消费资料价格结合起来比较，那么劳动力再生产的问题将变得更加严重。据统计，截至2022年中国重点城市的房价收入比普遍超出3—6倍的合理空间，其中深圳、上海和北京的房价收入比甚至超出25倍，分别达到36.5倍、35.2倍和29.4倍之高。上述实践经验表明，金融化一方面能够抬升消费资料的价格，另一方面又存在抑制劳动者工资稳定发展的可能。

可见，传统经典劳动力再生产理论亟待完善和金融化的发展实践分别从理论和实践两个方面对当今社会的劳动力再生产问题提出了挑战，如何在这一背景下分析金融化对于劳动力再生产的影响是一个亟待研究的选题。

二 选题意义

（一）理论解释意义

首先，学界对于金融化问题的讨论主要聚焦国家经济宏观层面的金融化或者行业运营中观层面的金融化，而对于日常生活微观层面金融化的研

---

① 宋宪萍、梁俊尚：《基于资本循环框架的金融化与空间化》，《马克思主义研究》2014年第10期。

究则略显不足。实际上，20世纪80年代以来，金融化具有如此强大的生命力，很大程度上是由于其不断融入日常生活的各个领域，影响日常行为的各个方面带来的。不仅如此，由于劳动力在资本主义生产过程中具有极其重要的地位，因此，本书所研究的金融化过程中的劳动力再生产问题不仅是一个只关注日常生活的微观问题，更是一个涉及行业运营以及经济运行的中观及宏观问题。劳动力再生产像是一条逻辑链条，通过资本的循环周转把微观、中观以及宏观问题串联在了一起。其次，在金融化的作用下，传统政治经济学理论所认为的生息资本从属于产业资本"规训"的结论已经引起了学者们的质疑和讨论，与此相对应，传统政治经济学理论所给出的工资不会低于劳动力价值的假设也不再适用。在工资经常低于劳动力价值、消费资料价格总是偏离价值基础的情况下，如果再套用传统理论来解释当代的劳动力再生产问题就容易出现南辕北辙的可能。因此，基于金融化运行的逻辑来解释当代劳动力再生产问题对于拓展宏微观经济金融理论以及劳动力再生产理论都具有重要的意义。

(二) 实践指导意义

首先，本书有助于中国通过吸取欧美经济金融化挤压劳动力再生产的教训来实现国内劳动力再生产的顺利进行，并借此促进经济金融的良性发展。欧美发达资本主义国家的经济金融化使得其居民的劳动力再生产受到严重的影响，而当它们再试图通过金融化的方式提升消费信贷来解决这一问题时却点燃了金融危机的导火索。由于中国也存在金融发展不平衡不充分的现象，存在部分金融要素发展不足、部分金融要素发展过剩的趋势，所以需要厘清金融化过程中的劳动力再生产运行机制以避免出现类似的经济金融危机。其次，随着中国特色社会主义进入新时代，我国经济步入高质量发展的新发展阶段，但仍存在许多卡点瓶颈，"群众在就业、教育、医疗、托育、养老、住房等方面面临不少难题"[①]。在劳动者就业困难、劳动收入增长缓慢等问题出现的同时，房地产、教育、医疗等具有社会公共品性质的行业利润却大幅增长，严重影响了中国劳动力的质量，降低了中国劳动力再生产的水平。因此，厘清这一背后的原因对于劳动力再生产相关行业的发展具有非常重要的指导意义。最后，我国社会主要矛盾是人

---

① 习近平：《高举中国特色社会主义伟大旗帜　为全面建设社会主义现代化国家而团结奋斗——在中国共产党第二十次全国代表大会上的报告》，人民出版社2022年版，第14页。

民日益增长的美好生活需要和不平衡不充分的发展之间的矛盾。只有准确识别出当前日常生活中出现的问题，特别是劳动力再生产相关的问题，才能为提升人民的生活质量提供切实可行的指导意见。如果不加节制地直接套用欧美国家发展消费信贷来解决日常生活的发展问题就容易走上居民收入不稳定、经济金融化加剧之路。可见，分析金融化过程中的劳动力再生产问题不仅能解决当前国内劳动力再生产所面临的问题，还能为提升人民生活质量、解决中国社会主义的主要矛盾提供可行方案，具有十分重要的实践意义。

第二节 主要内容与研究逻辑

一 主要内容

本书主要研究的是金融化过程中的劳动力再生产问题，即分析在金融化发展过程中劳动力再生产的各个环节是如何运行的、劳动力再生产的金融化表现以及这一表现是如何变化的。

为了系统性地分析这一问题，本书拟做如下努力。首先，本书需要构建一个金融化条件下劳动力再生产的新框架，即通过分析资本主义各个发展阶段的劳动力再生产问题阐述当前经济金融化阶段劳动力再生产的新特征并据此给出劳动力再生产的新分析框架。劳动力再生产是与资本主义发展进程相伴而生的概念，它的发展离不开对于不同历史阶段的资本主义生产方式的分析。在马克思生活的时代，产业资本主导着资本积累；到列宁生活的时代以及第二次世界大战后的资本主义黄金时代里，金融资本逐渐成为主导型资本；而20世纪80年代后，随着经济全球化的加速和金融化的发展，主导资本积累的资本形式又可能被一种新型的资本所代替。可见，主导型资本的不断变化会影响劳动力参与资本循环周转的方式并通过赋予劳动力再生产的新特征来影响其具体的实现过程。特别是20世纪90年代以来，随着资本主义生产的全球化扩张和企业股东价值最大化逻辑的不断深入，传统的政治经济学理论已经难以完整地分析当代的劳动力再生产过程。因此，需要联系资本主义生产方式和资本循环周转的变化来提出分析当代金融化过程中劳动力再生产的新框架。

其次，本书需要根据新的理论框架分析劳动力再生产的两个主要形成要素。一方面，分析金融化条件下劳动力作为可变资本参与资本循环运动的整个过程。首先是从理论上分析劳动力商品的金融化过程，然后由企业股东价值导向逻辑出发分析金融化企业的短视性及其对可变资本价值补偿的影响，最后结合企业的金融化实践分析其投资运营和裁员战略对于劳动者就业和收入的影响。另一方面，通过消费资料的金融化分析金融化对于劳动力再生产成本的影响，并结合消费信贷的稳定状态探究金融化条件下的劳动力再生产水平。具体而言，首先分析消费资料的组成结构及其金融化的逻辑，然后分析金融化条件下劳动力再生产成本的上升以及消费信贷的发展，最后在分析消费信贷风险约束的基础上探讨其演化稳定状态以及与之相适应的劳动力再生产水平。

最后，尽管金融化在少数西方发达国家，特别是美国表现得尤为突出，但是，本书的分析表明，金融化并不是少数发达国家的特例，美国的金融化需要其他非核心国家在金融和经济层面的支撑，而其他国家也会因为这一原因面临经济的金融化。事实上，经济的金融化并不是只有美国金融化这一种模式，金融化对于劳动力再生产的影响需要考虑全球视角。鉴于此，本书后一部分的研究内容将从全球化的视角来完善金融化的发展逻辑，通过分析资本的全球循环提出一种区别于欧美发达国家的、适用于发展中国家的从属性金融化逻辑，并在联系两种金融化的基础上分析其对于劳动力再生产造成的影响。金融化的发展方式并不是单一的，欠发达国家在金融发展并不完备的情况下也会出现一种依附于发达国家的从属性金融化。因此，一方面，需要在分析从属性金融化形成原因的基础上对金融化逻辑进行补充，从而完善金融化的发展过程；另一方面，需要分析完整的金融化过程对于核心国家与非核心国家的劳动力再生产分别带来什么新问题、二者的联系是什么以及如何解决这些问题。

二 研究逻辑

第一章、第二章为本书的第一部分。该部分是本书分析的前提与基础，从总体上阐述了研究背景与研究意义、主要内容与研究方法以及逻辑结构与创新不足等，通过梳理多种视角下的金融化文献对金融化过程中的劳动力再生产问题进行了归纳总结，并在对已有文献评述的基础上得出本书研究的主要方向。

第三章为本书的第二部分。该部分是全书的纲领性章节，为后续章节的分析奠定了总基调。首先，第三章阐述了劳动力再生产的一般理论，主要是传统意义上马克思主义政治经济学相关的经典理论；其次，结合资本主义不同发展阶段下劳动力再生产的特征分析了劳动力再生产问题在实践中的演变过程；再次，聚焦当前后福特制资本主义生产方式下，经济金融化的出现以及与之相对应的劳动力再生产的新特征；最后，总结劳动力再生产的决定因素，并阐述金融化过程中分析劳动力再生产的新框架，为后续章节的分析奠定基础。

第四章至第六章为本书的第三部分。该部分是全书的支撑性章节，为全书分析提供充足的论据。其中，第四章主要分析劳动力作为可变资本参与资本主义生产过程时，金融化对劳动力再生产的影响。主要涉及两个方面：一是资本主义企业爆发股东价值革命的理论逻辑以及金融化对劳动力商品和可变资本的理论影响；二是金融化条件下企业的投资运营实践和裁员战略对劳动者就业和收入的影响。第五章主要分析消费资料金融化对于劳动力再生产成本的影响以及消费信贷稳定状态下的劳动力再生产水平，主要涉及以下三个方面：一是消费资料的组成结构与金融化逻辑；二是劳动力成本的上升与消费信贷的演进；三是消费信贷的稳定状态及其对应的劳动力再生产水平。第六章是从全球化的视角来完善金融化的发展逻辑，主要探究了不同于欧美发达国家自发性金融化的从属性金融化逻辑，并在联系两种金融化的基础上分析其对于核心国家、非核心国家劳动力再生产的影响。

第七章为本书的第四部分。该部分主要对全书进行归纳总结，并结合相应结论提出可行的政策建议。

第三节　概念界定与研究方法

一　概念界定

一方面，需要对本书的研究主题——金融化过程中的劳动力再生产进行概念界定。实际上，金融化过程中的劳动力再生产就是指劳动力是如何在金融化的过程中实现自身再生产的。具体而言，包括三个方面的内容：一是劳动力商品价值和价格的金融化，即金融化对于劳动者薪酬或可变资本的影响；二是劳动力再生产所需消费资料的金融化，即金融化对于劳动者再生产自身劳动力所需消费资料的影响；三是劳动力再生产结果的金融化，即金融化对于劳动力再生产最终实现结果的影响。值得注意的是，金融化过程中的劳动力再生产问题并不能单纯地概括为劳动力再生产的金融化，后者主要是指在经济金融化的宏观背景下，劳动力再生产最终实现结果的金融化表现，或者更具体地讲，是当前劳动者所面临的消费信贷金融化问题。而这只是前者要研究的内容之一，是分析了劳动力再生产各个环节的金融化运行过程之后，劳动力再生产过程最终结果的金融化表现。换言之，金融化过程中的劳动力再生产是个动态的概念，涵盖金融化过程和劳动力再生产过程以及两种过程的联系，而劳动力再生产的金融化则是一个相对静态的结果。

另一方面，需要对本书最核心的两个概念，即金融化和劳动力再生产进行界定。劳动力再生产的概念毋庸赘述，它是指补偿劳动者对自身体力和智力消耗的过程，即这个劳动者自身的再生产过程，从而也就是维持这个劳动者自身再生产的生活资料的生产和再生产过程。值得注意的是，本书中的劳动力再生产不仅涉及劳动力商品的价值和可变资本的价格等相对静态的问题，还涉及二者是如何通过生产和流通动态地结合在一起的问题，从而是一种动态的劳动力再生产过程①。

"金融化"（financialization）的概念界定则相对复杂一些。本书中探究的金融化不仅是一种金融结构或经济结构的转型趋势，更是生产方式转变后所出现的一种经济社会现象，是主体行为活动逐渐依赖于金融的过程。质言之，是主体实践行为（praxis）的金融化（financialized）过程。马克思认为，"全部社会生活在本质上是实践的"②，而物质生产实践在其中起主导作用，在不同的社会形态，物质生产实践又寓于特定的生产方式之中。因此，作为人类经济活动的一种特殊表现形式，金融以及金融的变化趋势或者金融化，需要从生产方式以及生产方式的变化趋势中去探寻其本质。从20世纪之前产业资本主导下的生产方式，到20世纪绝大多数时期金融资本主导下的生产方式，再到当前新型金融资本主导下的生产方式，资本主导的生产方式已经历了多个阶段。与不同阶段相适应的是主要经济现象的变化，即20世纪之前完全竞争的经济现象，到20世纪

---

① 黄泽清、李连波：《马克思劳动力再生产理论的再认识——基于两类流通过程的动态分析》，《马克思主义与现实》2023年第1期。
② 《马克思恩格斯选集》（第1卷），人民出版社2012年版，第135页。

绝大多数时期垄断竞争的经济和金融现象，再到当前时期新型垄断竞争的金融化现象。以上分析表明，金融化是当一种新型金融资本[①]积累导致资本主义生产方式发生变化后，经济社会所呈现出的一种特殊金融现象，具体表现为人类实践活动逐渐依赖于金融过程，造成了金融和经济结构的转型趋势。

二 研究方法

一方面，在遵循历史唯物主义的基础上，本书采用了从抽象到具体，从一般到特殊的逻辑演绎法。首先，为了分析当代劳动力再生产的新特征，本书先是抽象分析了劳动力再生产的一般理论，然后通过比较不同资本主义历史发展阶段劳动力再生产的特征，演绎出当代资本主义发展到金融化阶段下劳动力再生产的新特征。其次，为了分析金融化对于劳动力再生产两个形成要素的影响，本书先分别探讨了劳动力作为可变资本参与资本循环周转的过程、作为特殊商品被购买时的成本变化过程，然后根据可变资本实现的不同情形、劳动力商品的组成结构具体分析金融化对劳动力再生产形成要素的影响。最后，为了分析特定国家金融化对于劳动力再生产的影响，本书先是抽象出从属性金融化理论，完善了金融化的整体过程，然后在此基础上分别研究其对于发达国家和欠发达国家劳动力再生产的具体冲击。

另一方面，本书在行文过程中采用了理论比较、数理建模等定性研究与计量建模等定量研究相结合的研究方法。首先，通过对相关文献及理论的梳理，统一了关于金融化条件下劳动力再生产的多种理论，并构建了一个适合当今社会情形的新分析框架。其次，在综合分析金融化对于劳动力再生产收入和成本的影响后，建立数理模型分析金融化条件下劳动力再生产的稳定状态。最后，在完善核心国家自发性金融化和非核心国家从属性金融化的整体金融化逻辑基础上，构建计量模型，定量分析金融化对于不同类型国家劳动者收入的影响。

[①] 本书第三章第三节有关于这一新型金融资本即金融化资本的具体分析。参见陈享光、黄泽清《金融化、虚拟经济与实体经济的发展——兼论"脱实向虚"问题》，《中国人民大学学报》2020年第5期。

第四节 主要创新点与可改进之处

一 主要创新点

一方面，本书考察了金融化资本主导阶段的劳动力再生产问题。在资本主义金融化的背景下，作为可变资本参与生产过程的劳动力会因为金融化对企业行为的冲击而受到影响；作为特殊商品资本参与资本循环的劳动力也会因为金融化对其消费的物质资料成本的冲击而发生变化。产业资本主导下的劳动力再生产理论已不再适用，本书对其进行了改造与创新。

另一方面，本书拓宽了金融化的研究领域、完善了金融化的发展逻辑。长期以来，学者对于金融化的关注大多停留在宏观经济的金融化转型、经济金融危机以及非金融企业金融化方面，鲜有对于微观层面金融化对劳动力再生产影响的关注。作为连接物质资料再生产和生产关系再生产的关键环节，劳动力的再生产能够为金融化的相关研究提供一个更为微观的理论支撑。另外，本书关于从属性金融化的分析完善了金融化的发展逻辑，为同时存在金融发展不足、金融化趋势明显的非核心国家提供了一个较为合理的分析依据。

二 可改进之处

一方面，薪酬的结构性划分使得数据的可得性受到了制约。本书在探讨金融化对于劳动者不稳定薪酬的影响时，没有利用计量工具对其影响程度给出定量分析，未来可以利用统计学方法测算出薪酬结构的数据，然后比较分析金融化对于基本工资的影响以及金融化对于绩效工资和股票期权的影响。

另一方面，消费信贷的演化博弈模型只是从理论上对演化稳定状态进行了阐述，并没有结合实践数据，对这一稳定状态进行数值模拟。未来可以分别利用美国、欧洲以及中国的相关数据，数值模拟出消费信贷的演化稳定状态，从而进一步讨论劳动力再生产面临的困境。

第二章

文献综述

学界尚没有文献就金融化与劳动力再生产的关系进行全面细致的分析,但存在着关于金融化如何影响劳动力再生产各环节要素的讨论,如金融化对于劳动者工资收入的影响、金融化对于消费资料价格的影响以及金融化对于消费信贷的影响等。然而,学界对于金融化概念的认识并没有达成共识,金融化对劳动力再生产相关要素的影响也存在多种分析视角。鉴于此,本章分别从新型积累体制、股东价值导向以及日常生活金融化三个角度综述金融化对于劳动力再生产相关要素的影响。

第一节 新型积累体制视角下的金融化与劳动力再生产

法国调节学派认为,金融化是对福特制积累的一种继承,其代表人物Aglietta[1]曾指出,随着后福特制的到来,凯恩斯理论主导下的经济开始转向了金融主导的经济。调节学派的另一位代表人物Boyer[2]则进一步分析了金融主导型经济条件下的劳动力再生产问题。他认为,金融主导的增长机制始于对20世纪70年代以来生产率下行的回应。该机制开发

---

[1] Michel Aglietta, "Shareholder Value and Corporate Governance: Some Tricky Questions", *Economy and Society*, Vol. 29, No. 1, 2000, pp. 146–159.

[2] Robert Boyer, "Is a Finance-Led Growth Regime a Viable Alternative to Fordism? A Preliminary Analysis", *Economy and Society*, Vol. 29, No. 1, 2000, pp. 111–145.

了一种替代制度，将灵活的劳动力市场与信贷扩张相结合，以便在实际工资停滞不前的情况下维持一种信贷消费。Marazzi[①]认为，在后福特制结构下的金融化资本主义中，工人工资经常面临动荡减少的风险，这使得利润的实现需要通过非工资性收入，如金融资产收入的消费来完成。因此，在这种情况下，社会资本的再生产要依靠食利者的消费以及债务消费来进行。在美国，雇佣工人的金融资产收入主要分为房地产收入和非房地产收入，前者及其衍生性收入占到金融资产收入的89%，后者则为20%左右。

与上述观点类似，西方马克思主义学者拉帕维查斯（Lapavitsas）[②]强调了金融化使得资本从家庭部门直接抽取金融市场的利润，而不用通过剩余价值的生产来间接抽取利润的可能性。他将这种从流通领域中抽取利润的方式称为"金融掠夺"。由于这种方式与个人的收入联系在一起，因此工人为了满足基本的生存条件而被吸收进入了金融体系的范围，且随着新自由主义条件下社会对于住房、养老以及教育等领域供应的紧缺，工人对于货币支付手段的依赖会更加突出。在最近的研究中，Lapavitsas[③]以及Lapavitsas和Mendieta-Muñoz[④]通过计算美国金融部门以及家庭部门的债务积累重新评估了金融危机以来美国金融化的新发展。通过对美国净息差（NIM）和非利息收入（NII）的测算，他们发现，金融危机成为美国金融化进程的重要"分水岭"，在金融危机之前，美国金融利润、企业债务以及家庭抵押债务都在上升，而金融危机之后，企业金融利润出现了停滞、家庭部门减少了对住房抵押贷款等正规金融系统的接触，政府部门则通过非传统的货币政策来对金融体系提供流动性。因此，金融化获得了一个更强的公众维度，金融机构更加依赖政府的支持，但政府又会通过监管来降

---

① Christian Marazzi, *The Violence of Financial Capitalism*, Cambridge, Mass and London: MIT Press, 2010, pp. 34.

② ［希］考斯达斯·拉帕维查斯：《金融化了的资本主义：危机和金融掠夺》，李安译，载柳欣、张宇主编《政治经济学评论》第15辑，中国人民大学出版社2009年版；Costas Lapavitsas, "Theorizing Financialisation", *Work, Employment, and Society*, Vol. 25, No. 4, 2011, pp. 611 - 626; Costas Lapavitsas, *Profiting without Producing: How Finance Exploits Us All*, London: Verso Press, 2013, pp. 138 - 167。

③ Costas Lapavitsas, "Explaining the Historic Rise in Financial Profits in the US Economy", University of Utah Department of Economics Working Paper Series, No. 6, 2017.

④ Costas Lapavitsas, Ivan Mendieta-Muñoz, "Fnancialization at A Watershed in the USA", *Competition & Change*, Vol. 22, No. 5, 2018, pp. 488 - 508.

低金融利润。美国垄断资本学派的代表人物约翰·B.福斯特等[①]认为，一方面资本主义体制并没有突破垄断阶段来推动资本积累，另一方面资本主义体制找到了新的方式使得资本在经济停滞的前提下还能够通过金融资本的增长来维持生存，这种体制的混合阶段称为"垄断金融资本"。资本积累所增加的金融资产往往并不能导向产业投资，因此，他认为，金融化已成为经济停滞的必然要求，其造成的劳动者收入的下降是资本主义发展到垄断金融资本时期的必然产物。英国马克思主义学者约翰娜·蒙哥马利[②]认为，家庭储蓄大规模流入投资基金使得大量中产阶级的储蓄通过家庭投资工具涌入市场，导致机构投资者权力的不断扩大。同时，金融部门要从家庭借款中获利就需要全球金融市场能够快速转卖各种金融产品以吸引借款者，实现借款人长期还款。如果无法做到这一点，中产阶级和借款者会慢慢承担金融化的后果。印度马克思主义学者拜斯德伯·达斯古普塔[③]认为，后福特主义时代的弹性劳动机制使越来越多的剩余价值流入了金融部门，从而产生了积累的金融化问题。在这种情况下，劳动力具有了一种高度的弹性和流动性，劳动过程也随之呈现出去地方化和非正式化的趋势，这使得劳动者生存成本上升、生存条件每况愈下。叠加危机爆发后政府开始采纳新自由主义开出的削减工资、社会保障等自由化措施，劳动力将会被置于更加危险的境地。

Bhaduri等[④]的研究支撑了上述观点。他们发现，家庭消费信贷的扩张在中期可能会被不断增长的偿还利息义务所压垮，这会降低家庭部门再生产的质量，并最终使得借贷主导的消费型增长成为借贷负担型衰退。Stockhammer[⑤]也发现，在金融化的背景下，高负债水平与低经济增长结

---

① [美]约翰·B.福斯特：《垄断资本的新发展：垄断金融资本》，云南师范大学马克思主义理论研究中心译，《国外理论动态》2007年第3期；[美]约翰·B.福斯特、弗雷德·马格多夫：《当前金融危机与当代资本主义停滞趋势》，陈弘译，载刘元琪主编《资本主义经济金融化与国际金融危机》，经济科学出版社2009年版，第60—73页。

② [英]约翰娜·蒙哥马利：《全球金融体系、金融化和当代资本主义》，车艳秋、房广顺译，《国外理论动态》2012年第2期。

③ [印]拜斯德伯·达斯古普塔：《金融化、劳动力市场弹性化、全球危机和新帝国主义——马克思主义的视角》，车艳秋译，《国外理论动态》2014年第11期。

④ Amit Bhaduri, Kazimierz Laski and Martin Riese, "A Model of Interaction Between the Virtual and the Real Economy", *Metronomica*, Vol. 57, No. 3, 2006, pp. 412-427.

⑤ Engelbert Stockhammer, "Financialization, Income Distribution and the Crisis", *Investigación Económica*, Vol. LXXI, No. 279, enero-marzo de 2012, pp. 39-70.

第二章 文献综述

合在一起并创造了一个固有的不稳定积累体系,当家庭开始拖欠贷款时,收入的下降会产生广泛的影响。债务积累和资产价格的不稳定会增加系统性风险,从而再次引发危机。实际上,按照 Federici[①] 的分析,在金融化新型积累体制下,经济运行体现为一种包括工作不稳定、福利型国家解体以及劳动力再生产困难等特征在内的新型债务经济。其研究表明,20世纪 60 年代兴起的女性、学生以及蓝领工人等无产阶级的斗争意味着投资于工人阶级的再生产并不能给资产阶级带来更高的劳动生产率和更有纪律的劳动力。这不仅导致了福利型国家的解体还使得劳动力再生产出现金融化趋势。大批人员被强制向银行借贷以购买原先由国家补贴的服务（包括医疗、教育、养老等),劳动力的再生产变成了资本积累的直接场所。

国内政治经济学者大都从资本积累体制的视角分析了金融化。高峰[②] 认为,金融化能够产生新的资本积累方式,是因为其能导致资本不再像原先那样通过实体经济创造的剩余价值进行分配,而是直接再分配已经创造的财富。杨长江[③]则基于金融化对于未来剩余价值的索取能力研究了这一新资本积累形式。他发现,希法亭的"创业利润"对于分析当代金融资本的运动规律具有重要意义,因为其来源是对未来的剩余价值进行资本化,这实际上反映了一种对剩余价值在不同时间上的再分配关系,即对剩余价值的跨时分配,从根本上改变了剩余价值的分配格局。陈享光[④]认为,金融化的本质是追求货币流动性与资本增殖性的某种结合,它使得资本的积累已经进入到最新的金融化资本（借贷货币资本与虚拟资本的结合)阶段,该阶段的资本积累使得财富、收入、权力在一些人手中集聚,造成劳动者收入增长的限制和收入差距的扩大。在后续的研究中,陈享光

---

① Silvia Federici, "From Commoning to Debt: Financialization, Micro-Credit and the Changing Architecture of Capital Accumulation", *South Atlantic Quarterly*, Vol. 113, No. 2, 2014, pp. 231 – 244.

② 高峰:《金融化全球化的垄断资本主义与全球性金融——经济危机》,《国外理论动态》2011 年第 12 期。

③ 杨长江:《略论当代金融资本》,《政治经济学评论》2015 年第 5 期。

④ 陈享光:《储蓄投资金融政治经济学》,中国人民大学出版社 2015 年版,第 124—126 页。

开始关注金融化对于劳动力再生产相关要素的影响，他和黄泽清发现，金融化的作用下，房地产已经不再仅仅是满足人们休息、生活等再生产要素的商品，而是成为用于投机和套利的资本①。陈享光②指出，当家庭收入增长无法实现劳动力再生产所需的费用时，家庭部门就会透支未来的收入流。此时，家庭消费就包括基于当前收入支持的消费和基于未来金融支持的消费。当金融化条件下住房等耐久性消费资料价格过快上涨时，就会抑制居民的一般性消费支出。程恩富、谢长安③认为，当前资本主义正处于垄断资本主义经济金融化的阶段，其基本特征包括金融成为控制中心、发达国家操纵金融权力和知识产权、掠夺财富的金融战爆发以及金融寡头控制经济命脉等，这种极具寄生性和腐朽性的金融化势必会拉大贫富差距。与上述观点类似，栾文莲④认为，资本主义已经由20世纪初的自由竞争阶段转向垄断竞争阶段，而后者在20世纪80年代以来又经历了从一般金融资本垄断到金融化的垄断阶段，并使得劳资对立的情形进一步加剧。陈波⑤的研究也支持了上述观点。他认为，金融化使得劳资利益偏向于资方，对劳动力市场自由放任更是增强了资本的力量，削弱了劳动的力量，从而产生了一个新的阶级：由经理、专家、技术和法人经营者组成的资本经营阶级。他们会同资本所有者一样反对工会主义，削弱劳动者力量，还会通过影响政策制定者减弱工人的力量，降低工人收入的份额，甚至会摧毁市场经济，试图在法律上限制工人的权利等。在后续的研究中，陈波⑥借鉴了大卫·哈维的资本循环理论，认为当前资本主义的金融化是资本循环产生的"积累悖论"的表现，本质上是资本积累的金融化，它只会从劳动者那里攫取财富从而产生了有利于资本而不是劳动者的收入再分配格局。

---

① 陈享光、黄泽清：《我国房地产价格变动的金融化逻辑》，《经济纵横》2017年第12期。
② 陈享光：《消费和储蓄的政治经济学考察——兼论我国消费储蓄政策》，《经济纵横》2018年第8期。
③ 程恩富、谢长安：《当代垄断资本主义经济金融化的本质、特征、影响及中国对策——纪念列宁〈帝国主义是资本主义的最高阶段〉100周年》，《社会科学辑刊》2016年第6期。
④ 栾文莲：《金融化加剧了资本主义社会的矛盾与危机》，《世界经济与政治》2016年第7期。
⑤ 陈波：《经济金融化与劳资利益关系的变化》，《社会科学》2012年第6期。
⑥ 陈波：《资本循环、"积累悖论"与经济金融化》，《社会科学》2018年第3期。

第二节 股东价值导向视角下的金融化与劳动力再生产

Rappaport[①]是较早将金融化与股东价值联系在一起分析的学者。他发现，金融化现象是在企业将股东价值作为企业运行的导向型原则后出现的。此后，Lazonick 和 O'Sullivan[②]较早地运用历史分析法探究了公司以股东价值最大化为目标的原因。他们认为，20 世纪 70 年代后公司经营面临两个问题：公司增长的问题和不断增加的新竞争者的问题。在制造业公司与竞争者斗争的同时，金融家们开始主张市场高于一切，反对公司配置资源，因为公司管理者不受市场机制的约束，可以利用他们的权力控制资源配置将收入回报纳入囊中。为了更好地利用市场配置资源，需要衡量管理者的工作绩效并惩戒表现糟糕的管理者，而公司股票报酬是衡量管理者表现的工具，因此最大化股东价值就成为核心。在这种情况下，企业财务收益不会再投资于公司的生产设施，而是通过股息支付和股票回购分配给股东。因此，Blackburn[③]将金融化了的企业称为"一次性企业"。事实上，根据 Boyer[④]以及 Dobbin 和 Jung[⑤]的研究，股东导向型分析常常与委托—代理理论联系在一起，该理论是由尤金·法玛和米歇尔·詹森于 20 世纪 70 年代提出的。Jürgens 等[⑥]发现，自委托—代理理论盛行的 20 世纪 80 年代开始，机构投资者便在大型企业中将其股份资产杠杆化，从而使得股东价值与商业行为联系在一起，包括以季报形式出现的金融业绩报告、短期

---

① Alfred Rappaport, *Creating Shareholder Value: The New Standard for Business Performance*, New York: The Free Press, 1986, pp. 1 – 18.

② William Lazonick and Mary O'Sullivan, "Maximizing Shareholder Value: A New Ideology for Corporate Governance", *Economy and Society*, Vol. 29, No. 1, 2000, pp. 13 – 35.

③ Robin Blackburn, "Finance and the Fourth Dimension", *New Left Review*, Vol. 39, No. 39, 2006, pp. 39 – 72.

④ Robert Boyer, "From Shareholder Value to CEO Power: The Paradox of the 1990s", *Competition and Change*, Vol. 9, No. 1, 2005, pp. 7 – 47.

⑤ Frank Dobbin, Jiwook Jung, "The Misapplication of Mr. Michael Jensen: How Agency Theory Brought down the Economy and Why it Might Again", *Research in the Sociology of Organizations*, Vol. 30, No. B, 2010, pp. 29 – 64.

⑥ Ulrich Jürgens, Katrin Naumann and Joachim Rupp, "Shareholder Value in an Adverse Environment: The German Case", *Economy & Society*, Vol. 29, No. 1, 2000, pp. 54 – 79.

商业展望等。但根据 Froud 等①的分析,股东价值导向能够被政治经济体采纳是因为其满足三个前提条件,即价值导向型投资者的存在、价值投资的机会以及对于劳动力流失的管理特权。Froud 等②在后续的分析中认为,当代的股东价值经常被概念化为一种话语体系,即一种金融市场期望公司行为独立运营的话语体系,由于企业管理政策和金融业绩之间往往缺乏经验性连接,因此股东价值往往会缺乏物质性基础。美国著名左翼学者 Crotty③基于当前存在的股东价值导向逻辑提出"新自由主义悖论"。他认为,在股东价值最大化的要求下,金融市场需要非金融公司获得更高的利润以提升股价,而产品市场在经济停滞、竞争加剧的情形下无法完成该要求。迫于该压力,非金融企业通过利息支付,股息支付和股份回购增加了对金融部门的支付。Stockhammer④从股东价值最大化的视角探讨了围绕金融化的三大核心争论:股东与管理者的关系、股东价值导向对公司决策的影响以及银行金融体系与市场金融体系。杜梅尼尔和莱维⑤认为,在凯恩斯主义盛行的时期最富有的人收入不断缩减,因为公司只把利润作为股息进行分配,同时税收也削减了富人的收入。然而随着 20 世纪 70 年代危机的出现和失业率的上升,美联储提高利率以应对通胀的同时解除了对并购的限制,这意味着新自由主义及金融化的到来。Epstein 和 Jayadev⑥也发现,在企业股东价值导向的背景下,金融资产所有者和金融机构的收入

---

① Julie Froud, Colin Haslam, Sukhdev Johal and Karel Williams, "Shareholder Value and Financialization: Consultancy Promises and Management Moves", *Economy & Society*, Vol. 29, No. 1, pp. 80 – 110.

② Julie Froud, Sukhdev Johal, Adam Leaver and Karel Williams, *Financialization and Strategy: Narrative and Numbers*, London: Routledge Press, 2006, pp. 36 – 64.

③ James Crotty, "The Neoliberal Paradox: The Impact of Destructive Product Market Competition and Impatient Finance on Nonfinancial Corporations in the Neoliberal Era", *Review of Radical Political Economics*, Vol. 35, No. 3, 2003, pp. 271 – 279.

④ Engelbert Stockhammer, "Financialisation and the Slowdown of Accumulation", *Cambridge Journal of Economics*, Vol. 28, No. 5, 2004, pp. 719 – 741; Engelbert Stockhammer, "Shareholder Value Orientation and the Investment-profit Puzzle", *Journal of Post Keynesian Economics*, Vol. 28, No. 2, 2005, pp. 193 – 215.

⑤ [法] 热拉尔·杜梅尼尔、多米尼克·莱维:《新自由主义与第二个金融霸权时期》,丁为民、王熙摘译,载刘元琪主编《资本主义经济金融化与国际金融危机》,经济科学出版社 2009 年版,第 156—166 页。

⑥ Gerald Epstein and Arjun Jayadev, The Rise of Rentier Incomes in OECD Countries: Financialization, Central Bank Policy and Labor Solidarity, *Financialization and the World Economy*, Northampton, MA: Edward Elgar, 2005, pp. 46 – 74.

自 20 世纪八九十年代以来显著提升，与之相对应的则是雇佣工人和家庭部门实际收入的停滞和债务的激增。在综合运用明斯基金融理论的基础上，Lin 和 Tomaskovic-Devey[①]从股东价值导向的视角分析了金融化对于当前经济社会运行的影响。他们发现，金融化改变了社会结构关系和其他经济领域中收入的动态：资源从工人和生产者手里被分配到金融单位和金融市场之中，降低了企业的潜在增长力和稳定性。如果这种趋势持续下去，势必会出现高的股东价值对于劳动力质量的压缩：所有劳动者都面临更强烈的工作不安全感和更大的工作强度。实际上，Hein 和 Dodig[②]通过比较金融化对于功能性收入分配与个人收入分配的影响发现，功能性收入分配是以牺牲劳动收入为代价来扩大资本收入，而个人收入分配则更加不公平。之后，Hein[③]通过卡莱斯基收入分配模型探讨了金融化对收入份额的影响，发现金融化主要通过三个渠道降低劳动力收入份额：经济部门内部的转移、管理层工资和食利者阶层所得利润的增加以及工会讨价还价能力的削弱。

可以认为，从股东价值视角来分析金融化更多的是一种基于企业行为的分析。Baud 和 Durand[④]区分了企业宏观层面金融化的目标和微观层面金融化的操作。前者包括价值规范、战略和投资行为，后者包括金融化与工人、消费者以及供应者之间的关系，但他们没有展开分析宏观层面和微观层面的联系。Thompson[⑤]则从股东价值导向的视角分析了金融化与劳动场所、劳动过程的联系。他提出了所谓资本主义分裂理论（DCT），主要是指工人劳动与雇主目标之间出现了断裂，劳动者被要求投资自身的再生产，雇主则因为追求股东价值而不断减少对安全性、保障性工作的投资。

---

① Ken-Hou Lin and Donald Tomaskovic-Devey, "Financialization and U. S. Income Inequality, 1970 – 2008", *American Journal of Sociology*, Vol. 118, No. 5, 2013, pp. 1284 – 1329.

② Eckhard Hein and Nina Dodig, "Financialisation, Distribution, Growth and Crises-long-run Tendencies", Working Paper, Institute for International Political Economy, Berlin, No. 35, 2014.

③ Eckhard Hein, "Finance-dominated Capitalism and Re-distribution of Income: A Kaleckian Perspective", *Cambridge Journal of Economics*, Vol. 39, 2015, pp. 907 – 934.

④ Céline Baud and Cédric Durand, "Financialization, Globalization and the Making of Profits by Leading Retailers", *Socio-Economic Review*, Vol. 10, No. 2, pp. 241 – 266.

⑤ Paul Thompson, "Disconnected Capitalism: Or Why Employers can't Keep Their Side of the Bargain", *Work, Employment and Society*, Vol. 17, No. 2, 2003, pp. 359 – 378; Paul Thompson, "Financialization and the Workplace: Extending and Applying the Disconnected Capitalism Thesis", *Work, Employment and Society*, Vol. 27, No. 3, 2013, pp. 472 – 488.

在这种情况下，工人劳动技能变得更为一般和浅薄，资本更能够集中地利用劳动力资源，从而使得工人工作压力加大，劳动力再生产出现困境。在该理论的基础上，Cushen[1]进一步指出，基于股东价值最大化而降低成本的目标对工人工资施加了压力，并限制了企业同员工分享绩效上升的可能性。Gospel 等[2]从私募基金（PE）和共同基金（MF）的角度分析了企业向缩短时间、新的公司战略以及股东治理平衡的转变。Clark 和 Macey[3]则分析了非金融性企业（NFC）内部金融化的传染效应，并识别了工作场所的管理策略。然而，Appelbaum 等[4]以及 Appelbaum 和 Batt[5]似乎走得更远。他们认为，金融化需要摆脱在劳动过程中探索价值关系的束缚，金融化的价值主要是从劳动过程之外抽取的。对此，Cushen 和 Thompson[6]给出了精彩的评价。他们指出，尽管 Appelbaum 等深刻分析了金融化条件下私募基金和共同基金的商业模式是如何从其他股东手中抽取价值的，但是却忽略了最为重要的非金融企业的金融化问题。他们认为，金融化可以通过创新会计核算准则等多种手段影响非金融企业的控制机制来寻求新的劳动过程。在此基础上，他们给出了联系金融化与劳动过程的 4 个命题：一是金融化推动了基于压缩劳动力成本和收入的价值提取形式；二是金融化的投资是企业不断重组的驱动因素，加剧了工作不安全和集约化；三是金融化导致控制机制的转变，加强惩罚性绩效制度；四是金融化加强了市场准则和企业内部控制的严

---

[1] Jean Cushen, "Financialization in the Workplace: Hegemonic Narratives, Performative Interventions and the Angry Knowledge Worker", *Accounting, Organizations and Society*, Vol. 38, No. 4, 2013, pp. 314–331.

[2] Howard Gospel, Andrew Pendleton and Sigurt Vitols, *Financialization, New Investment Funds, and Labour: An International Comparison*, Oxford: Oxford University Press, 2014, pp. 1–52.

[3] Ian Clark and Robert Macey, "How is Financialization Contagious? How do HR Practices Help Capture Workplace Outcomes in Financialized Firms?", Paper to 33rd International Labour Process Conference, Athens, April 13–15, 2015.

[4] Eileen Appelbaum, Rose Batt and Ian Clark, "Implications of Financial Capitalism for Employment Relations Research: Evidence from Breach of Trust and Implicit Contracts in Private Equity Buyouts", *British Journal of Industrial Relations*, Vol. 51, No. 3, 2013, pp. 498–518.

[5] Eileen Appelbaum and Rosemary Batt, *Private Equity at Work: When Wall Street Manages Main Street*, New York: Russell Sage Foundation Press, 2014, pp. 15–40.

[6] Jean Cushen and Paul Thompson, "Financialization and Value: Why Labour and the Labour Process Still Matter", *Work, Employment and Society*, Vol. 30, No. 2, 2016, pp. 352–365.

第二章　文献综述

格程度。

Luo 和 Zhu[①]通过对中国 A 股市场中所有上市公司净利润的比例分析发现，金融企业净利润比例从 2000 年的 7.4% 上升到 2009 年的峰值 49.3%。另外，在金融部门内部，投资银行、私募基金、共同基金等与金融市场关系密切的企业，其薪酬水平远超一般的商业银行、信用合作社、保险公司等。可见，在股东价值的导向下，金融部门对非金融部门的利润进行了挤占，且金融行业部门内部也在这一导向机制下出现了收入不对等的现象。鲁春义、丁晓钦[②]利用金融化的股东导向逻辑构建了一个含有主体异质性的非对称演化博弈模型，分析了金融主体和非金融主体之间金融关系的动态过程。他们发现，金融企业加强了对于表外业务的关注并把家庭部门作为其新的利润来源，这一现象无疑会使得普通家庭遭受金融化的二次剥削。张成思和张步昙[③]、杜勇等[④]以及彭俞超等[⑤]则基于股东价值视角对企业金融化问题进行了量化研究。他们发现，企业的金融化行为会降低实体投资率、降低企业创新投资、损害企业未来业绩并最终对企业员工收入产生不利影响。实际上，股东价值导向并不一定是企业的专属行为，Wang[⑥]发现，政府部门也具有金融化的倾向。在金融化过程中，政府不断地作为经济体的股东和制度投资者进行自我重构，并诉诸一系列金融手段（金融市场、金融指标、金融工具）而不是财政手段来管理其所有权、资产以及公众投资，股权政府和政府资产管理机构成为对政府部门金融化的核心角色。他认为，这一现象不仅出现在欧美国家，在中国也出现了政府管理经济的金融化趋势。

---

① Yu Luo and Frank Zhu, "Financialization of the Economy and Income Inequality in China", *Economic and Political Studies*, Vol. 2, No. 2, 2014, pp. 46 – 66.
② 鲁春义、丁晓钦:《经济金融化行为的政治经济学分析——一个演化博弈框架》,《财经研究》2016 年第 7 期。
③ 张成思、张步昙:《中国实业投资率下降之谜：经济金融化视角》,《经济研究》2016 年第 12 期。
④ 杜勇、张欢、陈建英:《金融化对实体企业未来主业发展的影响：促进还是抑制》,《中国工业经济》2017 年第 12 期。
⑤ 彭俞超、韩珣、李建军:《经济政策不确定性与企业金融化》,《中国工业经济》2018 年第 1 期。
⑥ Yingyao Wang, "The Rise of the Shareholding State: Financialization of Economic Management in China", *Socio-Economic Review*, Vol. 13, No. 3, 2015, pp. 603 – 625.

第三节　日常生活视角下的金融化与劳动力再生产

从日常生活视角研究金融化对于劳动力再生产的影响是一种较为直接的分析方式，这一研究视角主要集中于经济社会学者。事实上，对于当今社会存在的金融化现象，经济社会学者要比一般的经济学者具备更为敏锐的观察力。早在 21 世纪初，澳大利亚经济社会学者 Martin[1] 就专门探讨了金融化对于人们日常生活的影响。他发现，金融化迫使家庭成为经济风险的承担者，并强调个人责任以及财务管理中的风险承担和计算评估，人们开始像企业家一样去思考问题、管理自身的资产。在此之后，从日常生活金融化的视角分析劳动力再生产的学者大都关注家庭部门自身的风险承担、自我管理等方面。根据 Aitken[2] 的分析，上述方面是学者对于降低"公共融资"或者增多金融市场的家庭融资项目的追问，这些项目包括资本资助的养老金计划、消费信贷问题以及家庭抵押贷款等。按照 van der Zwan[3] 的评论性分析，这些"生老病死"的服务本来应由福利型国家、雇主或储蓄部门提供，现在却需要个人去购买金融产品以对抗不稳定的工作和生活。在后来的分析中，Martin[4] 又进一步提出了"无差异帝国"的概念，指出人们难以对自身劳动所创造的多样性做出良好的反应，对于自身的能力充满了无力感。具体表现为人们经常会为自身财务收入的不稳定而感到惴惴不安、为证券投资组合和消费债务而不断工作、为退休养老和子女的学费支付利息。在"无差异帝国"中，人们被剥夺了创造自身生活的手段，逐渐地被卷入相互依赖的社会关系中，就如同金融市场中的资产证券化将所有金融资产绑定在一起作为证券来交易一样。正如

---

[1] Randy Martin, *Financialization of Daily Life*, Philadelphia: Temple University Press, 2002, pp. 55 – 102.

[2] Rob Aitken, *Performing Capital*, Toward a Cultural Economy of Popular and Global Finance, New York: Palgrave Macmillan Press, 2007, pp. 29 – 54.

[3] Natascha van der Zwan, "Making Sense of Financialization", *Socio-Economic Review*, Vol. 12, No. 1, 2014, pp. 99 – 129.

[4] Randy Martin, *An Empire of Indifference: American War and the Financial Logic of Risk Management*, London: Duke University Press, 2007, pp. 124 – 168.

评论家 Cooper[①] 指出的那样，Martin 已经从最初关注金融领域对公共部门和私人部门的无差异性拓展到家庭部门、政府部门甚至国际部门之间的无差异证券化进程中，从而形成了一种新型的"国际金融地理"。

Bryan 等[②]比 Martin 更进一步，认为金融化重塑了劳动力作为一种商品资本的形式并赋予了其流动性，这将直接影响劳动力的价值。他指出，在金融化的条件下，劳动力再生产的起点已经不再是商品而是信贷，且信贷的获得与工资收入无关，即使个人收入较低也可以进行债务积累，这使得当前工人劳动与过去相比存在三点不同：一是劳动力再生产自身是以利息支付为主要方式的剩余价值的来源；二是劳动者出现了金融化条件下的"双重自由"；三是劳动者以利率作为其存在的条件，政府的货币政策成为调节劳动力再生产的有效工具。在后续的研究中，Bryan[③] 详细地比较了马克思主义传统与当前金融化条件下的劳动力再生产的不同，认为马克思过分强调生产劳动力的成本与生产其他商品的成本具有相同的决定方式，却没有解释在特定的时空节点中食品、住房等消费资料的层次。在金融化的条件下，由于劳动力再生产的起点已经改变，劳动者在经济中扮演的角色已经从单纯的剩余价值生产者变成了部分剩余价值的占有者。但是劳动者毕竟不是资本家，因为劳动力的价值并不能同资本家一样通过利润最大化来谋取，劳动力承担的风险也难以转移。实际上，在金融化条件下，劳动者获得的工资并不是支持劳动力价值的基础，而是被视为一种现金流，其目的是债务杠杆的最大化，且仅有的附加条件只是需要勉强维持基于贫困层次消费的工资盈余。在近期的研究中，Bryan 等[④]又再次强调了劳动力与资本的辩证关系，他们认为尽管劳动力正日益成为资本的一部分，但其毕竟不是资本家，其必须工作，否则就会饿死。同时，他们分析了金融化条件下的"不稳定性工作"（precarious work），认为价值创造的

[①] Melinda Cooper, "Book Review—An Empire of Indifference: American War and the Financial Logic of Risk Management", *Postmodern Culture*, Vol. 18, No. 1, 2007, pp. 1 - 3.

[②] Dick Bryan, Randy Martin and Mike Rafferty, "Financialization and Marx: Giving Labor and Capital a Financial Makeover", *Review of Radical Political Economics*, Vol. 41, No. 4, 2009, pp. 458 - 472.

[③] Dick Bryan, "The Duality of Labour and the Financial Crisis", *Economic and Labour Relations Review*, Vol. 26, No. 2, 2010, pp. 49 - 60.

[④] Dick Bryan, Michael Rafferty, and Chris Jefferis, "Risk and Value: Finance, Labor, and Production", *South Atlantic Quarterly*, Vol. 114, No. 2, 2015, pp. 307 - 329.

地点不仅是在工作场所，人们还要认识到劳动的多种活动形式，尤其是与家庭部门相关的劳动和金融资产的关系。

事实上，关于劳动与资本的联系方面，Lapavitsas 和 Mendieta-Muñoz[①]区分了企业与家庭部门获取金融资产的不同逻辑，企业的金融逻辑仍然是为了获取利润，而家庭部门或者工人的金融逻辑则是获取其生存条件或消费需求。在金融化与不稳定性工作方面，Chan[②]的分析则更为透彻，认为不稳定的工作是金融化的一个方面，基于雇佣组织的风险转移与劳动力市场的结构变革过程实际上破坏了个体工人成功管理金融风险的能力。工人工作的不确定性表明金融化条件下通过财务计算所承诺的自由是实现不了的。这就出现了一个悖论，尽管经济的金融化转型需要工人计算风险并实施复杂的自我保险策略，但它却同时破坏了这些风险计算的有效性。因此，金融化让人们更多地体验了无能为力的感觉。美国左翼学者泰伯[③]将日常生活的金融化与金融犯罪问题结合在一起，发现美国的金融化带来了许多问题，它同互联网等技术发展交织在一起，不仅剥夺了美国许多中产阶级的工作岗位，也让全球就业陷入了"竞次状态"。在个人部门已经背负巨额债务的条件下，试图扩大货币供应量的做法是无济于事的，因为这一过程伴随着大量的金融诈骗行为，包括欺骗业主的不良信贷抵押、不良信托以及信用卡诉讼等，如果政府不去创造需求来补充个人收入的不足，那么只会出现更多的金融犯罪和资产泡沫。

国内关于日常生活金融化问题的讨论主要发端于经济哲学学者关于金融化世界对人类精神生活影响的分析。张雄[④]分析了金融化世界的精神现象学，发现金融化的生存世界是一个充满"二律背反"的世界，人的精神本质与人的对象化世界的异化日益严重，金融所秉持的"富者更富"观念与金融的民主、人性矛盾不可调和。在公平与效率、技术向度与人本向度、私有化与社会化以及金融理性与政治理性的矛盾冲突中，当今社会正在被数字化、模式化、计量化所定义，人类也被金融合约所操纵。沿着

---

① Costas Lapavitsas, Ivan Mendieta-Muñoz, "Fnancialization at a Watershed in the USA", *Competition & Change*, Vol. 22, No. 5, 2018, pp. 488 – 508.
② Sharni Chan, "I am King: Financialisation and the Paradox of Precarious Work", *Economic and Labour Relations Review*, Vol. 24, No. 3, 2017, pp. 362 – 379.
③ [美] 威廉·K. 泰伯：《当代资本主义经济金融化与金融犯罪》，王燕译，《国外理论动态》2016 年第 7 期。
④ 张雄：《金融化世界与精神世界的二律背反》，《中国社会科学》2016 年第 1 期。

上述分析逻辑，张以哲①发现，金融正在控制并支配着人们的日常生活世界，人类的贪婪性与金融资本的逐利性完美契合使得金融化逻辑入侵到生命个体的意识层面，使得当代人对于财富的理性计算演变成了盲目追求。在每天多次重复模式化的生活后，金融交易与金融理性成为人们的一种理所当然的行为方式和思维习惯。在近期的哲学学者研究中，宁殿霞②探讨了金融化世界中的"景观"及其对财富转移的影响。她认为，金融化世界表现为庞大金融景观的堆积，成为一个金融叙事的世界，其中，银行、证券公司、保险等金融机构承担着金融景观的编剧。虽然金融景观无法直接改变世界但却可以在人们的日常生活中产生幻想进而间接地改变生活的世界：首先，它可以激活欲望和冲动；其次，它可以通过特定程序给人们灌输发财致富的想象；最后，它还借助于信息技术的载体将景观布展于人们面前。其结果便是形成了景观拜物教，实现资本金融体系对于人类生存世界的操控。沿着金融叙事的思路，申唯正③分析了金融叙事中心化的五种财富幻象，包括货币幻象、债务幻象、杠杆幻象、市值幻象以及对冲幻象，金融化的形成过程与人类的整体主义精神产生了三次决裂，最后使得个人全面发展、社会责任以及利他主义精神都被边缘化了。与哲学分析范式不同，国内政治经济学学者将日常生活金融化回归到资本积累的分析路径上。欧阳彬④认为，适用于个人生存、发展的社会物质条件，如住房、医疗等生存层面以及娱乐、休闲等发展层面的社会物质条件大多通过资产证券化等金融创新工具被吸附在了金融垄断资本价值增殖的链条上。在这种情况下，家庭作为日常生活的基本单位越发成为一个从事金融规划、财务核算以及金融决策的单元，家庭与个人的再生产被金融化了，人们的日常观念也随之发生了金融化转型。马慎萧⑤认为，金融资本已经对劳动力的再生产进行了有效控制，虽然它能够短期缓解有效需求不足的问题但却

---

① 张以哲：《生活世界金融化的深层逻辑：从经济领域到人的精神世界》，《湖北社会科学》2016年第5期。
② 宁殿霞：《金融化世界中的景观幻象与财富流转》，《武汉大学学报》（哲学社会科学版）2018年第4期。
③ 申唯正：《21世纪：金融叙事中心化与整体主义精神边缘化》，《江海学科》2019年第1期。
④ 欧阳彬：《当代资本主义日常生活金融化批判》，《马克思主义研究》2018年第5期。
⑤ 马慎萧：《劳动力再生产的金融化——资本的金融掠夺》，《政治经济学评论》2019年第2期。

同时加深了对工人家庭的长期剥削,后者包括三个阶段:一是在生产过程阶段对工人的间接掠夺;二是在金融化转型过程中通过家庭信用的方式对工人未来创造的价值进行直接掠夺;三是利用家庭储蓄的金融化对工人阶级的留存价值进行直接掠夺。通过对美国经济现实的分析,她发现通过家庭信贷维持的劳动力再生产金融化在长期是不稳定的,它不仅没有帮助工人获取金融利润还会进一步降低宏观经济运行的稳定性。李连波[①]对分析日常生活金融化的哲学角度和经济学角度进行了综合比较,发现哲学学者主要聚焦于个体的主体性重构,而经济学学者则侧重于资本运行。综合两种角度,他认为,在新自由主义的作用下,经济重构造成了个人金融化的必然性,因为家庭负债成为维持劳动力再生产的必然选择;意识形态的重塑为个人金融提供了内在动力,因为它促使金融逻辑向日常生活的渗透。二者共同塑造了具有"自我规训"特征的金融化微观主体,推动了日常生活的全面金融化,并最终加剧了资本积累中的矛盾。

第四节　对已有文献的评述

从新型积累体制、股东价值导向以及日常生活金融化等不同视角去探究金融化对于劳动力再生产的影响问题时,每种角度都存在不同的侧重点和缺陷。

首先,新型积累体制视角强调金融化条件下的资本积累特征对于劳动力再生产相关因素的影响,侧重分析作为新型资本积累的金融化资本积累对于劳动力再生产的影响。尽管这一视角具有高度的理论概括性,但却存在一个逻辑缺陷,即没有分析金融化体制的产生原因以及其维持条件。如果金融化已经成为一种新型积累体制,那么这种体制是否能够长期维持?在金融不能直接创造价值的基本原则下,如果这种体制能够维持,那么其维持条件是什么?如果不能维持,那么这种新型积累体制又与阿锐基历史周期论中的金融扩张周期有什么区别?

其次,股东价值导向视角主要侧重于从企业股东价值最大化的运行逻辑来分析其对于劳动力再生产相关因素的影响。这一视角抓住了现实

---

① 李连波:《新自由主义、主体性重构与日常生活的金融化》,《马克思主义与现实》2019年第3期。

经济中最为关键的基本单位——企业，通过金融化条件下企业投资运营的股东价值逻辑来分析金融化对于劳动力再生产的影响。然而，该视角缺乏从劳动者的劳动过程入手去分析劳动过程中的金融化与劳动力再生产问题。实际上，一方面，劳动力再生产的关键要素——劳动者薪酬的变化离不开劳动过程的分析，只有分析了劳动过程的金融化，才能够准确识别金融化对于劳动者薪酬的影响；另一方面，金融无法直接创造价值，只有结合劳动过程的金融化分析才能够在实践中解释金融化积累体制。

最后，日常生活金融化视角主要是通过直接分析劳动者日常行为的金融化表现来探究劳动力再生产的金融化问题。这一视角能够通过观察日常生活中存在的金融化现象来对劳动者"生老病死""衣食住行"等各个方面进行较为具体和直接的分析，从而探讨金融化条件下的劳动力再生产问题。然而，如果这一分析视角脱离了劳动者的劳动过程，那么便会在理论上陷入现象罗列的困境、在实践中面临核心研究对象缺失的问题。实际上，金融化过程中的劳动力再生产问题不仅需要分析日常生活的金融化，还应联系劳动者的劳动过程、企业的投资运营行为以及资本积累体制的动态变动。日常生活的金融化正是宏观层面的金融化资本积累体制和微观层面的企业股东价值逻辑在更为具体的日常生活层面上的反映。

事实上，上述三种视角是探究金融化的经典视角，它们大多从"结构转型"的角度探讨金融化问题。例如，新型积累体制的视角强调金融化的体制转型，股东价值视角强调金融化的企业治理转型，日常生活的视角强调金融化的主体转型。但正如Bobek 等[1]指出的，结构转型是一种狭义上的金融化，而当前探究家庭部门和劳动力再生产的金融化问题时应当进入到金融化的广义层面上，主体活动或者实践意义上的金融化，即主体行为活动过程中的金融化。综合本书对于"金融化"的概念界定可知，结构转型只是一种表象，本质则是推动生产方式变革的主导资本的变化。

不仅如此，上述三种视角还忽视了劳动力再生产的空间性和制度性。

---

[1] Alicja Bobek, Marek Mikus and Martin Sokol, "Making Sense of the Financialization of Households: State of the Art and Beyond", *Socio-Economic Review*, mwad 029, 2023, pp. 1 - 26.

在空间性方面。正如 Lee[①] 认为的，没有单纯的经济，只有经济地理，从而也没有单纯的金融化经济，只有金融化经济地理。任何经济金融现象都需要在特定的空间范围内发生，无论金融化是积累体制的转型还是股东价值导向的体现，抑或日常生活中金融景观的堆积，其自身的发展以及对于劳动力再生产的影响都只会发生在特定的空间、地方或平台中。而且，随着这一过程的不断进行，一种不同于传统意义上产业资本积累主导的空间正在被生产出来，这种金融化空间中的劳动力再生产也就自然不同于传统意义上的劳动力再生产。实际上，金融地理学者一直强调要将金融融入经济地理分析的核心，强调需要从经济地理的视角来分析金融化问题。Leyshon 和 Thrift[②] 认为，金融资本主义想要不断地再生产下去就必须不断寻求新的抵押品资产连接平台，从而能够从实体资产中持续地吸取收入流。他们认为，学界往往忽视了对稳定收入来源与金融投机的联系，实际上，只要存在一个稳定的提供收入来源的生产空间，金融化就可以将任何事物变为投机性的金融平台。其中，公共部门的私有化以及零售金融系统的资本化过程往往被人们所忽视，而这些过程都将对劳动力的再生产造成显著的影响。可见，传统的三种视角在分析金融化时忽略了对于空间和地方的关注，从而容易陷入一种分析盲区。这种盲区在研究宏观经济的金融化时或许会因为经济的整体封闭性而得到抑制，但是一旦当问题聚焦到劳动力再生产，分析盲区就会被放大。这是因为金融化过程中的劳动力再生产不仅仅涉及劳动者自身的金融化，还涉及构成劳动力商品的消费资料的金融化问题，而后者则需要涉及包括国家、政府、企业以及家庭部门在内的多种中介的参与和生产[③]。在这一过程中，Aalbers[④] 发现，金融化不仅涉及大卫·哈维的资本三级循环理论，还存在着一个关于金融化的第四级循环，在这一循环中，资本本身就是一个投资渠道。因此，他将金融化描述为资本由初级资本循环，到第二级、第三级资本循环再到第四级资本循环

---

① Roger Lee, "The Ordinary Economy: Tangled up in Values and Geography", *Transactions of the Institute of British Geographers NS*, Vol. 31, No. 4, 2006, pp. 413 – 432.

② Andrew Leyshon and Nigel Thrift, "The Capitalization of Almost Everything: The Future of Finance and Capitalism", *Theory, Culture & Society*, Vol. 24, No. 7, 2007, pp. 97 – 115.

③ Shaun French, Andrew Leyshon and Thomas Wainwright, "Financializing Space, Spacing Financialization", *Progress in Human Geography*, Vol. 35, No. 6, 2011, pp. 798 – 819.

④ Manuel B. Aalbers, "The Financialization of Home and the Mortgage Market Crisis", *Competition & Change*, Vol. 12, No. 2, 2008, pp. 148 – 166.

的转换过程。实际上,由于资本第三级循环与消费基金相关,因此其向第四级循环的转移自然离不开关于消费资料的分析,而这又是与劳动力再生产密切相关的。Watson①、Rolinik② 以及 Walks③ 等金融地理学者就着重分析住房部门的金融化对于劳动力再生产水平的制约。在最新的分析中,Aalbers④ 认为,政府部门和半公共部门等同劳动力再生产所需消费资料联系紧密的部门存在明显的金融化趋势,政府部门推动了家庭的住房贷款,开放了金融机构的寻租领域。他指出,由于住房部门可以通过抵押信贷而同劳动者日常生活的其他要素存在着密切的联系,因此住房部门的金融化能够进一步引出医疗、教育以及养老部门的金融化问题。可见基于空间的信贷抵押问题也离不开金融地理的嵌入,该视角认为信贷债务关系是价值循环的特殊形式,基于信贷债务关系的价值循环恶化了社会空间的不平等,降低劳动力的价值,从而造成危机。因此,金融化已经将信贷债务相关的价值循环转移到了一定程度,并通过嵌入式掠夺的方式利用金融手段抽取价值,从而出现了新的掠夺空间即金融化掠夺空间⑤。

在制度性方面。正如制度学派的学者 McDermott⑥ 指出的那样,在当代,社会劳动力的再生产具备两个新的特征:一是劳动力再生产不再是劳动者的本能,而是受到制度性社会网络的影响;二是劳动力再生产已经不再是再生产出现存的劳动力,而是不断地增加劳动力的社会生产能力。因此,劳动力的再生产也存在制度性的引导。对此,Engelen⑦ 也认为,许

---

① Matthew Watson, "House Price Keynesianism and the Contradictions of the Modern Investor Subject", *Housing Studies*, Vol. 25, No. 3, 2010, pp. 413 – 426.

② Raquel Rolinik, " Late Neoliberalism: The Financialization of Homeownership and Housing Rights", *International Journal of Urban and Regional Research*, Vol. 37, No. 3, 2013, pp. 1058 – 1066.

③ Alan Walks, "Mapping the Urban Debtscape: The Geography of Household Debt in Canadian Cities", *Urban Geography*, Vol. 34, No. 2, 2013, pp. 153 – 187.

④ Manuel B. Aalbers, *The Financialization of Housing: A Political Economy Approach*, London: Routledge Press, 2016, pp. 3 – 6.

⑤ Martin Sokol, "Towards a 'Newer' Economic Geography? Injecting Finance and Financialisation Into Economic Geographies", *Cambridge Journal of Regions, Economy and Society*, Vol. 6, No. 3, 2013, pp. 501 – 515.

⑥ John F. M. McDermott, "Producing Labor-Power", *Science & Society*, Vol. 71, No. 3, 2007, pp. 299 – 321.

⑦ Ewald Engelen, "The Case for Financialization", *Competition & Change*, Vol. 12, No. 2, 2008, pp. 111 – 119.

多学者都简单地假定金融化是一个普遍单一过程,在不同的制度环境下表达自己的相似性,但事实上却导致了对金融化经济理念概念化的分歧,这看上去与自由派的批评者所描绘的美国图景十分相似。而如果将制度主义引入,那么对于金融化的分析难度也将提升。事实上,包括 Bonizzi[①]、Akkemik 和 Ozen[②] 以及 Karacimen[③] 在内的一批学者都认为,不同国家的经济金融化具有异质性,"盎格鲁－撒克逊经济体"的金融化逻辑并不一定适用于分析新兴市场国家的金融化过程,如果考虑到一种依附于发达国家经济金融化的从属性金融化现象,那么特定空间下的劳动力再生产问题将变得更加扑朔迷离。因此,同劳动力再生产的空间性类似,忽视金融化条件下劳动力再生产的制度性也是一种不完整的分析逻辑。Schelkle[④] 就指出,与劳动力再生产相关的福利国家家庭部门金融市场的扩张行为需要在不同的制度领域中去研究,因为只有将抵押贷款支持证券的历史追溯到其成为低收入者和中等收入者住房筹集资金的目标时,才能认识到福利国家创造金融市场的过程。正如 van der Zwan[⑤] 分析的那样,我们在过去几十年目睹的不是国家在市场的要求下退出福利领域,而是出现了一种完全不同类型的国家干预,这种新型国家干预不仅会影响到经济的运行还会重塑劳动力再生产的过程。

事实上,劳动力再生产不仅是个人或家庭部门自身的再生产,而且还是社会生产关系的再生产在个人或家庭部门的体现。在当代,社会生产关系的再生产在很大程度上受到资本积累体制的规范和制约,而在金融化条件下后者又会受到不同类型企业内部或企业之间股东价值导向战略的影响。因此,分析金融化过程中的劳动力再生产问题时应形成以上述三种视

---

① Bruno Bonizzi, "Financialisation in Developing and Emerging Countries: A Survey", *International Journal of Political Economy*, Vol. 42, No. 4, 2013, pp. 83 – 107.

② K. Ali Akkemik and Sukru Ozen, "Macroeconomic and Institutional Determinants of Financialisation of Non-financial Firms: Case Study of Turkey", *Socio-Economic Review*, Vol. 12, No. 1, 2014, pp. 71 – 98.

③ Elif Karacimen, "Consumer Credit as an Aspect of Everyday Life of Workers in Developing Countries: Evidence from Turkey", *Review of Radical Political Economics*, Vol. 48, No. 2, 2016, pp. 252 – 268.

④ Waltraud Schelkle, "In the Spotlight of Crisis: How Social Policies Create, Correct, and Compensate Financial Markets", *Politics & Society*, Vol. 40, No. 1, 2012, pp. 3 – 8.

⑤ Natascha van der Zwan, "Making Sense of Financialization", *Socio-Economic Review*, Vol. 12, No. 1, 2014, pp. 99 – 129.

角为基础的整体性分析框架,其中,新型积累体制视角是对这一问题在理论上的抽象,日常生活金融化视角则是对这一问题在现实生活中的具象,股东价值导向视角则是理解现实和理论之间的关键环节,三种维度互相支持、互为补充,是不可分割的有机统一体。本书余下章节将以新型积累体制视角为理论基础贯穿全书,然后分别辅以股东价值导向视角和日常生活金融化视角探究金融化对于劳动力再生产两大环节的影响作用。

第三章

金融化条件下劳动力再生产理论分析框架

在丰富和完善已有劳动力再生产理论的基础上构建出一个适用于分析当前金融化过程中劳动力再生产的新理论框架，是本章所需要解决的内容。那么按照什么逻辑展开分析才是适当的呢？实际上，马克思在批判边沁的"效用原则"时就已经为我们提供了分析这类问题的逻辑脉络。他认为，想要根据效用原则来评价人的一切行为关系，就需要先研究人的一般特性，然后研究每个时代历史地发生变化的人的本性，否则就会造成虚构，将"现代的市侩……说成是标准人"[1]。因此，根据政治经济学的分析范式，本章首先阐述劳动力再生产一般的或者共有的理论，然后再研究不同资本主义发展阶段过程中劳动力再生产的特殊特征，最后再具体到当代，分析当前资本主义发展阶段下的劳动力再生产，从而进一步勾勒出新的理论框架。

第一节 劳动力再生产的一般理论

经典的劳动力再生产理论主要包括两方面的内容，一是劳动力商品的价值构成，二是劳动力参与生产过程时可变资本的价格变动。如果可变资本能够补偿劳动力价值，那么劳动力就会不断地被再生产出来，否则，劳动力再生产便会出现问题。实际上，在这两个方面中，前者会涉及组成劳动力商品的消费资料的价值与价格问题，后者则需要分析可变资本或者必

---

[1] [德] 马克思：《资本论》（第1卷），人民出版社2004年版，第704页。

要劳动时间与剩余价值或剩余劳动时间的分割问题。然而，作为一种特殊的商品，劳动力再生产的上述两方面内容并不是简单割裂的，而是通过资本主义生产关系的再生产紧密结合在一起。因此，为了阐述完整的劳动力再生产理论，还需要讨论劳动力再生产过程内部和外部的流通问题，而这也是对传统劳动力再生产理论进行完善的重要突破口[①]。

一 劳动力商品的买卖及其价值构成

按照政治经济学的分析，劳动力是一种特殊的商品，它的使用价值是创造出高于其自身价值的价值，即本身具有"成为价值源泉的独特属性"。它的这种特性决定了追求剩余价值的资本家的购买动机，因为只有在市场上买到了劳动力商品的货币持有者才具备从资本家的"幼虫"变为"蝴蝶"的可能性。因此，劳动力再生产问题的第一个关键点便是探究劳动力商品的可获得性，也就是劳动力成为商品的条件。

在政治经济学的话语体系中，劳动力主要是指劳动能力，它是一个活着的人的体内存在的、每当生产某种使用价值时就能够运用的体力和智力的总和，但这并不能表明这种"体力和智力的总和"天生就是一种商品，也不能表明劳动力所执行的劳动天生就是雇佣劳动。实际上，在资本主义出现之前的历次社会形态中，劳动力都不是完全的商品形态。在奴隶社会，奴隶连同自己的劳动力一次而永远地卖给奴隶主所有，从而"奴隶是商品，但劳动力却不是他的商品"[②]。在封建社会，封建农奴被束缚在土地上，他只能出卖自己一部分的劳动力来为土地所有者也就是封建领主生产果实以强化这种人身依附关系，因此，其劳动力也不具有可供自由交换的商品性质。可见，要想使得劳动力成为商品，就需要劳动者完全脱离生产资料，只有在这种情况下，劳动者才能"不再隶属于土地，不再隶属或者从属于他人"，从而也就具备了支配自身的能力。随着资本主义原始积累的推进，大量的人"被剥夺了一切生产资料和旧封建制度给予他们的一切生存保障"[③]，他们被当作不受法律保护的无产者而抛向劳动力

[①] 本章关于对劳动力再生产理论进行完善的部分内容已公开发表。参见黄泽清、李连波《马克思劳动力再生产理论的再认识——基于两类流通过程的动态分析》，《马克思主义与现实》2023年第1期。

[②] 《马克思恩格斯选集》（第1卷），人民出版社2012年版，第332页。

[③] [德] 马克思：《资本论》（第1卷），人民出版社2004年版，第822页。

市场，成为能够支配自己的自由劳动者或者自由工人。对于资本主义社会的工人而言，这种自由具有双重的意义。一方面，他是自由人，能够像支配商品一样来支配自己的劳动力；另一方面，他没有任何其他商品可以出卖，没有任何实现自己劳动力所必需的东西。换言之，"工人是以出卖劳动力为其收入的唯一来源的，如果他不愿意饿死，就不能离开整个购买者阶级即资本家阶级"[1]。这样，劳动力就作为商品而固定下来了，货币占有者便不会再去考虑劳动力商品的可获得性了，毕竟在他们眼里，劳动力市场不过是商品市场的一个特殊部门而已。他们不会理解，也不想去了解，自己在市场上买到的"自由工人"是所谓历史发展的产物，是多次社会经济变革及"一系列陈旧的社会形态灭亡的产物"，更不会明白这一过程本身就"包含着一部世界史"[2]。

在劳动力成为商品之后，它自然也就同其他商品一样具有价值，其价值就是由生产和再生产这种独特商品所必要的劳动时间决定的。由于劳动力的发挥需要载体，即劳动者自身，而在劳动者发挥劳动力以进行劳动时又会对自身进行耗费，如大脑、肌肉甚至思维情感的消耗，因此，劳动力的再生产就需要存在一个活着的并能够正常发挥其劳动力的人。在活的劳动个人存在的前提下，劳动力的再生产就是补偿劳动者对自身消耗的过程，即这个劳动者自身的再生产过程，从而也就是维持这个劳动者自身再生产的生活资料的生产和再生产过程。也就是说，劳动能力只能作为劳动者活的机体的能力而存在，在这一既定前提下，劳动力的生产"就同一切有生命的东西一样，归结为再生产，归结为维持"[3]。因此，劳动力的价值表现为能够维持劳动力占有者的生存所必要的生活资料价值的总和。

首先，包括维持劳动者自身衣食住行等自然需要的生活资料的价值。这种必需的生活资料的价值取决于两点：一是劳动者所处国家或地区的地理、气候以及其他自然禀赋，因为处于不同国家或地区的劳动者，其能够获得的土壤肥力、气候环境以及水产物种也不尽相同，"土壤自然肥力越大，气候越好，维持和再生产生产者所必要的劳动时间就越少"[4]，必要生活资料的价值也就越低；二是劳动者所处国家或地区的文化、道德、风

---

[1] 《马克思恩格斯选集》（第1卷），人民出版社2012年版，第333页。
[2] ［德］马克思：《资本论》（第1卷），人民出版社2004年版，第198页。
[3] 《马克思恩格斯全集》（第32卷），人民出版社1998年版，第47页。
[4] ［德］马克思：《资本论》（第1卷），人民出版社2004年版，第586页。

俗以及其他的由阶级发展所形成的社会历史条件，由于"现有的劳动生产率，不是自然的恩惠，而是几十万年历史的恩惠"①，因此，决定当前生活资料价值的因素离不开社会关系或者生产关系的制约，特别是受到"自由工人阶级是在什么条件下形成的，从而它有哪些习惯和生活要求"②等因素的制约。实际上，第一点强调的是劳动力在客观生理上的绝对最低的自然生存因素，第二点则属于一种纳入到不同阶级对比下的主观弹性化的可以变动的社会生存因素，而具有根本决定性的当然是后者。毕竟我们的需要是由社会产生的，社会自然会成为衡量需要的尺度，因此，"我们的需要和享受就具有社会性质，所以它们具有相对的性质"③。另外，虽然在社会性质的影响下生活需要会相对变动，但是在国家既定、时期既定以及社会性质既定的条件下，必要生活资料的平均范围仍然是一定的，可以看作一个不变的量，而变化的"是这个量的价值"④。

其次，包括维持劳动者的子女及家庭的正常生活所需要的生活资料的价值。由于工人"总是要死的"，因此构成劳动力价值的除了其自身的生活资料价值外还应包括繁殖后代或抚养子女所需要的生活资料的价值，否则当其丧失劳动能力或死亡后就没有新的劳动力商品在市场上出现了。换言之，工人必须有足够的生活资料来抚养后代，直至其能够"作为工人独立生活为止"。

最后，为了能够让劳动力获得适应于某种劳动部门的技能，从而实现劳动的专业化，就需要对其进行教育和培训，而这也会花费一定的商品等价物。显然，教育费用在很多情况下都被包含在工人培养新的劳动能力，即让"自己的子女来接替自己所需要的生活资料中"⑤，从而成为工人繁殖自身所需生活资料的组成部分。实际上，从购买劳动力的货币所有者角度而言，他们需要在劳动力市场上购买到"正常质量的劳动力"，而这种正常质量则表现为劳动力在其使用的专业领域具有"占统治地位的平均的熟练程度、技巧和速度"，因此，对劳动者进行教育所需要的商品价值也是需要包含在劳动力价值内的。

---

① [德] 马克思：《资本论》（第1卷），人民出版社2004年版，第586页。
② [德] 马克思：《资本论》（第1卷），人民出版社2004年版，第199页。
③ 《马克思恩格斯选集》（第1卷），人民出版社2012年版，第345页。
④ [德] 马克思：《资本论》（第1卷），人民出版社2004年版，第593页。
⑤ 《马克思恩格斯全集》（第32卷），人民出版社1998年版，第48页。

综上可知，经典的劳动力再生产理论表明，随着资本主义的出现和发展，劳动力成为一种特殊商品，在特定的道德和历史因素的基础上，这种商品的价值至少包含自身生活资料的价值、家庭生活资料的价值以及教育和培训所需的价值三个方面的因素。因此，为了再生产出劳动力就需要让劳动力消耗这三方面的生活资料，而劳动力能否顺利实现对生活资料的消费则已经脱离了只进行劳动力买卖的流通领域。究其原因，一方面，为劳动力再生产所提供的生活资料需要劳动力在生产领域被消费后，即从事生产劳动并创造出剩余价值后才能生产出来；另一方面，流通领域中劳动力的买卖只是一种契约行为，它是工人对资本家的信贷，届时，货币持有者的货币通常执行了支付手段的职能，而劳动力则只有在被他们消费后，即在生产过程中创造出剩余价值后才会以工资的形式获取其交换价值。因此，要想分析劳动力再生产的过程，就需要在生产领域中分析劳动力是如何创造剩余价值并获得自身交换价值的。于是，让我们离开这个有目共睹的流通领域，"进入门上挂着'非公莫入'牌子的隐蔽的生产场所吧"①。

二 可变资本的作用及其价格变动

当劳动力进入生产领域并与生产资料相结合时，资本家便开始对劳动力的所有者即雇佣工人进行监督，同时，他们将工人生产出的产品视为自己的所有物，就像"他的酒窖内处于发酵过程的产品归他所有一样"②。在这一过程中，预付在购买劳动力上的资本是可变资本，因为它不仅再生产出了自身的等价物还创造出了剩余价值。前者能够对资本家购买劳动力时预付的资本进行补偿，从而再生产出了劳动力价值的等价物，而这一部分的货币值就是工人自身在生活资料上花费的货币值。后者则是劳动力在完全让渡其使用价值后产生的超过劳动力自身价值的剩余价值。可见，在生产过程中，维持劳动力所需的价值和消费劳动力所产生的价值是两个不同的量，"前者决定它的交换价值，后者构成它的使用价值"③。由于作为产品所有者的资本家购买劳动力的目的是获得劳动力的使用价值以实现价值创造，因此他只会对后者给予关注，至于前者，它对于对资本家而言不

---

① ［德］马克思：《资本论》（第1卷），人民出版社2004年版，第204页。
② ［德］马克思：《资本论》（第1卷），人民出版社2004年版，第217页。
③ ［德］马克思：《资本论》（第1卷），人民出版社2004年版，第225页。

过是无关的消耗。毕竟，工人个人消费的结果仅仅是其自身的生存，而工人生产消费的结果才是资本家的生存，从而前者只是后者"纯粹附带的事情"①。假如工人能够靠空气过活的话，资本家就可以不费分文地使用他们了，尽管这只是一个数学意义上的极限，但资本经常性地"使工人降到这种不费分文的地步"②。然而，资本家很少会采取一种整体性的视角来看待这一问题，由于工人的个人消费不仅发生在单个商品的生产过程中，而是在社会范围内进行的，因此，工人的个人消费实际上是整个工人阶级的个人消费，它能够不断将资本家用于购买劳动力的生活资料转化为可供其再次剥削的劳动力，从而不断再生产出资本家最需要的"生产资料"，即劳动力自身。这表明，可变资本在生产过程中的真正作用就是保证资本能够通过工人的身体实现循环，并再生产出一个可以再生产出资本的、积极主体的工人③。

事实上，整体工人阶级的再生产是整体资本再生产的条件，工人的消费通过再生产出资本主义关系的方式来再生产出资本。马克思指出，资本是以双重方式进行自身的再生产的。在价值方面，价值增殖的重新开始或者资本进行重新活动的可能性是通过与劳动力的交换来实现的；在关系方面，资本作为关系，是通过工人的消费来进行再生产的，这种消费能够把工人作为可以同资本相交换的劳动能力再生产出来④。可见，资本家要想实现其资本的再生产，实现资本积累，就不得不允许工人阶级去完成自己的再生产，而他唯一操心的就是如何"把工人的个人消费尽量控制在必要的范围之内"⑤。于是，资本家便在他预付给工人的可变资本上打起了主意，因为可变资本表现为劳动力的价格，在劳动力商品按照其价值出售的假定下，降低劳动力的价格就可以提升剩余价值的相对量，从而增加资本积累量。马克思认为，至少有三个因素影响劳动力的价格，一是工作日的长度，二是劳动的强度，三是劳动生产力的大小。

第一，在工作日长度方面。它一部分由劳动力再生产所需要的劳动时

---

① [德] 马克思：《资本论》（第1卷），人民出版社2004年版，第659页。
② [德] 马克思：《资本论》（第1卷），人民出版社2004年版，第692页。
③ [美] 大卫·哈维：《跟大卫·哈维读〈资本论〉》（第一卷），刘英译，上海世纪出版股份有限公司、上海译文出版社2013年版，第272页。
④ 《马克思恩格斯全集》（第31卷），人民出版社1998年版，第72页。
⑤ [德] 马克思：《资本论》（第1卷），人民出版社2004年版，第660页。

间决定，另一部分由剩余劳动的长度决定，前者是工人的必要劳动时间，后者则是剩余劳动时间。工作日长度的最低界限显然就是必要劳动时间，而这种情形在资本主义条件下是不会存在的。那么问题就变成了工作日的最高界限是由什么决定的。事实上，它取决于工人必要劳动时间的相对变化，包括两种界限，一是劳动力身体的界限，二是与劳动力相关的道德界限。前者可以认为是生理上的绝对界限，是人作为动物的纯粹的身体界限。后者则是工人日常精神需要、社会需要上的限度。在资本家尽可能地通过各种方式来压低必要劳动时间，延长剩余劳动时间的作用下，工作日的长度便在上述两种界限内不断变化。在劳动力的买者——资本家看来，不仅工人与社会界限相关的教育时间、社交时间、履行社会职能时间以及自由运用体力智力的时间"全都是废话"，就连与生理界限相关的休息时间、发育成长时间、维持健康的时间甚至是正常的吃饭睡眠时间也是"非常有害的"①。同样的，在商品等价交换的规律下，工人作为劳动力的卖者也具有得到其所交换的商品价值的权利，要求资本家每天只在正常的限度内使用劳动力，因为使用劳动力和掠夺劳动力是两回事。"在平等的权利之间，力量就起决定作用。"② 工会或者工联就是工人本身为了争取"合理的工作日"而建立起来的保障团体，其通过与资本的对抗而将工作日维持在不损害劳动力再生产的范围内，并阻止工资水平降低到各行业中既定的传统水平以下，阻止劳动能力的价格降低到劳动能力的价值以下③。因此，工作日的长度直接取决于劳资双方的力量斗争，工作日长度的整个变化史就是一部劳资斗争的历史。

第二，在劳动强度方面。资本家可以通过增加一定时间内劳动的消耗程度即提升劳动强度来增加对劳动力的剥削，从而获取更多的剩余价值。劳动强度较大的工作日可以提供更多的价值产品，即更多的可变资本与剩余价值，但是，这并不一定意味着可变资本或劳动力价格可以同剩余价值同比例地提升。为了最大可能地实现价值增殖，资本家完全有可能提升与劳动力再生产相关的生活资料的价值，从而在相对降低劳动力价格的基础上获得更多的剩余价值。这就属于劳动力价格的提高不能补偿劳动力加速

---

① ［德］马克思：《资本论》（第1卷），人民出版社2004年版，第306页。
② ［德］马克思：《资本论》（第1卷），人民出版社2004年版，第272页。
③ 《马克思恩格斯全集》（第38卷），人民出版社2019年版，第12页。

损耗的情况。实际上，劳动强度的增大离不开国家对于工作日的强制性压缩和资本主义分工的内在发展。一方面，在工人阶级斗争的基础上，国家开始以立法的形式强制缩短工作日，而为了不减少对于剩余价值的获取，资本家就设法将劳动凝缩到一个较短的工作日内，从而填满劳动时间的空隙，强化劳动强度以补偿被缩短的工作时长，换言之就是劳动力的"作用的持续时间上的损失，可由力的作用程度来弥补"[①]。另一方面，随着资本主义从工场手工业向机器大工业的发展，劳动分工也在不断细化，伴随这一过程的是劳动的简单化以及劳动强度的增大，因为机器的每一次改进都可以成为加紧榨取劳动力的手段：蒸汽机的改进提高了活塞的敲击频次；传动装置的改进减少了摩擦力；工作机的改进缩小了机器的体积。其中，每次的机器变革都弱化了劳动的复杂程度，而在价值实现既定的条件下，单位时间内劳动复杂程度的降低必然造成劳动强度的提高。在两方面因素的综合作用下，"已使劳动的强度达到损害工人健康，从而破坏劳动力本身的地步"[②]。

第三，在劳动生产力大小方面。在工作日和劳动强度相对一致的情况下，资本家想要提升剩余劳动就不得不去通过变革生产方式来缩短必要劳动。实际上，变革生产方式就是通过提高劳动生产力来降低劳动力价值，而提高劳动生产力的方式则需要从劳动过程中的技术条件和社会组织条件两个层面入手。一方面，技术的提升以及与之相适应的机器体系的分工协作与社会劳动的分工协作能够动员一切可以动员的劳动力，并使得劳动简单化，使得工作日超过自然限制，使得劳动强度增大，使得工人的劳动枯燥无味、毫无内容。然而，劳动越是无趣，越是令人生厌，竞争也就越激烈，工资也就越少，劳动力的价格也就越低[③]。另一方面，社会组织条件会随着劳动过程中生产资料和劳动力结合方式的变化而变化。实际上，无论是泰勒制的生产方式还是福特制的生产方式甚至是之后的精益生产方式，其无疑都是资本家为了提升生产效率所采用的劳动过程控制手段，其结果是缩短商品生产的必要劳动时间并延长剩余劳动时间。总而言之，资本主义发展劳动生产力无非就是为了缩短工人必须为自己劳动的工作日部

---

① ［德］马克思：《资本论》（第1卷），人民出版社2004年版，第472页。
② ［德］马克思：《资本论》（第1卷），人民出版社2004年版，第480页。
③ 《马克思恩格斯选集》（第1卷），人民出版社2012年版，第356页。

分，以此来延长工人无偿为资本家劳动的工作日另一部分①。

三 资本主义的两类流通及其与劳动力再生产的联系

多数学者在分析了劳动力商品的价值构成及其价格补偿后，劳动力再生产问题似乎也就到此结束了，然而事实并非如此。尽管用于再生产劳动力的生活资料是在生产领域中被生产出来的，劳动力也是在生产领域中被消费的，但是一方面，生活资料以及生产资料并不是以某种形式固定下来的，作为价值的实体，它们需要在资本的运动过程中不断地转换形式；另一方面，资本家购买劳动力以及劳动者的个人消费也不是在生产领域中进行的。因此，在分析了劳动力再生产的两个要素后，劳动力再生产的完整理论还是要再次回到流通过程进行讨论。实际上，劳动力的再生产首先是资本和劳动能力的交换过程，它是一个连续不断的，总是和生产过程本身同时并行的小流通过程②，而资本从离开生产过程到它再回到生产过程，即整个资本循环的过程则是一种大流通过程。由于工人在把自己卖给资本家以前就已经隶属于资本了，工人自身的卖身行为只是在形式上体现了其个人消费对于生产消费的附属性，因此，小流通过程在一定程度上是依附于大流通过程的，而正是二者的这种相互联系才使得劳动力的再生产得以完成。

在资本和劳动力交换的小流通过程方面。这一交换可以分为两个分离的过程：从工人方面看，工人用自己的劳动力商品同资本家出让的一定数额的货币相交换；从资本家方面看，资本家用一定的货币换来了能够使资本增殖的劳动力。前一个过程是一种简单的商品流通过程，即工人劳动力的商品形式转化为货币形式。然而，值得注意的是，工人交换的目的只是满足自己的生活需要，他交换来的不是财富，而是维持其自身再生产的生活资料，因此这里的货币就只是一种充当流通手段的铸币，是自行扬弃的、转瞬即逝的媒介③。与此不同的是，后一个过程尽管也呈现了商品流通的形式，但仅仅在形式上是这样，而在目的上，它已经不是简单流通了，其流通的目的是实现价值增殖，从而在本质上是与交换对立的另一种

---

① ［德］马克思：《资本论》（第 1 卷），人民出版社 2004 年版，第 373 页。
② 《马克思恩格斯全集》（第 31 卷），人民出版社 1998 年版，第 68 页。
③ 《马克思恩格斯全集》（第 30 卷），人民出版社 1995 年版，第 244 页。

范畴①。在这一过程中,资本家通过货币形式预付的价值得到可以实际转化的资本,换言之,购买劳动力虽然已经发生,但这只是一种契约性购买,工资的实际支付是需要在生产实现之后才去完成的,所以这里货币执行的是支付手段的职能。这就表明,作为一枚硬币的两面,工人获得生活资料 $A-G$ 与资本占有劳动力 $G-A$ 在本质上已经对立了,它们的区别就是货币流通手段的商品交换与货币支付手段的资本和劳动交换。

可见,资本和劳动力交换的小流通过程对于分析劳动力的再生产具有十分重要的意义。作为劳动力的小流通,它是劳动力商品总流通过程的第一个阶段,即 $A-G-W_{labor}$ 中的 $A-G$ 阶段;而作为资本小流通的 $G-A$ 则一般被看作资本主义生产方式的特征②,劳动力再生产所需的生活资料 W_{labor} 正是在这种生产方式中被生产出来的,所以劳动力商品总流通的第二个阶段 $G-W_{labor}$ 的实现会天然地受到这种生产方式的制约,而具体方式则需要结合下文产业资本循环的大流通过程来分析。实际上,劳动力商品总流通的第二个阶段是一种直接满足劳动者自身需要的阶段,这对于资本主义生产方式而言是落后的、陈旧的,资本主义生产方式越是发展,它对于那种直接满足自己需要的旧生产方式就越起到破坏作用③。因此,仅仅在平行于生产领域的小流通中就已经包含资本家和雇佣工人的阶级对立了,这种阶级对立实质上是以劳动力的再生产条件与劳动力自身的分离为前提的,表现为劳动力自身再生产所需要的劳动量与资本家使用劳动力界限的不一致。

在产业资本循环的大流通阶段。第一,无论是从货币资本循环、产业资本循环还是商品资本循环的角度来看,劳动力商品总流通的第二个阶段即劳动力的个人消费阶段都被排斥在单个资本循环之外。就货币资本循环 $G-W\cdots P\cdots W'-G'$ 而言,它从形式上直接表现为价值增殖的过程,是由货币到更多的货币,因此只有生产性的消费才被包含在其资本循环中,而劳动力商品总流通的第二个阶段只是"这个循环的前提"④。毕竟,只有工人持续地进行个人消费才能不断作为可供资本家剥削的材料出现在市场上,此外,它对于货币资本循环没有其他意义。就生产资本循环 $P\cdots W'-$

---

① 《马克思恩格斯全集》(第 30 卷) 人民出版社 1995 年版,第 233 页。
② [德] 马克思:《资本论》(第 2 卷),人民出版社 2004 年版,第 36 页。
③ [德] 马克思:《资本论》(第 2 卷),人民出版社 2004 年版,第 43 页。
④ [德] 马克思:《资本论》(第 2 卷),人民出版社 2004 年版,第 69 页。

$G'-W\cdots P$ 而言，它从形式上表示生产资本的周期性更新，表示再生产，因此，只有在消费了商品后能够产生剩余价值的生产消费才能进入产业资本的循环，那些维持生产者自身生存以及工人自身生存的消费都是不被纳入单个资本循环的，尽管它们是"从单个资本的流通中出来的"①。就商品资本循环 $W'-G'-W\cdots P\cdots W'$ 而言，它从形式上表示包含了剩余价值的商品或者包含了资本的产物的商品，即作为资本主义生产过程直接结果的商品循环。尽管个人消费和生产消费都作为条件进入这一循环，尽管都表现为单个资本的循环，但是工人的个人消费"只是被看作社会的行为，而决不是作为单个资本家的行为"②。总而言之，产业资本循环的大流通过程包含了生活资料的生产阶段，却把工人对生活资料的消费阶段排斥在外，从而进一步加深了劳动力对于资本的隶属。

第二，产业资本的大流通过程会继续扩大小流通过程中劳资之间的对立关系。上文分析表明，与生产过程平行的纯粹小流通过程已经内在地涵盖了劳资对立，而如果将大流通过程考虑进来的话，这种对立关系会进一步加剧。一方面，由于劳动力在生产过程中具有价值创造的能力，因此其便作为预付的可变资本的价值存在形式参与到产业资本的循环中。不过，劳动力不同于生产资料在一开始就是资本的存在形式，它只有在卖给了资本家并进入生产过程内部、作为 P 的组成部分时才是资本的存在形式③。另一方面，按照马克思的分析，如果商品生产在它的整个社会范围内按资本主义的方式经营，那么一切商品，从一开始就是商品资本的要素④。实际上，马克思不止一次指出，在资本主义生产方式下生产的商品，不管其来源如何，不管生产它们的生产过程如何，不管其用于生产消费还是个人消费，都表现为商品资本⑤。即使是劳动力，也是作为商品出现在市场上的，虽然它不是作为商品资本出现的⑥。在上述两方面的作用下，资本主义社会出现了一种劳动力商品悖论，尽管劳动力成为商品是资本主义的特征与前提，但是资本主义要想持续下去就需要不断再生产出劳

---

① ［德］马克思：《资本论》（第2卷），人民出版社2004年版，第88页。
② ［德］马克思：《资本论》（第2卷），人民出版社2004年版，第109页。
③ ［德］马克思：《资本论》（第2卷），人民出版社2004年版，第44、103、131页。
④ ［德］马克思：《资本论》（第2卷），人民出版社2004年版，第45页。
⑤ ［德］马克思：《资本论》（第2卷），人民出版社2004年版，第111、113、127页。
⑥ ［德］马克思：《资本论》（第2卷），人民出版社2004年版，第232页。

动力商品，因此，当前社会的劳动力商品在很大程度上已经是资本主义生产方式下的产物。然而，作为资本产物的劳动力商品却无法成为商品资本，更准确地说，是无法成为劳动者自己的商品资本，它只能作为劳动者的商品卖给资本家之后才能成为资本家的可变资本，而劳动者以工资的形式换回的仍然只是纯粹的商品（生活资料）。这种悖论可能部分源自劳动力商品的特殊性：由于劳动者只能在一定期间内转让其自身商品即劳动力的使用权但不能转让所有权，所以劳动者便无法像转让物质资本一样取得等同于资本价值的货币额①。这在一定程度上形成了劳动力的"双重职能"，即一方面在劳动力出卖时作为商品，另一方面在生产过程中却作为资本家手中的资本②。但这一说法似乎并不能从本质上阐述劳动力商品悖论，不仅如此，在资本循环周转的作用下，上述现象在社会再生产中的不断呈现不仅维持了劳资之间的不对等关系，还造成了一种劳动力价格的拜物教：劳动力的价格似乎不是围绕着生产劳动力所需生活资料的价值即劳动力价值上下波动的，而是直接表现为以货币形式发放的工资变动，真正的社会关系被隐藏在表象的政治暴动之下了③。

正是由于这种劳动力价格的拜物教，资产阶级的学者才可以构建出包括人力资本理论等在内的多种庸俗理论来掩盖真正的劳资关系，从而使得劳动者的工资与劳动力价值之间产生了一个可供操作的空间，这个空间可以允许劳动力的价格即工资长期低于劳动力价值而独立存在，从而也就加大了劳动力再生产的实现困难。尽管马克思也认为，资本主义把工资强行压低到劳动力价值以下在社会的实际运行中起到了极为重要的作用，但是他并没有去分析这种情况下的劳动力再生产是如何得以完成的。因此，本章余下部分将讨论资本主义不同发展阶段下劳动力再生产过程的不同特征，并通过建立新的分析框架来为后续章节分析当代金融化过程中的劳动力再生产问题奠定基础。

---

① 谢富胜、李安：《人力资本理论与劳动力价值》，《马克思主义研究》2008年第8期。
② ［德］马克思：《资本论》（第2卷），人民出版社2004年版，第422页。
③ ［美］大卫·哈维：《跟大卫·哈维读〈资本论〉》（第一卷），刘英译，上海世纪出版股份有限公司、上海译文出版社2013年版，第261页。

第二节 资本主义不同历史阶段的劳动力再生产过程

在马克思生活的年代,产业资本决定了社会生产的资本主义性质,因为当时占有剩余价值和剩余产品并创造出新的剩余价值和产品的主要就是产业资本。那些在产业资本之前的,在过去的社会形态中就已经出现的资本如商业资本、高利贷资本等不仅要从属于产业资本,还要改变自身的职能而与产业资本相适应①。因此,在当时,产业资本主导着资本主义的生产。而随着资本主义的发展,资本同时以集聚和集中的方式进行积累,此时作为资本积累最为重要的两个杠杆,竞争和信用的作用不断增强,它们使得产业资本需要通过与银行资本联系在一起才能获得对资本的支配,同时银行资本也需要联系产业资本而获取更多的利润,两种资本的结合产生了一种新型的金融资本,这种转化为产业资本的银行资本,即货币形式的资本就是金融资本②。而当资本主义为积累而积累并形成垄断时,垄断型产业资本与银行资本的结合最终形成了列宁意义上的金融资本,从而成为19世纪末至20世纪70年代资本积累的主导形式。本节将分别阐述产业资本主导以及金融资本主导这两种不同资本主义历史发展阶段下劳动力再生产的实现过程。

一 产业资本主导下的劳动力再生产

马克思在分析其所处年代的资本主义运行时对于劳动力再生产问题做了如下几点假定:首先,假定劳动力的占有者在每次出卖自己的劳动力时就立即能够得到劳资契约所规定的工资;其次,假定劳动力商品是按照它的价值出售的,劳动力价格总是大于等于劳动力的价值。因此,按照马克思的假定,劳动力再生产便只是工人自己可以独立完成的事情,然而事实并非如此。

在马克思生活的年代,也即产业资本主导资本积累的历史阶段,工人经常在工资低于劳动力价值的情况下进行萎缩的劳动力再生产。哈维就曾

---

① [德]马克思:《资本论》(第2卷),人民出版社2004年版,第66页。
② [奥]鲁道夫·希法亭:《金融资本》,李琼译,华夏出版社2017年版,第258页。

指出，按照马克思的假定，和工人阶级再生产相关的重大基础性问题，如繁殖、自我保护以及阶级内部的社会关系等是工人自己解决的问题，但这种社会的再生产从来都不是工人自己的问题①。实际上，马克思做出劳动力按照其价值出卖的假定只是为了能够简便分析资本主义的运行规律以及剩余价值的来源等根本性问题，因此，没有必要考虑工资变动的具体情况，但他也从来都没有忽视劳动力价格低于劳动力价值的情形。一方面，他考察了19世纪最发达国家即英国的劳动力再生产问题。在当时英国制陶业工人的再生产方面，他引用了格林医生1860年的《公共卫生第3号报告》，发现这些工人的寿命特别短，各种疾病缠身；火柴制造业不仅存在上述问题还有着普遍招收童工的现象，这些童工大都未受教育且发育不良，吃饭也仅仅是为了在生产过程中添加"辅助材料"；面包工人和铁路工人也普遍存在过度劳动的问题，在连续劳动40—50个小时后，他们"浑身发麻，头发昏，眼发花"；女装工人拥挤在不透气的小屋里持续劳动过长的时间而最终被"活活累死"。另一方面，他还考察了当时欠发达资本主义国家的劳动力再生产问题。由于当时欧洲其他国家在社会数据统计上还不完善，因此资料相对匮乏，但是只要帷幕稍稍揭开便可以看到其内"美杜莎的头"。在这些不够发达的国家，除了存在资本主义现代性的灾难，还伴随着古老陈旧的生产方式的压迫，例如在欧洲大陆的工厂内，由于没有相对完整的工厂法，情况自然要比英国坏得多②。美洲大陆的农奴制被卷入资本主义生产方式后，不再具有一丝的"温和家长制"的性质，而是把黑人奴隶的过度劳动发挥到极致，因为对当时的奴隶输入国而言，最有效的经济就是在最短的时间内从当牛马的人身上榨取最多的劳动③。

可见，无论是当时的发达国家英国，还是欠发达的欧洲大陆和美洲大陆国家，劳动力的再生产都是在一种萎缩的情形下进行的。因此，为了维持劳动力再生产的正常运行，仅仅靠工人已经远远不够了，因为资本家不会关心工人的健康和寿命问题，除非社会迫使他去关心④。实际上，劳动

---

① [美]大卫·哈维：《跟大卫·哈维读〈资本论〉》（第一卷），刘英译，上海世纪出版股份有限公司、上海译文出版社2013年版，第273页。
② [德]马克思：《资本论》（第1卷），人民出版社2004年版，第9页。
③ [德]马克思：《资本论》（第1卷），人民出版社2004年版，第308页。
④ [德]马克思：《资本论》（第1卷），人民出版社2004年版，第311页。

力的再生产之所以会出现萎缩的情形,不仅与劳资之间的直接对立有关,还离不开国家意志的帮助。在国家政权持续数个世纪的帮助下,资本迫使工人接受了"正常的工作日"长度,而这与19世纪下半叶国家开始在某些地方限制工人的劳动时间有着异曲同工之处。在马克思生活的年代,国家意志已经开始在劳动力再生产方面发挥重要的积极作用了,主要体现在公共健康、劳动立法等方面。1833年,英国议会把有关棉、毛、麻、丝四种工业部门的儿童工作日缩短为12个小时,开启了现代工业中的正常工作日立法的先河。然而,一直到1864年的英国工厂立法史都是一部象征资本精神的历史,因为劳资力量的悬殊对比经常会迫使国家力量服从于资本的意志。尽管1864年的《英国工厂法案》加入了关于教育方面的条款,但这只是为了能够让劳动者受到适度的教育来胜任机器时代所要求的各种工作,只是一种避免让"可敬的"劳动者们参与暴动的劝诱而已[1]。在法国,当"拿破仑三世"路易·拿破仑·波拿巴想要巩固自己在资产阶级中的地位而打算修改法定的工作日时,法国工人高呼"把工作日缩短为12个小时的法令,是共和国立法留给我们的唯一福利"[2]。可见,尽管国家在那个时代已经开始参与了劳动力再生产的调节,但也会尽量去维护资产阶级的利益,工人只有聚集起来以一个阶级的力量去强行争取一项国家法律才能真正得到强有力的社会保障,才能不至于再把"自己和后代卖出去送死和受奴役"[3]。

因此,在马克思生活的年代,劳动力价格低于价值的情形经常出现,而国家的援助则在很大程度上取决于劳资斗争的结果。但无论如何,国家权力还是通过立法等方式来节制资本对无限榨取劳动力的渴望,因为它会让"国家的生命力遭到根本的摧残"[4]。至于在劳动力能够及时得到契约工资的假定方面,马克思并没有去分析,毕竟在他看来这与劳动力价格低于价值相比没有那么重要,因为后者实际上是把工人的必要消费基金转化为资本的积累基金[5]。那么这一假定在资本主义发展到垄断阶段时会出现

---

[1] [美]大卫·哈维:《资本社会的17个矛盾》,许瑞宋译,中信出版社2016年版,第199页。
[2] [德]马克思:《资本论》(第1卷),人民出版社2004年版,第319页。
[3] [德]马克思:《资本论》(第1卷),人民出版社2004年版,第349页。
[4] [德]马克思:《资本论》(第1卷),人民出版社2004年版,第277页。
[5] [德]马克思:《资本论》(第1卷),人民出版社2004年版,第692页。

什么变化呢？金融资本主导下的劳动力再生产又是如何实现的呢？下一部分将对此展开分析。

二 金融资本主导下的劳动力再生产

自19世纪末以来，资本主义的发展便已经开始表现为一种典型的集中过程。具体而言，一方面出现了卡特尔、托拉斯等形式的垄断行业，重塑了资本主义的竞争行为；另一方面，垄断行业的出现是同银行资本和产业资本的紧密结合分不开的，两类资本的结合"使得资本采取了其最高级也是最抽象的表现形式——金融资本"[1]。事实上，20世纪以来，资本主义的生产方式发生了较为明显的变化，其中最为重要的便是股份公司的发展。它改变了产业资本家的职能，将其从原先的企业家管理职能中抽离了出来而以股东的身份成为货币资本家，其预付资本只是为了在未来获取回报或者收益而不一定是含有剩余价值的资本，毕竟股票交易不是资本交易，它只是对收益权的买卖。然而，尽管在一定程度上股东可以作为货币资本家将其资金投到任何能够获取收益的地方，但当他一旦把资金投出去之后便与产业资本家绑定在一起了，因为他仅有这笔资金的部分收益权而没有占有权，他仅能获取一部分的平均利润。事实上，由于货币资本家对于股票投资的自由竞争压低了投资收益率，使得其不再需要获取平均利润，而只需要得到至少等于平均利息率（一般存在风险溢价）的收益率就可以了，因此当获取平均利润的产业资本转向获取平均利息的生息资本或虚拟资本时就会出现一个差额，即希法亭所认为的"创业利润"，而这种新型范畴的出现导致了银行资本职能的转变，它不再仅仅作为中介贷出资本，而是专门分离出部分职能直接参与股票的交易，并把自己变成了证券市场以增大自己的权力来获取创业利润[2]。为了分割创业利润，银行和股份公司展开了激烈的竞争，以致到了二者互相依赖对方的地步，从而出现了银行资本和产业资本紧密联系下的金融资本。

随着资本积累的不断推进，这种金融资本逐渐成为20世纪初资本积累的主导形式。在金融资本的主导下，资本主义的劳动力再生产出现了新的特征。按照前文的分析，劳动力的再生产经常处于萎缩的状态，而与此

---

[1] [奥] 鲁道夫·希法亭：《金融资本》，李琼译，华夏出版社2017年版，第2页。
[2] [奥] 鲁道夫·希法亭：《金融资本》，李琼译，华夏出版社2017年版，第160页。

同时，资本积累不断推进，最终造成了生产过剩而需求不足的现象。实际上，商品的实现主要受限于绝大多数人是穷人的社会的消费者需求，劳动阶级的消费需求是有效市场需求的重要部分①。因此，作为资本主义再生产关键要素的劳动力再生产如果无法顺利实现，劳动者的消费需求将无法得到满足，那么整个资本主义市场的有效需求也将会出现不足的现象，从而对资本持续积累构成严重的障碍。资本家迫切需要寻求一些特殊的办法使其自身既能够解决有效需求不足的问题又能够尽可能地压低劳动力价值以维持资本主义的扩大再生产，毕竟就资本主义积累的本性而言，它绝不会允许劳动力价格的任何提高有可能威胁到"资本关系的不断再生产和它的规模不断扩大的再生产"②。

（一）帝国主义与劳动人口规模的扩大

第一种方式是通过帝国主义与殖民政策来扩大劳动人口规模，动员一切可以动员的劳动人口。金融资本产生后，其所追求的不是自由，而是统治，是进一步的垄断，在这一经济基础上建立起来了殖民政策的意识形态，因为金融资本可以更容易地在殖民地市场用垄断的方式排除竞争者。随着金融资本的不断积累、资本输出的推进以及殖民帝国对世界各国领土的瓜分，资本主义发展到了帝国主义阶段。列宁将帝国主义定义为"发展到垄断组织和金融资本的统治已经确立、资本输出具有突出意义、国际托拉斯开始瓜分世界、一些最大的资本主义国家已经把世界全部瓜分完毕这一阶段的资本主义"③。帝国主义具有极强的腐朽性和寄生性，它通过将殖民地的劳动力强制地纳入资本主义体系来维持自身的再生产。据统计，1865—1898 年，英国国民收入增加了约 1 倍，而来自国外的收入却增加了 8 倍，它们将农业和工业劳动推给了有色人种，而自己却充当着食利者；英国 1901 年的工人数量占比与 50 年之前相较大大降低，即由 23%降低到 15%④。实际上，当资本主义步入帝国主义阶段后，其可以通过多种暴力掠夺的方式创造出劳动力从而能够满足在继续扩大资本积累的同时填补有效需求的不足。一方面，帝国主义国家可以通过将殖民地居民的土

---

① ［美］大卫·哈维：《资本社会的 17 个矛盾》，许瑞宋译，中信出版社 2016 年版，第 83 页。
② ［德］马克思：《资本论》（第 1 卷），人民出版社 2004 年版，第 716 页。
③ 《列宁全集》（第 27 卷），人民出版社 1990 年版，第 401 页。
④ 《列宁全集》（第 27 卷），人民出版社 1990 年版，第 416—417 页。

地没收的方式，强制性地使得劳动者与生产资料分离，从而使其被迫纳入资本主义体系并通过出卖自己廉价的劳动力而谋生。另一方面，帝国主义国家还可以通过创建特殊的税收体制进行对殖民地劳动力的掠夺，例如要求当地居民缴纳只能通过外资工厂的雇佣劳动才能得到的数额的钱，这种掠夺方式在20世纪初比利时殖民地的刚果已经非常完善了[1]。可见，殖民地的劳动者在被强制纳入资本主义生产后，其劳动力的再生产便同19世纪上半叶之前资本主义国家内部的劳动力再生产一样，处于萎缩的过程中。与此同时，在殖民地原材料价格非常低，劳动力价格也被强制压低的背景下，劳动产品的成本才能够得以降低，资本更能够获取超额利润，资本积累也能够持续进行下去。正如罗莎·卢森堡分析的那样，为了实现剩余价值，除了工人和资本家之外的第三消费者的出现是必要的，那就是通过帝国主义的力量来向非资本主义世界扩张，后者是资本及其积累的直接生存条件[2]。尽管这一理论存在许多缺陷甚至错误的地方，因为将包含在剩余价值上的商品交由第三者消费并再对第三者进行商品化来买进等价的商品其实对于实现积累没有任何作用[3]，但是，罗莎·卢森堡对于事实的概括和方法论创新的尝试却是十分深刻的。她的资本积累理论实际上描述的是整个资本积累过程中血泪斑斑的历史，是资本对于生产资料和劳动力进行掠夺的过程。在这一过程中，帝国主义通过暴力手段将世界上一切能够组织起来的劳动者变为可供买卖的廉价劳动力来满足其不断扩大的资本积累和价值实现的需要，原先资本主义体系内的劳动者则会因为产业后备军的增多而面临工资降低以及再生产困难的风险。

(二) 科学管理与工人阶级的分化

第二种方式是通过金融资本分化工人阶级来增加劳动者之间的竞争，从而降低劳动力价值。在金融资本的作用下，股份制企业如雨后春笋般地发展起来，对于资本家而言，一旦当这种企业规模发展到一定程度时就会出现所谓的管理难题，因为资本的所有权职能和生产职能已经出现了分离，资本家们对于尽快获取利润的"掠夺式冲动"往往会被管理者们抑制下去，因为后者比前者更为了解企业的具体运营情况。尽管如此，等级

---

[1] [奥]鲁道夫·希法亭：《金融资本》，李琼译，华夏出版社2017年版，第365页。
[2] [德]罗莎·卢森堡：《资本积累论》，彭尘舜、吴纪先译，生活·读书·新知三联书店1959年版，第289页。
[3] 陈其人：《卢森堡资本积累理论研究》，东方出版中心2009年版，第179页。

制的企业组织形式对于资本主义而言也是必要的，因为它是维持资本高速积累不可或缺的因素：由于家庭部门总是倾向于花掉自己手上的所有收入，因此迫切需要将员工进行等级划分，从而允许那些处于等级顶层的管理者在给股东和底层员工发放红利和工资之前先留存一部分利润用于维持扩大再生产的资本积累①。按照马格林的逻辑，资本主义体系下的股份制企业所采取的等级制度是随着资本主义生产关系的出现而产生的，其目的无非是对工人实施"分而治之"的策略，从而达到为资本积累服务的目的②。根据这一策略，金融资本主导下的帝国主义国家开始分裂工人，它们加强工人中的机会主义并逐渐使他们脱离无产阶级群众，成为名副其实的"工人贵族"阶层③。

在微观层面，帝国主义的股份制企业也开始激励工人们只要好好工作就有加薪的希望和升职的前景，这种"晋升机会人人均等"的口号几乎点燃了所有员工的心灵，可以说被激励的每个基层管理者都仿佛自己身上佩戴着一个首席执行官印章④。工人阶级的雇员们并没有让资本家们失望，随着有影响力和高收入职位的增多，雇员们开始积极响应这些号召，他们对于在企业内扩大自身势力范围的关注度远远超过了对于自身劳动契约的关注。而当工人阶级内部出现分裂后，资本家对于工人阶级的控制就更加容易了，它一方面可以通过压低底层工人的工资来进一步加深工人对于晋升的需求以达到控制的目的，另一方面可以通过招聘妇女甚至大龄儿童等非熟练工人来增强底层工人竞争的激烈程度，从而达到控制的效果。但不论采用何种方式，绝大多数工人的工资都在不同程度上减少了，生活质量下降了，劳动力的再生产也再次出现萎缩。他们逐渐认识到，股份企业不断扩张并没有导致高薪职位的增加，反而是低薪的岗位在不断增多。同时，随着股份公司的不断合并，垄断企业的规模已逐渐稳定，但数量几乎未增多的高薪管理层却仍然被资本家垄断着：据1909年的《柏林日报》报道，即使银行业的集中化趋势已经结束，德国银行业90%的员工

---

① [美]史蒂芬·A. 马格林：《老板们在做什么？——等级制与储蓄》，张淼、冯志轩译，《政治经济学评论》2010年第4期。

② [美]史蒂芬·A. 马格林：《老板们在做什么？——资本主义生产中等级制度的起源和功能》，柯唱、李安译，《政治经济学评论》2009年第1期。

③ 《列宁全集》（第27卷），人民出版社1990年版，第330页。

④ [美]肯尼斯·霍博、威廉·霍博：《清教徒的礼物：那个让我们在金融废墟重拾梦想的馈赠》，丁丹译，东方出版社2013年版，第105页。

依然没有独立自主的希望①。

实际上，在泰勒发起了所谓"科学管理"的概念后，资本家按照具体工作的细分将劳动进一步划分为多个独立行为，并计算出每个独立行为所需要的最佳时间，然后交由已经分化出来的管理者或经理来管理工人，从而避免工人"磨洋工"的情况，提升劳动生产率。在这一过程中，工人没有丝毫的主动性和想象力可言，因为泰勒科学管理的核心就是制造劳动概念与劳动执行的分离，从而只是将普通工人视为机械地完成某个具体任务的劳动力②。因此，当泰勒告知工人们随着生产效率的提升劳动工资也能明显提升时，工人们并没有上当，他们很快认识到尽管自己生产的产量比过去多两三倍，但工资却没有增加两三倍，即使会比别人稍微多一点好处也会随着产量水平的普遍化而消失③。而当亨利·福特开始进行大规模的标准化制造时，科学管理的理念则被他从另一个角度发挥得淋漓尽致，机械化、自动化以及标准化的流水线使得工人成为"机器上的零件"，他们"去技能化"的劳动已经同机械手臂没有太多区别。在福特的经典著作《我的生活与工作》中，他将T型车的8000多道工序进行了严密细分，以致出现了"2637道可由一条腿的人完成，2道可由没有手的人完成，715道可由一只手的人完成，10道可由失明的人完成"这些至今听起来都匪夷所思的"发现"，可谓完全印证了他那句至理名言："在我只需要一双手的时候怎么还要多加一个人。"讽刺的是，在这种把工人分化为机械臂的"科学管理"出现之前，英国的资本家对工人的称谓就已经包含这一"科学"的思想了：他们根据工人发挥劳动力的主要器官即工人自己的双手，把工人叫作"人手"④。需要承认的是，科学管理以及流水线生产确实在很大程度上提升了劳动生产力，福特公司自1914年开始使用第一部循环链传送带时，短短三个月T型汽车的装配时间就降低到原先的1/10，而到1925年，这种流水线一天生产的汽车就几乎与初

---

① [奥]鲁道夫·希法亭：《金融资本》，李琼译，华夏出版社2017年版，第397页。
② [英]斯图尔特·克雷纳：《管理简史》，覃果、李晖、夏萍等译，海南出版社2017年版，第27页。
③ [美]哈里·布雷弗曼：《劳动与垄断资本：二十世纪中劳动的退化》，方生等译，商务印书馆1979年版，第70页。
④ 《马克思恩格斯全集》（第32卷），人民出版社1998年版，第60页。

期全年产量一样多了①。在这之后,福特开始压低工资结构以进一步降低成本,虽然在工人的抗争下,福特发表了每天工资5美元的通告以缓解矛盾,但其深知通过小幅提升工资的方式来限制工人流失并增强劳动强度将会为企业获取更多的利润,他在书中自豪地说:"支付优厚的工资,是经营企业的最有利可图的方式。"② 在这种情况下,微弱提升的工资已难以支付因劳动强度加大而带来的疾病治疗费用,同时,拥有较高工资的劳动者永远都是那些人数占比不断减少的管理层,因此,广大普通雇佣工人仍然面临劳动力的萎缩性再生产难题。

(三)炫耀性消费与雇员持股计划的发展

第三种方式是通过刺激炫耀性消费意识来增加劳动者的非必要性消费,同时通过发展雇员持股计划来转变工资支付形式并进一步刺激消费。根据凡勃仑的分析,"消费问题"是理解其所处年代即19世纪末以来社会各个阶层流动性的关键点,而后者与炫耀性消费紧密相关。事实上,各个时代都存在着一个"有闲阶级",他们非生产性地消耗着时间以证明自己有足够财力来维持休闲的生活,当这一行为被旁观者看到时便会形成大众对于休闲的美好印象从而构成其理想的生活方式。而在没有大众旁观的前提下也能够证明自己在进行非生产性消耗时间的办法就是消费"非实物"的物品以及"越位"的高等级物品,前者包括艺术时尚、礼仪社交、游戏运动等,后者则主要是指超出维持生存需求以外的商品消费。随着社会的发展,这种炫耀性消费逐渐成为社会分层的标准,特别是当资本主义发展到垄断资本主义阶段时,作为资本家的有闲阶级通过不断的示范作用来吸引工人,越来越多的工人通过为资本家服务而间接地享受休闲的乐趣。实际上,随着炫耀性消费在资本主义社会的深入,资本家和工人之间的严格阶级对立已被掩盖得越来越模糊:上层社会的生活态度与价值标准给社会提供了博取声誉的准绳,而遵从这些标准并尽可能接近这些标准就成了所有其他阶级应尽的义务③。可见,消费已经越来越不是个人的消

---

① [美]哈里·布雷弗曼:《劳动与垄断资本:二十世纪中劳动的退化》,方生等译,商务印书馆1979年版,第103页。
② [美]亨利·福特:《我的生活与工作》,梓浪、莫丽芸译,北京邮电大学出版社2005年版,第101页。
③ [美]凡勃仑:《有闲阶级论:关于制度的经济研究》,李华夏译,中央编译出版社2012年版,第67页。

费,而是一种系统意义上的消费,后者的目的不是个体的再生产而是整个系统秩序的再生产。换言之,凡勃仑意义上的炫耀性消费在19世纪末以来成为资本主义社会的普遍现象是因为垄断资本主义为维持其系统秩序的再生产而提出的要求:20世纪第一个十年出现的炫耀性消费是关于汽车的消费,20世纪20年代出现了以家用电器为代表的炫耀性消费,而到了30年代以特百惠为代表的塑料制品的消费则开始崭露头角①。正如前文分析的那样,在垄断资本主义社会中,为积累而积累的资本家需要剩余价值被不断创造出来,但实现剩余价值的有效需求却因为资本家对于劳动力的压榨而存在需求不足的情形。诚然,资本家可以通过上文分析的多种方式来增加需求,但是在工人普遍抵制的条件下其成本也是巨大的。在这种情况下,炫耀性消费就为资本家提供了解决问题的另一种思路,即通过刺激工人阶级购买自身最低生活消费品之外的商品来创造出更多的需求。正如凡勃仑认为的那样,随着经济的发展以及社会规模的扩大,物品的炫耀性消费无论是绝对的还是相对的都会与日俱增,直到吸收所有现存的产品,只剩下仅足够维持生存的需求为止②。但是,加强炫耀性消费以弥补有效需求的前提是工人有足够的收入,而如果一味提升工资的话又会违背资本积累的要求,因此,问题又回到了如何变革工资运行上来了。

实践表明,资本主义通过发展雇员持股计划(ESOP)实现了这一点。顾名思义,雇员持股计划就是指通过特定规则让雇员成为企业的股票持有者,尽管这一计划的真正出现是在20世纪50年代,但其主要思想自19世纪末就已经开始发展起来了。到20世纪20年代,由于资本积累过剩而需求普遍不足,资产阶级便在炫耀性消费的基础上通过一种雇员股票红利计划来刺激工人阶级的非生产性消费,其主要思想就是在工人工资中扣除一部分并折价购买公司股票,然后再将股票发放给雇员③。这一方法的精妙之处在于它改变了工资的支付方式,由于股票价格的确定是一种资产收益的概念而与资本价值无关,因此当一部分工资换做股票时,马克思做出的"劳动力能够及时得到契约工资的"假定便不再适用了。一方面,当经济上行时,资本家可以在不提升劳动力价格的基础上扩大有效需求,实

---

① [法]多米尼克·戴泽:《消费》,邓芸译,商务印书馆2015年版,第9页。
② [美]凡勃仑:《有闲阶级论:关于制度的经济研究》,李华夏译,中央编译出版社2012年版,第72页。
③ 张翔鹏:《员工持股制度研究》,博士学位论文,中国社会科学院研究生院,2001年。

现资本积累；另一方面，当经济下行时，资本家将股份企业的风险部分地转移到了工人身上。实践表明，爆发于1929年的大萧条让许多雇员的资产都遭到了严重的损失，而这些损失本应是属于资产阶级股东的。在此之后，雇员股票购买计划虽然受到了质疑，但公司高管的示范效用再次点燃了底层员工的激情，加上第二次世界大战后美国证券市场发展迅速，一种新型的符合美国政府要求的雇员持股计划诞生了，其标志性事件是20世纪50年代中期，美国律师路易斯·凯尔索（Louis Kelso）出版的充满庸俗性质的书籍：《资本家宣言，怎样用借来的钱使8000万工人变成资本家》和《两要素论》。随着1974年美国《雇员退休收入保障法》的颁布，雇员持股计划最终以立法的形式被确立了下来，它使得原本属于企业负责的雇员退休和医疗照顾转嫁到了雇员工作期间所积累的个人财产账户上，企业对于雇员退休后的医疗照顾不负有任何责任[①]。在这种情况下，劳动力的再生产再次被交由员工自身承担，与以往不同的是，雇员持股计划更加增大了劳动力工资的不确定性，加重了劳动者对于未来再生产自身劳动能力的焦虑情绪。

图3-1反映的是美国20世纪60年代末非管理类工人平均周薪的增

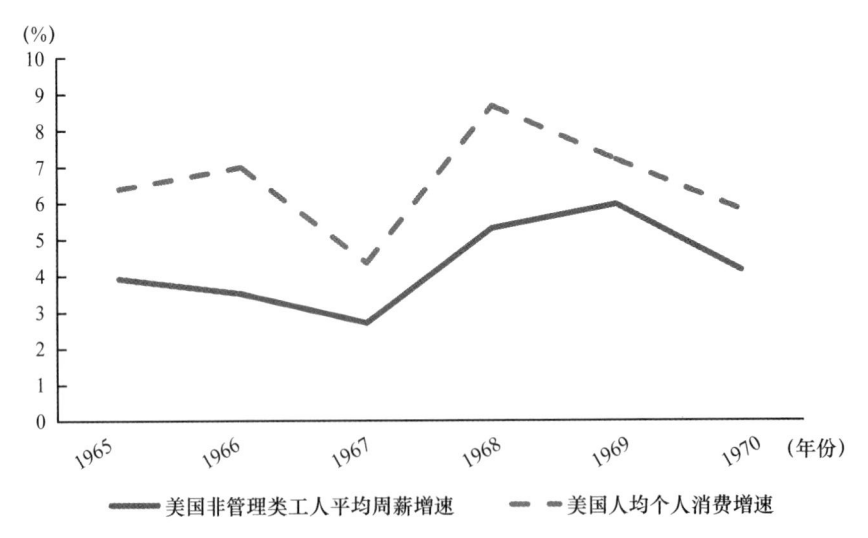

图3-1 美国非管理类工人平均周薪与人均个人消费支出的增长率

资料来源：美国劳工部、美国经济分析局（BEA）。

---

① 杨兵：《美国雇员持股计划如何参与公司治理》，《社会保障问题研究》2003年第2期。

长率和人均个人消费支出的增长率。数据显示,非管理类工人平均周薪的增速长期低于人均个人消费增速 1.3—3.6 个百分点,故而需要 ESOP 来发挥作用。然而,尽管 ESOP 在 20 世纪 50 年代末就已逐渐建立,但据考证,60 年代末普通雇员持股数量仍然极少,即使是管理层,其持股量也不足全国企业股票的 30%①,可见当时劳动力再生产的萎缩情形依然是十分严峻的。

(四) 公共医疗、教育与基建投资的发展

最后一种方式是通过国家对劳动者进行公共医疗、教育的支持,并通过投资国家基础设施吸收就业和增加福利来减轻企业和工人对于劳动力再生产的责任和成本。在资本主义体系下,资产阶级的首要任务是获取更多的有效需求以帮助其积累更多的资本,至于劳动力的个人消费,只有在其不利于前者时才会被资产阶级考虑到。然而根据上文分析,资本主义可以通过多种方式实现降低劳动力价格的同时来实现价值增殖,这就使得劳动力再生产的萎缩状态长期存在。在这种情况下,工人便逐渐联合起来形成了强大的工联或者工会来同资产阶级进行斗争以争取到自己应有的利益。尽管在马克思的时代,劳动力的价值就是工联有意识和明显的基础,它们一开始就尝试通过多种方式阻止劳动能力的价格降低到价值以下②,但在金融资本主导的条件下,有些方式已经不再适用,工会不得不进一步发展自己,寻求新的方式方法。金融资本的积累形成了一种资本主义垄断,扬弃了原先的竞争状态,这对于在劳动力市场上相互竞争的劳动力而言产生了更大的劳资不对等,此时工会的作用便在于消除劳动力间无谓的竞争,从而形成对劳动力商品的垄断③。因为只有当劳动力商品也是一种垄断商品时才能同垄断资本进行一定程度的对抗,而此时对抗的方式也逐渐从罢工过渡到对国家意志的影响上。实际上,工人阶级大都只能间接地影响国家意志,当资产阶级压低劳动力价格以致其无法实现再生产时,工会便可以发挥自己的力量,通过号召其成员通过内部互助的形式来承担自身的再生产以对抗资本家,而随着劳动者在商品市场上购买商品和服务的需求不断减小,资本家发现自己实现资本积累的有效需求也不断降低,此时,通

---

① 张翔鹏:《员工持股制度研究》,博士学位论文,中国社会科学院研究生院,2001 年。
② 《马克思恩格斯全集》(第 38 卷),人民出版社 2019 年版,第 12—15 页。
③ [奥] 鲁道夫·希法亭:《金融资本》,李琼译,华夏出版社 2017 年版,第 400 页。

过国家机器进行干预就成为一种必然选择。因此，国家力量介入劳动力再生产过程在一定程度上也是劳资斗争的结果。

在金融资本主导的垄断资本主义阶段，国家力量至少可以通过两种方式来帮助劳动者实现其自身的再生产。一方面，通过推行公共医疗和教育来缓解工人及其家庭关于医疗健康、教育培训方等方面的成本。然而，问题不在于是否推行公共的医疗教育，而在于推行什么样的公共教育和公共医疗。显然，在资本主义体系内，如果公共教育是工人阶级的，那么资本是一点也不想要的，正如狄更斯小说人物董贝先生所言，他不反对公共教育，条件是劳动者要在这种教育中认识到自己在社会中的正确地位①。可见，国家所推行的公共教育在很大程度上也只是创造出一个个有教养的、守纪律的、有一定文化的并可以胜任多种机器的灵活劳动力而已。同理，公共医疗也可以看作为资本家提供精力充沛、身体健康的雇佣劳动者。实际上，随着资本主义工业化的发展，资本主义国家发现必须介入医疗、教育等与劳动力再生产直接相关行业的服务供应中，否则在作为经济基础的资本积累难以维持时，作为上层建筑的国家意志也势必会受到影响。图3-2反映了美国20世纪60年代国家财政在医疗和教育方面的

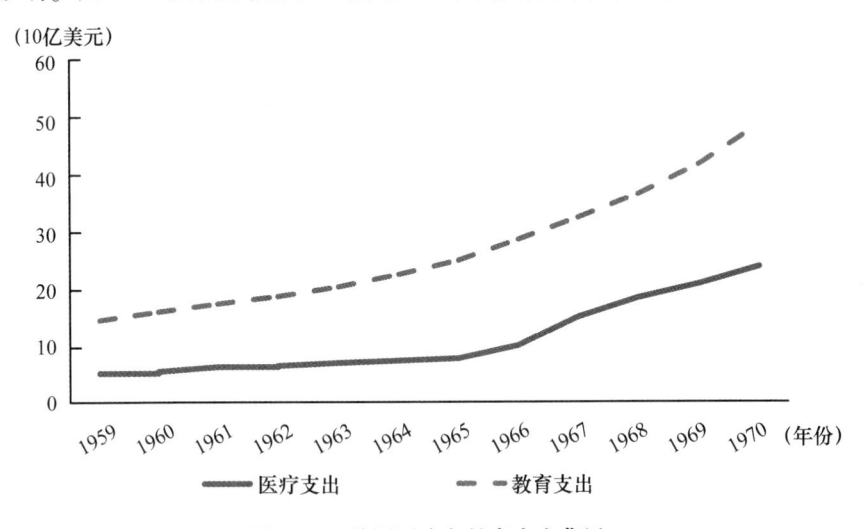

图 3-2 美国医疗和教育支出费用

资料来源：美国经济分析局（BEA）。

---

① [美] 大卫·哈维：《资本社会的17个矛盾》，许瑞宋译，中信出版社2016年版，第200页。

支出情况，不难看出，在美国的黄金10年里，国家对于公共医疗和公共教育的支出近似呈现指数型增长，其中，教育支出的增幅更为显著。显然，这对于劳动力的顺利再生产起到了重要的作用。

另一方面，通过扩大基础建设投资，国家既可以促进资本积累的扩张又可以增加劳动力的就业机会。在垄断资本主义的条件下，产业后备军竞争压力空前增多，工人会经常面临失业的风险，而一旦失业，其劳动力商品便难以销售出去，劳动力的补偿也就出现了问题。当失业规模非常严重时，大规模的劳动力无处销售，便会给整个国家机器的运行带来问题。对此，国家可以通过扩大基础建设投资、国有化部分公共产品的方式来应对。在国家资本逐渐垄断水、电、煤气等公共产品及其相关配套设施投资的情况下，这样做一方面，能够创造出大量的就业岗位，从而通过政府来购买大量滞销的劳动力商品；另一方面可以通过加强对履行社会责任的承诺，调低这些与劳动力再生产相关的公共产品的价格，从而降低劳动力再生产所需生活资料的价格。在这两个方面的作用下，劳动力再生产得以完成，而资本积累和国家机器也同时得以继续运行。

第三节　金融化资本的形成逻辑与基本特征

根据本章前两节的分析可知，劳动力再生产问题除了具有一般性的抽象理论外还会随着资本主义的发展而表现出不同的具体特征，因此，完善当代劳动力再生产最新理论的关键前提就是分析当代资本主义世界发展的最新阶段以及劳动力再生产在该阶段所呈现的最新特征。事实上，资本主义的不同历史阶段是通过资本积累的主导形式来区分的：在19世纪末之前的很长一段时间内，资本主义都是处于产业资本积累主导的历史阶段，而随着垄断的产生和信用的扩张，金融资本开始登上历史舞台，并自19世纪末开始成为资本积累的主导形式。那么在20世纪的最后时段里，资本积累的主导形式是否会发生变化呢？由于特定资本主义发展阶段下的主导型资本积累形式可以由该阶段的生产方式反映出来，因此，本节首先阐述20世纪70年代以来的新型资本主义生产方式，然后探究这一生产方式下的主导型资本积累形式，即金融化资本的形成逻辑与基本特征。

一　金融化条件下的新型生产方式

在全球化逐渐兴起、信用制度不断发展的背景下，20世纪70年代以来的资本主义生产方式出现了比较明显的变化。随着经济持续滞胀、布雷顿森林体系解体以及两次石油危机等一系列"灰犀牛"和"黑天鹅"事件的爆发，发达资本主义国家所普遍采取的福特制积累方式遭受到了空前的冲击，在通货膨胀、生产停滞、失业增多以及利润率普遍下行的背景下，大规模流水线的福特制生产方式面临迫切的转型危机。针对这一典型事实，包括法国调节学派、新熊彼特学派、美国的积累的社会结构学派（SSA）、经济社会学家等在内的学者都掀起了关于资本主义生产方式历史性转变的讨论①。正如哈维担心的那样，学者能够"在理论上把握住这种转变的逻辑吗？"事实上，当代资本主义的生产方式既不符合马克思时代的竞争资本主义也不完全是列宁意义上的垄断资本主义的生产方式，而是一种对竞争和垄断进行扬弃的新型生产方式。正如左翼学者普遍认为的那样，为了应对因福特制生产方式所带来的危机，资本主义生产方式逐渐转向了代表资本主义正确演进方向的、具有创新性的后福特制生产方式。即使在最开始曾尝试采用压低劳动力价格、弱化工人组织力量等新福特制生产方式的英美等国也越来越多地开始采用后福特制的生产方式了②。

要了解后福特制的基本特征就需要首先了解福特制及其局限性。正如前文分析过的那样，福特制生产方式是根据20世纪初福特公司采用的大规模标准化的流水线生产方式命名的，其特征主要包括以下几点：零部件的标准化和互换性、非熟练工人的广泛使用和劳动管理的简单化、组织结构刚性化、创新和生产分离以及单品种大批量生产③。而如果将福特制纳入资本主义劳动过程来考虑，那么其又体现了高度纵向一体化与工人组织化水平的上升、定期提高工资的劳资谈判与管理机构的科层式分工、商品价格下降与大规模消费等特征④。值得注意的是，尽管通过国内市场大规

---

① 谢富胜：《控制和效率：资本主义劳动过程理论与当代实践》，中国环境科学出版社2012年版，第176页。
② Ash Amin, *Post-Fordism: A reader*, Cambridge: Blackwell, 1994, pp.1–40.
③ 刘刚等：《后福特制：当代资本主义经济新的发展阶段》，中国财政经济出版社2010年版，第6—8页。
④ 谢富胜：《控制和效率：资本主义劳动过程理论与当代实践》，中国环境科学出版社2012年版，第169—170页。

模耐用品消费来刺激需求的福特制生产方式为资本主义世界创造了黄金的20年，但它却把第三世界国家市场抛弃于增长路径之外①。实际上，在20世纪70年代之前，福特制之所以能够在发达资本主义国家企业内顺利推进，除了上述自身内在原因外还离不开两个外界因素，一是凯恩斯主义盛行下的国家干预制度，企业将工人的再生产成本部分地向外转移给国家了；二是布雷顿森林体系制约下相对稳定的国际货币金融体系，屏蔽了外界金融风险。因此，福特制危机的产生不仅是其内在局限性积累造成的，还离不开外部稳定环境消失的刺激。前者包括劳动力成本上升与管理费用增多、创新成本的增加与库存成本的积累、产品设计僵硬缺乏个性等；后者则是凯恩斯主义无法解决"滞胀"问题导致新自由主义盛行、"特里芬难题"的积累导致布雷顿森林体系解体等。随着内外因素的聚集，发达资本主义国家内的福特制生产方式最终走向了崩溃。资料显示，发达国家1958—1966年的平均劳动生产率为6.2%，1967—1975年已经降到4.7%，而到1982—1985年则进一步下降到1.0%②。

福特制这种"不灵活的固定结构破坏了资本积累的进程"③，需要通过对福特制进行"创造性破坏"来提升边际利润。实践证明，一种切实可行的路径就是沿着日本"精益生产"以及以第三意大利"集群生产"为代表的后福特制生产方式。前者主要以持续性创新、柔性制造以及组织网络化为特点，辅以零库存、零浪费、终身雇佣等相对苛刻的完美主义特征，后者则强调了经济全球化条件下地方性生产网络的重要性，其基本特征是大量相关的中小企业聚集在一起进行所谓的"弹性专业化"生产。实际上，应对福特制危机的企业创新无非是从两个层面进行的：一是技术创新，通过增加对先进机器设备等固定资本的投入来代替昂贵的劳动力投入，如运输储藏技术、自动化技术以及互联网技术等；二是组织创新，即通过企业外包、管理活动和劳动过程的分工来降低劳动力成本并提高劳动生产效率。尽管后福特制生产方式在不同国家存在着不同的具体形式，但其本质上是十分相似的，都是通过结合技术创新和组织创新来改变资本主

---

① 孟捷：《日本学者伊藤诚论后福特主义》，《国外理论动态》1999年第9期。
② 宋宪萍：《后福特制生产方式下的流通组织理论研究》，经济管理出版社2013年版，第69—70页。
③ [美] 戴维·哈维：《后现代的状况——对文化变迁之缘起的探究》，阎嘉译，商务印书馆2003年版，第183—189页。

义生产过程中资本与劳动力的结合方式,从而过渡到一种新的生产方式,这种生产方式能够对于消费需求的变动做出灵敏反应,从而使得企业在应对竞争时变得更为灵活且富有弹性(flexibility)。特别是,随着全球物流运输技术的发展、互联网技术的深化以及近年来大数据和云计算技术的兴起,技术创新和组织创新实现了有机结合,精益生产和弹性专业化的内核被资本主义企业嵌入到全球经济的运行中。随着这一过程,发达国家的资本主义大型企业将外围业务通过外包方式交由劳动力成本较低的发展中国家小企业进行分散生产,而这些小企业又可以将某些更为具体的工作再外包给其他企业或个人进行生产,从而形成了一种以大企业内部分工网络为核心、以小企业外部分工网络为补充的全球网络化的企业生产结构[1]。这种网络型的全球生产结构被称为全球生产网络(Global Production Networks,GPN),它是全球生产体系的一个重要组织创新,不仅对企业发展产生了影响,还对国家间的政治、经济金融以及文化关系造成了冲击[2],而正是这种冲击才使得资本主义从原先的金融资本主导下的资本积累体制逐渐过渡到了一种新型资本,即金融化资本主导下的资本积累体制,而金融化资本积累体制对应下的资本主义历史过程便是金融化过程。

二 金融化资本的形成逻辑

前文分析表明,金融化过程是资本主义发展到后福特制生产方式下的一种历史过程,其在现象层面包括宏观金融部门利润上升、企业股东价值逻辑导向以及微观个体消费信贷增多等现象,是一种与货币化、资本化、虚拟化相联系的经济现象。在本质层面,金融化过程则反映的是新型生产方式下金融化资本主导资本积累的过程。实际上,根据马克思的分析,垄断和信用制度是资本积累的主要杠杆,其中,信用制度在加速资本积累的同时,能够导致资本主义矛盾的爆发,促进旧生产方式的解体,它把资本主义生产方式的动力发展成为纯粹的赌博欺诈制度,并逐渐使资本主义过

---

[1] Gary Gereffi, John Humphrey and Timothy Sturgeon, "The Governance of Global Value Chains", *Review of International Political Economy*, Vol. 12, No. 1, 2005, pp. 78 – 104;谢富胜:《控制与效率:资本主义劳动过程理论与当代实践》,中国环境科学出版社2012年版,第177页。
[2] 崔凤茹、刘桂镗:《后危机时代跨国公司全球生产网络研究——以西门子和华为公司为例》,社会科学文献出版社2016年版,第11—12页。

渡到一种新的生产方式①。因此，信用是促使新型生产方式出现的重要因素，金融资本主导下的福特制生产方式向金融化资本主导下的后福特制生产方式的转变过程自然离不开货币信用的推动作用。换言之，随着资本主义的发展，信用货币或者货币资本、生息资本的发展促成了金融化资本的出现。因此，本部分从生息资本运动的视角探究金融化资本的形成逻辑。

（一）相对独立于产业资本的生息资本运动

生息资本使得"货币作为资本变成了商品"②，它一开始就是一种作为资本的商品交给第三者的，对于交易双方而言，实质交易的是资本，只是因为交易的形式才使得资本表现为商品。且这种资本商品"既不是被付出，也不是被卖出，而只是被贷出"，也就是说货币资本家让渡了对它的占有权却保留所有权；职能资本家没有这种商品的所有权却短暂地得到了它的占有权。在产业资本运动过程中，当供求平衡时，商品的"价格就表现为由资本主义生产的内部规律来调节，而不是以竞争为转移，因为供求的变动只是说明市场价格同生产价格的偏离"③。因此，竞争只是产业资本运动规律的内在执行者而不是决定者。但是，在生息资本运动过程中，竞争却变成了一个资本积累的无规律的决定性因素，"竞争并不是决定对规律的偏离，而是除了由竞争强加的分割规律，不存在别的分割规律"，这就使得生息资本的利息并不像产业资本的商品那样存在一个客观的"价值"，从而使得"需要决定的东西就是那种本身没有规律的、任意的东西"④。可见，一旦将生息资本纳入到资本运动的过程，整个资本积累的动态就变成了无规律和任意性的了。这显然与马克思在《政治经济学批判大纲》中建立起来的框架产生了背离，研究资本运动规律的一般性交战规则的大厦似乎都要被瓦解了⑤。

实际上，上述分析直接表现为借贷货币资本的运动，而在资本主义条件下，生息资本还包括虚拟资本的形式。如果说生息资本使得资本关系取得了最具有拜物教的形式，那么以国债、股票等为代表的虚拟资本

---

① [德] 马克思：《资本论》（第3卷），人民出版社2004年版，第500页。
② [德] 马克思：《资本论》（第3卷），人民出版社2004年版，第382页。
③ [德] 马克思：《资本论》（第3卷），人民出版社2004年版，第398页。
④ [德] 马克思：《资本论》（第3卷），人民出版社2004年版，第399页。
⑤ [美] 大卫·哈维：《跟大卫·哈维读〈资本论〉》（第二卷），谢富胜、李连波等校译，上海译文出版社2016年版，第193页。

形式下的生息资本则使得这种拜物教的形式发挥到了极致。在虚拟资本的作用下，信用货币借助于所有权证书的功能把商品（货币）分割成无数小块投入流通以获取更多商品（货币），从而使得货币获得了更为全面的资本流通形式。正如马克思分析的那样，"真正的信用货币不是以货币流通（不管是金属货币还是国家货币）为基础，而是以票据流通为基础"①。可见，在加入了虚拟资本后，生息资本真正成为"一切颠倒错乱形式之母"②。如果说借贷货币资本等生息资本的直接形式尚与现实资本运动存在依稀可见的联系，那么在虚拟资本的场合，这种联系被彻底消灭干净了，"资本是一个自行增殖的自动机的观念就牢固地树立起来了"③。

（二）生息资本运动的"混乱"与金融化资本的形成

生息资本运动的相对独立性被马克思视为"混乱"，尽管其也尝试分析了制约生息资本以及信用货币混乱的方式，但随着资本主义的发展，制约方式逐渐失灵，生息资本完全脱离了产业资本的束缚、脱离了"国家—金融联合体"的有效"规训"，金融化资本随之出现。

随着资本主义的不断发展，大量货币剩余被生产了出来。尽管将过量的已经产生的货币剩余投资于固定资本是资本主义的一种修复方式，但对于未来可能出现的积累过剩而言，也需要一种更加灵活多变的资本形式来从增量上解决积累过剩的问题。此时，生息资本中更具独立性的虚拟资本便得到了发展的机会，虚拟资本与产业资本的对抗更容易使生息资本摆脱后者的束缚。然而，虚拟资本会产生颠倒错乱的作用，是因为虚拟资本所能表现的双重存在性与其实际获得的唯一存在性之间的矛盾。具体而言，股票等虚拟资本既表现为现实的资本（包括生产资本和商品资本）也表现为这种资本的所有权凭证，从而它既具有代表现实资本的名义价值又具有反映所有权的市场价值。但是，虚拟资本及其价值只能存在于后者之中，它只是对现实中已经投入或将要投入的"这个资本所实现的剩余价值中的一个相应部分的所有权证书"，尽管这个所有权是可以独立运动的，但是无论其如何转手都不会改变原先的所有制，这就使得虚拟资本的

---

① ［德］马克思：《资本论》（第3卷），人民出版社2004年版，第451页。
② ［德］马克思：《资本论》（第3卷），人民出版社2004年版，第528页。
③ ［德］马克思：《资本论》（第3卷），人民出版社2004年版，第529页。

市场价值不同于其所代表的现实资本的名义价值,获得了一种相对独立的决定方式。一方面,它不代表对现实资本的要求权,而只是代表对收益的要求;另一方面,它所代表的收益是一种"预期得到的、预先计算的收入"①,因而具有一定的投机性质。因此,虚拟资本作为现实资本的一种纸质副本,其价值额的涨落不仅不取决于它代表的现实资本价值的波动,还有可能影响后者的正常运行,"随着生息资本和信用制度的发展,一切资本好像都会增加一倍,有时甚至增加两倍,因为有各种方式使同一资本,甚至同一债权在各种不同的人手里以各种不同的形式出现"②,且它们大多都是纯粹虚拟的。

然而,尽管马克思指出了虚拟资本的价值是一种"纯粹幻想的观念",但他仍较为乐观。他发现,虽然信用制度可以通过强化虚拟资本"大鱼吃小鱼、狼吃羊"的赌博交易活动来"支配他人的资本,他人的财产,从而他人的劳动的权利"③,但信用制度是存在最大限度的,这个最大限度,"等于产业资本的最充分的运用,也就是等于产业资本的再生产能力不顾消费界限而达到极度紧张"④。一旦产业资本积累过度导致大量固定资本闲置不用,信用就会收缩。结合前文分析的"国家—金融联合体",马克思认为,存在一系列的层级枢纽来规训生息资本和信用制度的扩张,而在这个层级枢纽的顶端则是商品货币对于信用货币的"规训"。他甚至提醒我们不要忘记,"货币——贵金属形式的货币——仍然是基础,信用制度按其本性来说永远不能脱离这个基础"⑤。然而,随着布雷顿森林体系的解体,商品货币随之被废除,信用货币成为主导,规训信用的重担转移到了不可靠的、有时反复无常的人类机构手中⑥。在这种情况下,生息资本运动的独立性和任意性的进一步加剧,而当信用制度发展到生息资本脱离于产业资本束缚的那一刻时,金融化资本也就顺势形成了。

---

① [德] 马克思:《资本论》(第3卷),人民出版社2004年版,第530页。
② [德] 马克思:《资本论》(第3卷),人民出版社2004年版,第533页。
③ [德] 马克思:《资本论》(第3卷),人民出版社2004年版,第497页。
④ [德] 马克思:《资本论》(第3卷),人民出版社2004年版,第546页。
⑤ [德] 马克思:《资本论》(第3卷),人民出版社2004年版,第685页。
⑥ [美] 大卫·哈维:《跟大卫·哈维读〈资本论〉》(第二卷),谢富胜、李连波等校译,上海译文出版社2016年版,第258页。

三　金融化资本的基本特征

如果说金融化或者金融化过程是一种较为直观的与商品货币化、货币资本化以及资本虚拟化相联系的经济现象或经济过程，那么金融化资本则是在幕后推动这一现象形成的主导型资本。事实上，金融化资本（financialized capital）并不是希法亭和列宁意义上的金融资本（financecapital），也不是金融市场上货币资本运动过程中人们统称的金融资产或金融类资本（financialcapital）。英国学者多尔①将其界定为后工业主义和新自由主义下追求股东价值最大化的一种资本形式，法国学者沙耐②则将当今社会的金融资本用来表示国内和国际间的企业通过兼并和收购过程中货币资本、生产资本、商业资本相互交织和积聚集中的关系。根据前文的分析，当前资本主义的生产方式已经是全球生产网络背景下的一种后福特制精益生产方式。一方面，由于这种生产方式是在资本垄断到一定程度后才出现的，因此它不同于产业资本主导下完全竞争的生产方式；另一方面，由于这种生产方式是对福特制大规模生产的扬弃，且层层分工的网络化组织结构重塑了寡头垄断的一般概念，所以它也不同于金融资本主导下的垄断型生产方式。在这种情况下，与后福特制生产方式相对应的主导型资本积累形式就不再是产业资本和金融资本，而是在扬弃二者的基础上形成的金融化资本。

在金融化资本主导资本积累的情况下，资本主义经济社会出现了金融化转型的新现象，包括如下典型事实：短期金融投资增多、长期实体投资减少；金融部门利润上升、非金融部门利润减少；食利者收入上升、劳动者收入减少；企业与个人信贷增加、公共部门福利减少；消费资料的金融绑定增加、劳动者日常生活质量下降；资本管制放松、国际金融资本套利增多；等等③。由于金融化具有通过延长信用而实现货币流动性和资本增殖性统一的本质特征，因此，金融化资本的主要特征需要从产业资本与生息

---

① ［英］罗纳德·多尔：《股票资本主义：福利资本主义——英美模式VS. 日德模式》，李岩、李晓桦译，社会科学文献出版社2002年版，第3页。
② François Chesnais, *Finance Capital Today: Corporations and Banks in the Lasting Global Slump*, Leiden-Boston: Brill, 2016, p. 5.
③ 黄泽清：《金融化对收入分配影响的理论分析》，《政治经济学评论》2017年第1期；杨典、欧阳璇宇：《金融资本主义的崛起及其影响——对资本主义新形态的社会学分析》，《中国社会科学》2018年第12期。

资本运动关系图进行分析。

图 3-3 为金融化资本主导下的资本循环图。在原先的福特制积累方式下,大量资本剩余从产业资本循环中释放出来流入了传统意义上的资本市场,此时,金融领域、非生产领域以及全球资源配置领域从属于这一资本市场并受到产业资本的控制和制约。然而,当资本主义生产方式过渡到后福特制时,这一生产方式因为自身弹性积累的特点而对生息资本的独立性要求加强了,虚拟资本开始主导生息资本逐渐脱离产业资本的束缚,同时大量以虚拟资本形式存在的生息资本流向了独立性更高的封闭式金融、投机性非生产以及全球资源配置三大领域,并使得这三大领域从传统资本市场中独立了出来。在传统资本市场与三大领域并列存在、相互影响的条件下,金融化资本市场随之诞生。金融化资本不仅在形式上脱离了产业资本的束缚,还受到后福特制弹性积累的要求而在实质上脱离了产业资本的束缚,并逐渐影响和制约产业资本的积累过程,即生息资本已经开始反过来主导或制约产业资本了。可见,当前的生息资本与马克思意义上产业资本主导下的生息资本以及列宁意义上与产业资本相联合的生息资本(银行资本)已经存在很明显的区别了,它是一种新型的金融化资本。因此,金融化资本是在生息资本脱离产业资本束缚后,在金融、投机性非生产以及全球资源配置三大领域内实现独立的循环和扩张,并对三大领域内的一切收入流(包括前期积累过剩产生的以及对未来积累预期产生的收入)

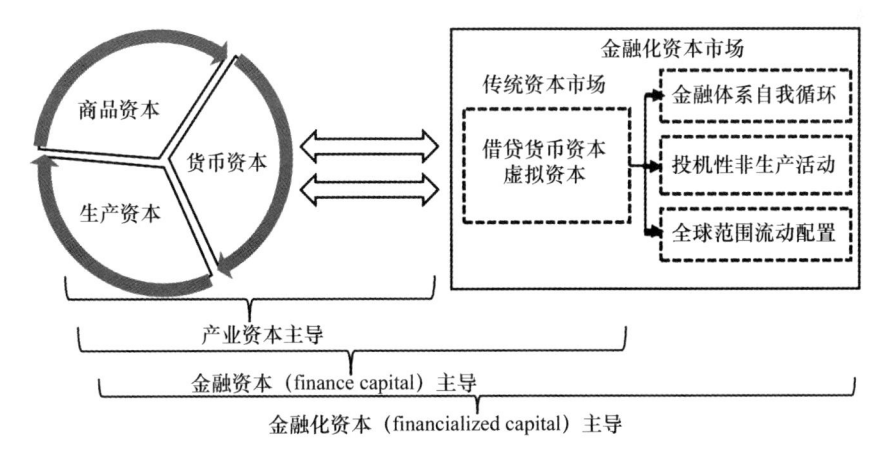

图 3-3 金融化资本主导下的资本循环

进行资本化、虚拟化而形成的一种新型资本,包括两大特征。

第一个特征是以福特制积累的大量资本剩余为基础。随着福特制生产方式在企业中的广泛使用,金融资本主导下的资本主义社会产生了大量的资本过剩和信用过剩。这些剩余除了会以收入流的形式溢出产业资本循环,流向了金融领域、投机性非生产领域以及全球资源配置领域。实践表明,第二次世界大战结束后,以美国为首的发达资本主义国家,经历了黄金的20年,积累了大量的资本剩余。如表3-1所示,美国1948—1967年制造业的平均利润率高达21.4%,接近金融危机前20年,即1988—2007年制造业平均利润率的2倍,且分别是1968—2007年以及金融危机后10年,即2008—2017年制造业平均利润率的1.33倍和1.27倍。按照哈维①的分析,这些在初级资本循环中过剩的资本会被集中投入到以固定资本积累为代表的"二级循环"和以公共品积累为代表的"三级循环"中,以实现资本主义的"时空修复"。但是,Aalbers②发现,过剩的资本不一定会流向二级、三级循环,而是大概率地流向"第四级循环",即以纯粹的资本投资为主的空间地理中,而这一过程就为金融化资本的产生与发展奠定了基础。

表3-1　　　　　　　　　美国制造业利润率　　　　　　　（单位:%）

年份	1948—1967	1968—1987	1988—2007	2008—2017
制造业平均利润率	21.4	16.12	12.7	16.9

资料来源:美国经济分析局(BEA)。

第二个特征是以金属货币的废除与信用延长为条件。在黄金退出流通以及浮动汇率制度形成之前,后福特制生产方式很难在全球范围内普及,而金融化资本也不会出现,金融领域内的资本只是周期性的增长和毁灭。正如阿锐基③认为的那样,17世纪后的热那亚、18世纪后的荷兰以及19

---

① [英]大卫·哈维:《资本的城市化:资本主义城市化的历史与理论研究》,董慧译,苏州大学出版社2017年版,第3—11页。
② Manuel B. Aalbers, "The Financialization of Home and the Mortgage Market Crisis", *Competition & Change*, Vol. 12, No. 2, 2008, pp. 148-166.
③ [意]杰奥瓦尼·阿锐基:《漫长的20世纪:金钱、权力与我们社会的根源》,姚乃强、严维明、韩振荣译,江苏人民出版社2001年版,第32—100页。

世纪后的英国都出现了资本积累的过剩和金融部门的扩张，但随后又都被其他霸权资本主义国家所替代了。那么，本轮始于20世纪80年代的金融扩张为什么能够实现质的变化，从而出现了一种新型的金融化资本呢？本书认为有一个比较重要的原因在于金属货币的废除与信用的持续延长。众所周知，货币形态经历了由商品货币到纸币再到信用货币的演变过程，尽管这一过程使得货币逐渐脱离了物质形式的束缚，但其仍然会受到货币基本职能矛盾，即货币执行价值尺度和流通手段矛盾的制约。究其原因，信用货币的稳定依赖于其对社会总商品价值的反映程度。在信用制度的初级阶段，铸币和纸币的流通量能够通过国家—金融联合体的背书实现其与商品货币或金属货币量的对应，从而反映出社会总商品的价值。然而，随着资本主义的发展，一方面，特定金属货币的供给无法迅速调整以适应社会需求；另一方面，本国货币资本利益与世界货币资本利益之间的矛盾愈演愈烈，最终使得国家信用的背书在世界市场上遭遇了困难。实践证明，20世纪70年代"布雷顿森林体系"解体后，贵金属货币退出历史舞台，货币完全脱离了金属货币的束缚而进入到了信用货币的高级阶段。与此相对应，以借贷货币资本和虚拟资本为主要形式的生息资本也开始挣脱产业资本的规训，逐渐涌入金融领域、投机性非生产领域和全球资源配置领域，并随着CDS、CDO等证券化工具的出现而以虚拟资本、虚拟资本的"平方"甚至"立方"的形式在这些领域迅速膨胀。金属货币的废除和信用的延长使得生息资本越来越偏离其价值和使用价值的基础而独立发展，加大了金融体系的不稳定性。

金融化资本的两大基本特征表明，这种新型资本所对应的金融化过程是与资本主义多种历史过程交织在一起的。作为金融化资本在现实生活中的反映，金融化过程是在生息资本脱离产业资本束缚后出现的，因此其离不开两类资本循环运动所蕴含的经济社会过程。一方面，金融化过程与生产方式的后福特制转型联系紧密，而在当代，后者则需要依托于经济全球化来实现；另一方面，金融化过程与信用发展密不可分，而当代信用的发展则建立在金融自由化的基础上。因此，金融化资本的两大特征表明，金融化过程是与全球化、自由化相联系的过程。在此基础上，金融化背景下的劳动力再生产自然也是与全球化、自由化联系在一起的，为了分析金融化过程中劳动力再生产的分析框架，下一节将梳理金融化背景下劳动力再生产的新特征。

第四节　金融化背景下劳动力再生产新特征与理论分析新框架

随着资本主义生产方式过渡到后福特制生产方式之后，生息资本或银行资本与产业资本结合下的金融资本便不再是最适应这种生产方式的资本形式了。在这种情况下，为了更加适应后福特制的弹性生产，生息资本不断挣脱产业资本的束缚并渗透到与金融化相关的三大领域，最终造成了金融化资本的形成。在金融化资本主导资本积累的过程中，资本主义世界的劳动力再生产也呈现出了一些新的特征和现象，而这些现象的出现能够为分析金融化过程中劳动力再生产提供最为直接的框架结构。

一　新帝国主义的掠夺式积累与不稳定就业的出现

金融化影响劳动力再生产的第一个方面便是通过金融化资本而给帝国主义戴上一层新的面纱，使得其对第三世界国家进行掠夺式积累并导致了大规模不稳定就业的出现和劳动力价格的下行。20世纪70年代以来，以美国为首的发达资本主义国家再次采用了19世纪英国对其他国家实施的"掠夺"方案，只不过这种类似于原始积累的掠夺方式不同于以往的殖民主义或帝国主义，而是通过精妙的法律和金融工具进行的。正如哈维[①]分析的那样，1973年之后形成的强大金融化浪潮完全实现了其投机性和掠夺性，依靠金融资本机构作为剥夺性积累的利刃对世界各地进行投机性劫掠：通过股票促销、旁氏骗局造成资产的破坏；通过企业兼并造成资产剥离；通过企业诈骗造成资产剥夺。实际上，在金融化资本的主导下，新自由主义的私有化浪潮披上了资本的外衣，席卷了非洲、中东欧、东南亚以及拉丁美洲等地区并呈现了新一轮的"圈地运动"。据统计，2009年一年被跨国资本收购的土地就达到4500万公顷，其中有70%的土地在非洲。根据世界银行保守估计，到2030年，每年有600万公顷的新增土地会被

[①] [美]大卫·哈维：《新帝国主义》，初立忠、沈晓雷译，社会科学文献出版社2009年版，第119页。

征购以投入资本主义生产，其中的 2/3 是非洲和拉丁美洲的耕地①。新一轮"圈地运动"的目的与几个世纪前英国的"羊吃人"运动并没有本质上的不同，其目的是通过资产收购的形式获取第三世界国家的土地和自然资源，同时将第三世界国家的劳动力商品化以纳入全球生产网络的中低端环节，从而替代本国昂贵的劳动力成本。

资料显示，截至 2011 年底，全球境内失业者高达 1550 万人，其中非洲就占了 700 多万人②。而随着大量移民的涌入，发达国家工人就业竞争十分严峻，不稳定就业的现象较为普遍，美国经济分析局数据显示，美国失业人数从 20 世纪 60 年代末的 300 万人一直震荡上行，自 70 年代末以来长期高于 800 万人，最高时甚至超过了 1500 万人。实际上，这种新型的剥夺性积累之所以能够进行，离不开法律和复杂的金融化资产工具的支持：新自由主义改变了被掠夺国家的相关法律，土地的私有化通过立法的形式在这些国家确定下来后，具有土地所有权的企业便与发达国家或跨国公司开展一系列谈判将土地出售给对方以实现一种新形式的资本积累。同时，发达国家利用 IMF、WTO 以及世界银行等国际组织在全球大多数南方国家推行"结构调整计划"，而在这一计划背后则是南方国家普遍高企的对外债务以及随之出现的一系列债务偿还机制。可见，在金融化过程中，发达国家的金融化资本通过全球生产网络以及金融的全球化来对第三世界国家进行掠夺式积累，不仅将资本积累的风险转移到这些国家，还通过加强劳动者之间的竞争从而造成了发达国家内部不稳定就业的现象，劳动力再生产的第一阶段即以劳动力换取工资的阶段受到了严重的影响。

二 公共部门的私有化与消费资料成本的上升

金融化影响劳动力再生产的第二个方面是公共产品如教育、医疗养老的私有化及其带来的消费资料成本的上升。如果说在产业资本主导的时代，将工作日通过法律形式限定在一定时间内是国家留给劳动者的

---

① ［津巴布韦］普罗斯珀·B. 马通迪、［挪威］谢尔·海威尼维克、［瑞典］阿塔基尔特·贝耶内:《生物燃料、土地掠夺和非洲的粮食安全》，孙志娜译，民主与建设出版社 2015 年版，第 4 页。

② ［美］萨斯基娅·萨森:《驱逐：全球经济中的野蛮性与复杂性》，何森译，凤凰出版传媒股份有限公司、江苏凤凰教育出版社 2016 年版，第 54 页。

"唯一福利",那么,在金融资本主导的时代,国家给劳动者提供的福利则涉及教育、医疗养老的国有化。尽管国有化公共部门的做法仍然是服从于资产阶级的意志,但劳工力量的上升及其与垄断资本的博弈更是起到了举足轻重的作用。然而,随着金融化资本的出现以及后福特制的全面展开,教育医疗等公共部门也变成了资本家的"大生意"。公共部门的私有化问题从20世纪70年代的小规模开始,到现在已经发展成一股强大的力量。在教育方面,在20世纪70年代之前,教育在很大程度上是公立和免费的,但是随着新自由主义的发展,私有化和付费教育已经严重侵入了这一公共领域,增加了劳动者的财务负担。诚然,工人获得教育无论是对于工人自己还是对于其雇主而言都是有益的,但问题是成本究竟由谁承担而好处又究竟是谁得到最多。尽管回答这一问题并不容易,但有一点是可以肯定的,那就是在金融化资本的主导下,私有化教育机构运行的目的将不再是提升人们的文化程度而是尽可能地获取更高的投资回报率,这无疑会给劳动力买卖的双方都带来不利影响。

在医疗方面,随着医疗自由化的推进,许多劳动者自身的再生产因为医疗价格的上升而变得更加困难。实际上,在金融化资本的主导下,医疗部门也像手机和汽车一样,对其产品进行永不停歇的更新换代,制药公司不停地更新药品,不管这些越来越贵的药品价格惊人到什么程度,总有人愿意尝试和使用它,而有绝症的患者甚至为了买到新的药品而不惜卖掉自己仅有的房子。可见,对美国的私立医药公司而言,连晚期癌症都是一种商业机会[①]。不仅如此,医疗企业在迭代其高端设备方面也毫不示弱,通过资产抵押信贷获得高端设备如一款新型的核磁共振机(MRI)后,医院亟须使用该设备以获取利润,在这种情况下,不论患者在医理上是否有必要进行核磁共振检查,医院都有充分的动机让其进行检查,否则设备成本便在短期内收不回来了。

在金融化过程中,不仅仅私有化公共产品会给劳动力再生产带来困难,其他与劳动力再生产相关的消费资料也因为金融化的逻辑而出现价格脱离价值和使用价值的现象。其中,最为典型的便是房地产。许多学者都

---

① [美]保罗·罗伯茨:《冲动的社会:为什么我们越来越短视,世界越来越极端》,鲁冬旭、任思思、冯宇译,中信出版社2017年版,第194页。

曾研究金融化条件下房地产价格的变动，Aalbers[①]认为，房地产的金融化具有三个层次，即重塑住房抵押贷款的利率期限结构、证券化住房抵押贷款以及通过拥有房产进行信用评级来实现日常生活的金融化。可见，在金融化条件下，日常生活的维持离不开通过抵押房地产来购买价格不断走高的耐用性消费品，而前者价格的持续上涨已经严重影响到工人劳动力再生产的正常维持。实际上，不论是房地产还是其他耐用性消费品，其价格离奇上涨都是金融化资本使得企业追求交换价值，抛弃使用价值这一本质内涵的外在反映。

三 消费信贷的增多与收入的虚拟化

金融化影响劳动力再生产的第三个方面是消费信贷的发展以及收入结构的虚拟化。根据 Katz[②] 的分析，包括劳动力再生产在内的社会再生产既包括日常的再生产也包括长期的再生产，前者更多涉及个人工资而后者则需要社会工资的支持。但是，现在的问题是不仅个人工资受到金融化资本和不稳定就业的影响而受到压缩，就连本应由政府机关、公共组织以及其他非营利性企业部门提供的社会工资也大都因私有化、自由化以及金融化的影响而大大缩小了。然而，人总是要活着，企业也总是需要鲜活的劳动力来为其创造剩余价值，在极端的情况下，消费信贷顺势崛起。如果说19世纪末还只是在形式上推行消费文化，那么20世纪20年代以来消费信贷的出现，特别是70年代以来收入不平等加剧所导致的消费信贷主义则更是从实质上将这种消费文化推向了最高点。消费信贷大致经历了成立专属金融公司（the captive finance company）、延长贷款期限、依据信用评分放款以及资产证券化（ABS）的信贷支持等方面的发展。特别是最新产生于70年代的资产证券化，由于其能够使得消费者不用通过信用评级就可以申请借款，因此资产证券化促使消费信贷达到最高水平。资料显示，自1989年至2008年国际金融危机爆发前，ABS 增长了近30倍，其中，1989—2005年，有42%的消费信贷余额的增长是由这种资产证券化的方

---

① Manuel B. Aalbers, "The Financialization of Home and the Mortgage Market Crisis", *Competition & Change*, Vol. 12, No. 2, 2008, pp. 148 – 166.

② Cindi Katz, " Vagabond Capitalism and the Necessity of Social Reproduction", *Antipode*, Vol. 33, No. 4, 2001, pp. 709 – 728.

式引起的①。

随着消费信贷增多的是个人收入的虚拟化。如果说消费信贷是借贷他人的资金或收入进行消费，那么盛行于中国的第三方理财以及其他相关的影子银行业务则是通过资产化或虚拟化劳动者自身的收入以满足个人消费的需要。按照《中国金融监管报告（2014）》的分类，狭义的影子银行业务主要包括非金融牌照业务下的小额贷款、融资担保、P2P 网络贷款、无备案私募股权基金以及第三方理财和民间借贷等。这些影子银行业务大都是银行或金融机构将创新性金融工具渗透到家庭部门后通过资本化和虚拟化家庭收入形成的。据穆迪投资者服务公司②的测算，中国影子银行的规模已经由 2011 年的 19.2 万亿元增长到 2017 年的 65.6 万亿元，其占 GDP 的比例已经超过 80%。

四　生存条件恶化与工作日碎片化

除了上述最为明显的三种新特征和现象，当前劳动力再生产方面还出现了其他较为典型的现象。一方面是由于生态资源环境的破坏而造成的劳动者生存条件的恶化，这种生态的破坏与资产阶级的行为密切相关。以能源资源的破坏为例，面对能源枯竭的现象，许多国家与组织试图通过新能源革命来替代传统的化石能源，其中通过消耗生物燃料作物而释放的生物质能一直受到发达国家和大型跨国公司的推崇，然而这需要大规模土地来种植生物燃料作物。在金融化资本的推动下，国际资本再次将第三世界国家内部蕴藏的"新能源"看作一种赚钱的"生意"：为了生产出具有生物质能的燃料作物，国际资本收购了大量第三世界国家的土地，并在砍伐土地上原有农作物的基础上种植燃料作物。这不仅没有带来额外的新能源反而造成了资源的浪费和环境的污染，大规模的水土流失严重恶化了劳动者的生存条件。

另一方面是随着互联网技术、大数据以及人工智能技术的推进，工作日出现了碎片化以及被技术性延长的现象。具体而言，过去传统上的工作日主要是指工作车间或者办公室工作的时长，然而当前工作日的时长会因

---

① ［美］克里斯托弗·布朗：《不平等，消费信用与储蓄之谜》，程皓译，社会科学文献出版社 2016 年版，第 90 页。
② 参见穆迪投资者服务公司《中国影子银行季度监测报告》（2017 年第四季度）。

为碎片化办公和网络办公的兴起而被延长到非工作时段。这不仅会压缩劳动者休息和娱乐的时间，还无偿地为企业创造了更多的价值和剩余价值，对于劳动力再生产造成了较为严重的消极影响。2019年国内盛行的关于"996"，即"早上9点到晚上9点连续工作六天"工作日制度的讨论正是对于这种技术性延长工作日现象的一种反映。实际上，随着工作日碎片化造成的就业和收入不稳定性的加剧，劳动力再生产难以顺利完成。与此同时，投机性市场的发展吸纳了社会各阶层的储蓄资金，劳动者的收入也被动地融入了投机市场，它们希望通过分得投机市场的"一杯羹"来维持自己的再生产。然而，即使这一做法在短期内有利于个别劳动者提升收入，其在长期中也会不利于整体工人阶级。因为投机市场的发展不仅会再次加深收入的不确定性和虚拟性还会威胁到产业资本的正常积累甚至恶化生态资源环境。其中，较为典型的例子便是近年来以比特币为首的多种"数字货币市场"的发展。根据 Krause 和 Tolaymat[①] 的分析，2017年比特币挖矿业的能源消耗量与卡塔尔一年的消耗量相当，而2018年则与整个阿根廷能源消耗量相当。不仅如此，包括比特币、以太坊等4种加密货币的开采所产生的二氧化碳量已经达到300万—1500万吨，严重危害了气候环境。

五 劳动力再生产理论的新框架

通过分析资本主义金融化的形成及当代劳动力再生产的新特征可知，金融化条件下的劳动力再生产就是要分析金融化对于劳动力商品循环 $A-G-W_{labor}$ 两个阶段的影响过程。其中，$A-G$ 阶段涉及不稳定就业与工资薪酬的金融化问题，$G-W_{labor}$ 阶段则涉及公共部门私有化以及消费资料金融化的问题。其结果就是劳动者不得不通过抵押消费资料以获取消费信贷的方式来维持劳动力的再生产。另外，还需要进一步完善金融化的逻辑，分析非核心国家的金融化对于上述两个阶段的影响。因此，金融化过程中劳动力再生产的理论框架图可由图3-4表示。

图3-4表明，金融化过程中的劳动力再生产问题是由7个领域共同作用的结果，具体而言，①代表劳动力商品；②代表产业资本及其三类资

---

① Max J. Krause and Thabet Tolaymat, "Quantification of Energy and Carbon Costs for Mining Cryptocurrencies", *Nature Sustainability*, Vol. 11, No. 1, 2018, pp. 711–718.

本的循环；③代表传统意义上的"国家—金融联合体"，其中上半部分为传统资本市场，下半部分为国家权力机构；④代表金融化资本扩张领域，包括除金融体系之外的投机性非生产领域和全球资源配置领域；⑤代表资本由③到④转移并形成金融化资本市场后的新型"国家—金融联合体"，它代表了整个金融化的核心内容，用符号表示为⑤（③→④→③→④→③…→④→③）；⑥代表金融化资本影响下的固定资本生产领域；⑦代表金融化资本影响下的消费资料生产领域。在 20 世纪 70 年代前的非金融化时代，劳动力商品循环的第一阶段，即 $A-G$ 阶段主要由①→②→③→⑥→②→①完成；而劳动力商品循环的第二阶段，即 $G-W_{labor}$ 阶段则主要是指①→②→③→⑦→①的过程。但是，随着 70 年代以来，金融化过程的深入，两个阶段的流通过程均发生了明显变化。

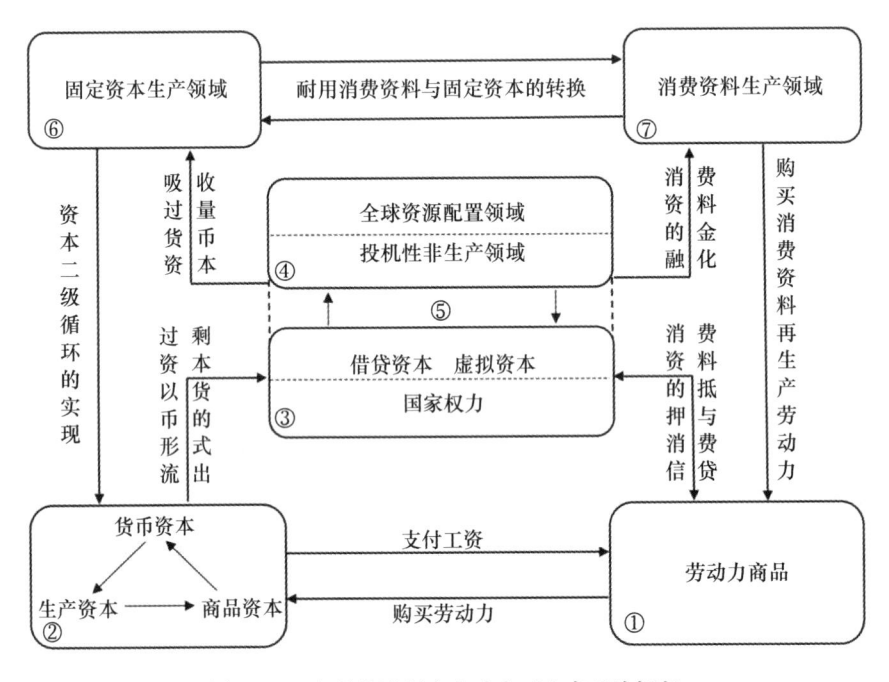

图 3-4 金融化过程中劳动力再生产理论框架

在 $A-G$ 阶段。金融化资本使得资本主义原先利用固定资本吸收过量货币资本盈余以达到时空修复的做法被无限期延长，通过资本在⑤内的自我循环，延长了⑥中价值毁灭的时间，其后果便是不需要太多稳定的劳动力,从而造成不稳定就业和薪酬下滑的现象,即随着①→②→⑤→⑥→②→①的推进,劳动者就业不稳定、薪酬降低。在 $G-W_{labor}$ 阶段。金融化提升了消费资料的成本,本来由①→②→③→⑦→①的过程变成了①→②→(③→④→③→④→③…→④→③)→⑦→①,即①→②→⑤→⑦→①的过程,在这一过程中,公共品私有化盛行,国家权力相对消退,消费资料的价格被不断抬高至远远超出其价值的地步。

以上分析表明,劳动力商品两个阶段循环的变化加大了劳动力再生产的难度,劳动者必须通过消费信贷、财产融资来再生产出自身的劳动能力,而这又需要将耐用性消费资料作为信贷抵押。因此,在金融化的作用下,劳动者应在消费信贷和消费资料抵押之间寻求一个可供调节的平衡空间,在这一空间中,劳动者能够通过抵押其已经被金融化了的耐用性消费资料来获取消费信贷或财产性收入,从而实现劳动力的再生产。用符号表示为 ①→②→⑤→⑦ →①→⑤→①,其整体表示消费信贷的过程,而方框内部则表示消费信贷与消费资料抵押的平衡过程。

本书余下部分将分别讨论金融化对劳动力商品循环的影响以及消费信贷与抵押平衡下的劳动力再生产过程。其中,第四章探讨股东价值革命下的金融化和劳动力再生产的 $A-G$ 阶段;第五章探讨劳动力再生产的 $G-W_{labor}$ 阶段以及消费信贷与消费资料抵押的平衡过程;第六章对金融化的发展进行补充,分析一种不同于股东价值导向的发展中国家的从属性金融化及其对劳动力再生产的影响。

第四章

劳动力商品的金融化与可变资本的价值补偿

本章主要分析金融化条件下劳动力作为可变资本的物质要素参与资本循环运动的过程,一方面,从理论上分析金融化对于劳动力商品和可变资本的影响;另一方面,从实践角度分析金融化条件下企业的投资运营策略以及这些策略对于劳动者就业和薪酬收入的影响。

第一节 劳动力商品的金融化过程

无论是根据马克思提出的"特殊商品"还是考虑波兰尼提出的"虚拟商品",劳动力都是作为一种特定的商品形式而与一般商品相对立的。那么,在金融化的作用下,劳动力商品将会经历何种变化?劳动力商品的金融化又是如何加强资本对于劳动的雇佣呢?为了回答上述问题,本节将在分析劳动力作为"纯粹商品"所面临关键性问题的基础上探讨劳动力商品的金融化过程。

一 资本主义劳动力作为"纯粹商品"的关键性问题

尽管政治经济学从"劳动力商品的使用价值是创造价值"这个层面指出了劳动力商品的特殊性,但是,这对于分析劳动力自身的运动过程和再生产过程是不够的。事实上,马克思区分了劳动力商品的价值和劳动力商品在生产过程中创造的价值,这已经表明劳动力具有非商品性的特征,从而很难成为"纯粹商品"。但是,由于马克思的任务在于揭示资本主义生产的质的规定性,而资本主义主要表现为"大量的商品堆积",因此,他在分析过程中略去了对劳动力中非商品化属性的分析,更多地关注了劳动力的商品属性①，以致其过分强调生产劳动力的成本与生产其他商品的成本具有相同的决定方式，强调劳动力的价值归结为维持劳动力所需的生活资料的价值。菲利普·哈维②一针见血地指出：如果劳动力商品的价值是劳动力在其生产过程中的平均消费，那么劳动力价值的表述就会呈现为一种同义反复的循环论证。尽管这一学术争论尚待解决，但可以肯定的是它涉及了劳动力商品的特殊性，即劳动力同其他商品的范畴并不完全相同。那么，劳动力商品究竟具备哪些不同于一般商品的关键性特征呢？

首先，劳动力自身的概念就与商品概念存在偏差。根据社会学家卡尔·波兰尼③的分析，从经验来看，商品是指为了在市场上销售而生产的物品，但劳动力显然不是为了销售才生产出来的，它只是一种与生命本身相协调的人类活动的另一个名称，不能离开人类生活的其他层面而单独地积存和流通。这表明，劳动力无法像其他商品一样可以随意地"堆积"和随意地使用，而当某种制度，如市场经济制度，在随意处理一个人的劳动力时，它也就随意处置了这个人生理的、心理的以及道德上的本质。可见，就波兰尼看来，商品化或者市场化劳动力会对整个经济社会带来本质上的冲击和破坏，而当劳动力市场建立后，劳动力可以作为一种特殊的商品去买卖则成为资本主义攻下的最后一座城池。然而，尽管劳动力在市场上被实际地交易，它也只是一种"虚拟商品"，因为必须通过立法、社会保护等非商品化的方式来保障人的本性以对抗"撒旦的磨坊"的破坏。实际上，按照波兰尼的观点，自保护劳工的《斯皮纳姆兰法案》在1834年被废除以后，劳动力的商品化迅速加快，而与其相伴产生的"反向运动"也不断增多，其顶点便是工会的出现与工会运动的增多。可见，单纯地从概念来看，劳动力与一般的商品就已经不具备同样的含义。

其次，再生产劳动力商品时的非市场化劳动没有被考虑进来，主要包括家庭部门的无偿劳动。由于家庭劳动等非市场化的劳动是一种未被支付的劳动行为，所以被学者认为其具有非资本主义的特征。然而，在资本主

---

① Dick Bryan, "The Duality of Labour and the Financial Crisis", *Economic and Labour Relations Review*, Vol. 26, No. 2, 2010, pp. 49-60.
② Philip Harvey, "Marx's Theory of the Value of Labor Power: An Assessment", *Social Research*, Vol. 50, No. 2, 1983, pp. 305-344.
③ [英]卡尔·波兰尼：《巨变：当代政治与经济的起源》，黄树民译，社会科学文献出版社2017年版，第128—129页。

义生产扩张的过程中，特别是劳动力再生产的过程中，家庭部门的劳动却是不可或缺的。究其原因，在于无偿的家庭劳动能够帮助资本抑制劳动力价值的增长、帮助创造出再生产劳动力所需要的日常消费资料，从而帮助资本获取更多的剩余价值。可见，家庭劳动对于资本积累而言，是一种不用支付而无偿使用的外围补贴①。然而，由于家庭劳动会降低劳动者的工作时间，从而也会抑制资本的积累，因此，家庭劳动对于资本家而言是一种矛盾的存在。但是无论如何，家庭劳动所创造的日常消费资料，如餐饮、日常家务等都是劳动力商品不可缺少的价值组成部分；无论如何，资本主义经济所考虑的都不是劳动力再生产的整体系统，而是劳动力是否足够便宜可用②。基于这一层面的考虑，劳动力商品就不具备纯粹商品的条件，毕竟，其价值构成中的重要一环，即部分日常消费资料的价值，是由非市场化的家庭劳动创造的。虽然近年来家政服务市场逐渐兴起，资本主义的触角已经开始渗透到家庭部门，但一个完整的人，就其本性而言，是需要家庭的，而家庭中的劳动本身是难以完全商品化和市场化的。可见，由于劳动力的价值构成中包含着不可省去的非商品化的劳动创造过程，因此，劳动力很难被认为是一种纯粹的商品。

最后，劳动力是以一种生理的方式嵌入在劳动者即人的体内的，而在资本主义体系中，人是不能被商品化的，这就导致了劳动力难以从人体内独立出来成为纯粹的商品。实际上，劳动力与劳动者是相互绑定的：前者无法脱离后者而存在，资本家不能在不雇用劳动者的情况下就雇用劳动者的劳动能力；后者在丧失前者后就不是一个完整的"社会人"，幼龄儿童、瘫痪者、精神病人以及其他不具有劳动能力的人是无法单独地在资本主义社会中生活的。在资本主义世界中，人作为"自由""独立"的个体是不能被商品化买卖的，否则人便会成为其所有者的"奴隶"，而一旦与劳动力相互绑定的劳动者不能被商品化，那么劳动力也就自然难以成为一种"纯粹商品"。

因此，作为非纯粹性商品，劳动力很难像其他资本主义的商品或商品资本一样，在股票、债券等金融工具的作用下根据其预期收入流而被无限

---

① 李怡乐：《家务劳动社会化形式的演变与资本积累》，《马克思主义与现实》2017 年第 3 期。

② ［日］足立真理子：《资产、地租以及女性——对地租资本主义的女权视角分析》，李亚姣译，载孟捷、龚刚主编《政治经济学报》，社会科学文献出版社 2016 年版。

分割成不同价值大小的所有权凭证，即劳动力无法像其他商品一样被资本化为资本家的商品资本或金融资产。但是，随着金融化进程的推进，劳动力商品也可以通过特定形式转化为资本家的商品资本，这就涉及了劳动力商品的金融化过程。

二 劳动力商品金融化的理论逻辑

前文分析表明，在社会生活中，一般商品的金融化是指商品所有者通过将其货币化、资本化以及虚拟化后获取更高流动性和交换价值的过程。作为一种特殊商品，劳动力商品的金融化也会经历货币化、资本化和虚拟化的过程，但与一般商品不同的是，劳动力商品金融化过程不再是商品所有者，而是其购买者发起的，是金融化资本家们利用金融化资本分割劳动力价值、压低其交换价值的过程。在劳动力进入生产领域之前，随着劳动力商品的交换价值低于价值，其也不再完全是劳动者的商品，而是部分地成为资本家的商品资本。因此，劳动力商品的金融化与劳动者的劳动力商品转化为资本家的商品资本密切相关。

本书在第三章第一节指出了资本主义中劳动力成为商品的悖论，即在资本主义生产关系下生产出的商品都可以归结为商品资本，而"劳动力商品"却无法成为商品资本，或者说无法成为劳动者的商品资本。该悖论涉及资本占有劳动力 $G-A$ 的过程，这一过程尽管类似于商品流通但其本质上是同交换对立的另一种范畴[①]。对于这一过程，本书第三章已经进行了详细分析，但在这里需要强调的是，这一过程是货币资本与劳动力商品的"特殊的交换过程"：说它是"交换"，主要是因为这一过程是通过交换形式完成的；说它是"特殊的"，主要是因为这一过程并非传统意义上资本与资本或者商品与商品的交换。实际上，能够与货币资本进行公平交换的只有资本，为了掩盖上述交换过程的非公正性，资本主义便利用包括人力资本在内的多种理论将劳动力视为劳动者自己的资本。而为了在实践中缓解劳动者的劳动力商品与资本家货币资本进行非公平交换的矛盾并尽可能地压低劳动力的价格，资本主义便试图借助金融化的力量，通过向劳动者提供消费信贷的方式将可变资本压低至劳动力商品价值以下。这时，劳动力商品便具备了"资本"的属性，只不过这里的资本不属于劳

[①] 《马克思恩格斯全集》（第30卷），人民出版社1995年版，第233页。

动者，而是属于资本家，更严格地说，属于生息资本家。

事实上，前文曾多次指出，资本主义可通过多种方式将劳动者的工资降低到劳动力价值以下，在这种情况下，政府会承担起部分劳动力再生产的责任。然而，自20世纪70年代以来，新自由主义盛行使得政府力量逐渐式微，劳动者只能通过自己来寻求弥补工资减少的方法。与此同时，在金融化的作用下，以借贷资本形式存在的金融化资本家们也开始将大量的剩余货币放贷给劳动者以获取一定的利息，自由的一无所有的劳动者也不得不接受资本家们"热心的帮助"以完成自身的再生产。因此，劳动力商品的金融化使得劳动力在被出卖给产业资本家之前，其价值就已经被分割为了两个部分，一个是维持自身生存——仅仅是生存——的消费资料的价值，另一个是偿还给借贷资本家的利息。而一旦劳动力的价值被分割为生存消费和利息，那么借贷资本家或者生息资本家就占有了劳动力价值的部分所有权，当劳动力被投入到生产过程并创造出剩余价值时，这些金融化资本家便有权利分割到与之相对应的部分剩余价值，这种剩余价值的分割逻辑与马克思意义上的分割逻辑是不一样的：后者强调的是产业资本家与生息资本家关于剩余价值的直接竞争，前者则强调的是两种资本家关于获取劳动力，即剩余价值创造者方面的竞争。

不难理解，产业资本家总是有采取各种方式压低劳动力价值以获取更多剩余价值的冲动，但是，当劳动力价值被压低到难以维持劳动者最基本的生存条件时便会对产业资本家产生负向影响。因为此时，生息资本家顺势入侵到了劳动力再生产的过程中，劳动力商品的金融化使得劳动力运动的起点不再是商品，而是信贷，是用于购买消费资料而向生息资本家进行的消费信贷[1]。在这种情况下，传统意义上劳动者的双重自由已经被赋予了新的含义：一方面，消费信贷作用下的劳动者仍然是自由得一无所有，但他不再是依赖于产业资本家，而是不得不依赖于生息资本家进行消费借贷；另一方面，他能够自由处置自己的收入，并以利息支付的方式将其偿还给生息资本家。伴随这一过程的是剩余价值创造和分割方式的转变。实际上，当生息资本混入资本循环周转时，就会模糊资本循环与收入循环的

---

[1] Dick Bryan, Randy Martin and Mike Rafferty, "Financialization and Marx: Giving Labor and Capital a Financial Makeover", *Review of Radical Political Economics*, Vol. 41, No. 4, 2009, pp. 458 – 472.

界限，特别的是当金融化使得工人收入服从于生息资本的运动时，就会形成"以生息资本循环为基础的收入循环"①，从而引起金融利润与剩余价值关系的混乱。诚然，任何形式的金融利润都是来自活劳动创造的新价值，但是，在金融渗透到家庭部门的情况下，那些由家庭劳动在非资本主义生产过程中创造出的新价值也会被吸收到生息资本家手中，并通过消费借贷的形式作用于劳动力，从而作用于剩余价值的分配甚至创造过程。

图 4-1 表明，剩余价值或利润 ΔG 被分割为利息 Δg 和企业主收入 R，而利息或生息资本又借贷给了劳动力②，从而使得劳动力商品的循环由原来的 $A \rightarrow G_A \rightarrow W_{labor}$ 变成了 $A \rightarrow G_A - \Delta g \rightarrow W_{labor}$，其中 Δg 的部分由原先产业资本家提供转移为由生息资本家提供。此时，与一般性借贷不同的是，劳动力作为一种特殊商品，其可以通过非市场化的家庭劳动而不是生产领域中的市场化劳动来创造出再生产其自身的生活资料价值，而这部分价值的价格表现则会以消费借贷利息的形式转移到生息资本家手中，成为其资产收入的一部分。这部分收入又会随着新一轮的生息资本参与产业资本的循环而作用于剩余价值的分配过程。特别是，金融化条件下的资产"证券化"能够通过虚拟资本的形式把劳动力再生产所需的消费资料拆分成多种具有不同"属性"的资产，并在不交易这些消费资料自身的情况下交易上述资产的所有权，从而进一步完善了对劳动力商品所有权的拆分。随着劳动力被投入到生产过程，其创造出的剩余价值就会根据劳动力价值的所有权进行重新分割。

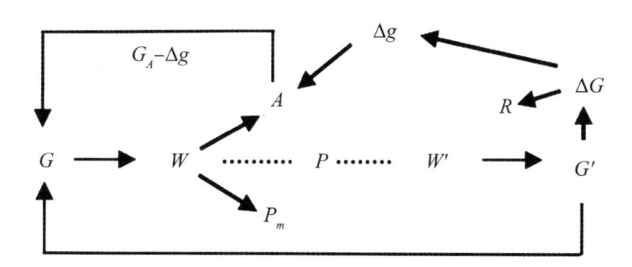

图 4-1 产业资本、生息资本与劳动力商品循环

---

① 谢富胜、匡晓璐：《金融部门的利润来源探究》，《马克思主义研究》2019 年第 6 期。
② 为了简化分析，这里假定生息资本家将所有的生息资本借贷给了劳动力。

三 股东价值逻辑加速劳动力商品金融化进程

以借贷货币资本形式存在的金融化资本能够分割劳动力商品价值并导致劳动力商品的金融化，而以虚拟资本形式存在的金融化资本则能够加速这一进程。实际上，金融化资本的虚拟资本形式在现实生活中最直接的表现就是企业通过上市融资而产生的股票资本，为了实现股票价格的最大化，企业开始信奉股东价值至上的信条，形成了股东价值逻辑。这一逻辑在最大化股东价值，特别是极少数大股东价值的同时，压低了劳动力商品的价值，加速了劳动力商品的金融化进程。

一般认为，股东作为企业的所有者就应该追求那些本就属于其自身的价值。但是，这一观点忽视了资本主义的动态发展过程，混淆了私人企业与现代企业、企业利润与股票价格的区别，从而只是一种静态的理想化认知。众所周知，新古典经济学的核心思想是传承于古典经济学"看不见的手"的理论，即市场这只"看不见的手"能够联合起自利的个人以实现社会整体利益的最大化。然而，这一思想是古典学者在分析个体企业及其私有财产时使用的，而如果将其运用到现代企业组织中，新古典学者就需要先摧毁具有社会属性的、多元化的"企业组织"概念，代之以追求利润最大化的、单一化的"私有个体"；然后证明存在一个有效的市场来充当"看不见的手"。

就"私有个体"而言，现代企业是一个极为复杂的组织，如何将其"降维"成单一的个体，是新古典学者亟待完成的任务。显然，最完美的解决方案就是"创造出"① 股东了，只要将企业分解为股票并卖给代表个体性的股东就解决了这一问题：股东通过用现金交换股票而获得了企业的所有权，并取代组织复杂的企业，成为被外界关注的唯一核心。当然，为了防止外界对上述"等价转换"提出质疑，就需要以立法的形式对其进行巩固：资本主义的法律规定，公司的目的就是为股东盈利，股东是现代公司法律意义上的所有者②。

就有效市场而言，当企业组织已经被股东代替的情况下，就需要证明

---

① 历史地看，股东是被"创造"出来的，后文会详细分析。
② ［美］何柔宛（Karen Ho）：《清算：华尔街的日常生活》，翟宇航等译，华东师范大学出版社2018年版，第284—285页。

股东市场或股票交易市场的有效性。事实上,从1952年哈里·马科维茨提出投资组合理论开始到1965年尤金·法玛提出"有效市场假说"为止的10多年里,新古典经济学的核心思想逐渐渗透到金融理论中,并为现代新古典金融学奠定了规范性的理论基础[1]。有效市场假说表明,价格总是能反映所有的有效信息,投机盈利是不可能存在的,企业只需对股东负责就可以了,员工生活、建成环境等一切与股东价值无关的事物都不是企业负责的对象。在这种情况下,企业在经济市场运行中的所有信息都可以反映在金融市场的证券交易中,没有经济基础也可以研究市场的运行机制,不用研究企业商品生产的供求因素也可以分析商品市场了。至此,金融学已经可以从经济学里独立出来,新古典金融学代替了新古典经济学,成为当代资本主义市场后意识形态的霸权理论[2]。

实践表明,在股东价值最大化的逻辑影响下,企业增加股东价值的过程加速了劳动力的金融化。劳动力商品的金融化已经将劳动力商品部分地转化为资本家的商品资本或资产,不同类型的资本家可以根据占有劳动力商品价值的不同比例来分割由劳动力创造出的剩余价值。但值得注意的是,股东价值逻辑能够改变产业资本家的经营方式,从而使得不同类型资本家在分割过去产生的剩余价值以及未来剩余价值所有权时加速劳动力商品的金融化。对于产业资本家而言,当面临与生息资本家在劳动力商品争夺上的直接竞争时,其可以采取三种方式来尝试获取更多的利润:一是在保持一定工资的基础上加大劳动强度,这不仅会让生息资本家无法从事更多的劳动力信贷,还能将自己获取的剩余价值维持在更高的水平;二是保持劳动强度不变的同时增加金融业务,即效仿生息资本家,参与同劳动力再生产相关的消费信贷或消费资料的证券化过程;三是既增加金融业务又加大劳动强度,即同时采取前两种方式。在股东价值逻辑的导向下,产业资本家自然会选择第三种方式,随着劳动强度的增加、劳动力交换价值的相对下行以及信贷业务的增多,劳动力商品的金融化过程也在加快。资本主义企业的生产实践符合上述过程,它们通过公开市场融资加入了股东价值逻辑的阵营,企业的财产成为股东的财产、企业的所有者变成了股东、

---

[1] Peter L. Bernstein, *Capital Ideas: The Improbable Origins of Modern Wall Street*, New Jersey: Wiley Press, 2005, pp. 327-378.
[2] [丹]奥勒·比约格:《赚钱:金融哲学和货币本质》,梁岩、刘璇译,中国友谊出版公司2018年版,第50页。

企业利润的最大化变成了股东价值的最大化。在这一过程中，劳动者消费信贷的力度因企业股东价值逻辑的影响而不断加深，换言之，劳动力商品的金融化程度不断加大。

第二节　金融化企业的短视性及其对可变资本价值补偿的影响

金融化对于劳动力再生产的影响不仅是前文分析的对于劳动力商品价值的直接影响，更是需要结合新型资本主义生产方式下企业的运营逻辑，分析生产过程中劳动力作为可变资本的运动和价值实现问题。根据《马克思主义经济学手册》[①] 中关于金融化的定义可知，如果要联系生产过程来分析金融化对社会各方面的渗透过程，那么最为合适的便是联系股东价值最大化，因为这一视角是将工作场所作为分析金融化的关键，而其他视角则在一定程度上忽视了工作场所的作用。《金融化国际手册》[②] 也指出，"股东价值至上"理念仍然是分析非金融企业和生产部门金融化过程的关键因素，虽然这一理念在金融部门如何运行以承诺股东收益方面存在普遍幼稚的看法。鉴于此，本节将以股东价值最大化逻辑为基础，首先分析金融化企业的短视性并指出其存在的问题，然后探讨短视性企业运营时可变资本的价值补偿问题。

一　股东价值导向下的企业"委托—代理"行为及其短视性

"最大化股东价值"是金融化过程中企业运行的底层逻辑，前文已经分析了新古典金融理论中股东价值最大化理论的形成过程，现在需要联系企业行为分析这一理论形成后受到的制约性。事实上，企业在最大化股东价值时总是存在绊脚石，特别是随着企业规模的扩大，股东必须通过管理者代理其来运营企业时，企业的所有权与控制权便发生了分离，管理者的利益就会威胁到股东的利益，从而威胁到股东价值。于是，股东与管理者的不同目标会对企业产生股东监督经理人的成本，即代理成本，且这种额

---

① David M. Brennan, David Kristjanson-Gural, Catherine P. Mulder and Erik K. Olsen（ed），*Routledge Handbook of Marxian Economics*，NY：Routledge Press，2017，p. 259.

② Philip Mader, Daniel Mertens and Natascha van der Zwan（ed），*Routledge International Handbook of Financialization*，NY：Routledge Press，2020，p. 9.

外的成本会降低股东价值。在这种情况下，为了最小化代理成本对股东价值的不利影响，股东会采用何种手段予以应对呢？我们这里按照新古典金融理论的研究范式，通过重构经典的委托—代理模型来展开讨论。为方便简化分析，本书按照传统委托—代理理论的分析思路给出以下假定。

假定1：经理人不具有企业股份，即不是企业的股东，经理人任何提升企业利润的策略都会使股东受惠而不使自己获利。

假定2：经理人的策略行动是不能被观察到的，但经理人的收益是可观察的。

假定3：经理人的收益或股东给予经理人的代理成本是经理人策略行动下股东支付的单变量函数，与自然状态无关。

令 a 代表经理人采取的具体行动，$a \in A$，即 a 是行动空间 A 中的一个元素，且是不确定的。这种不确定性可以通过自然状态空间 Ω 及其中元素 ω 所对应的概率分布来描述，且定义随机变量 $x(\omega) \in R^\Omega$ 的期望为 $E(x)$。考虑经理人的行动 a，令其在自然状态 ω 中获得的支付函数为 $\theta(a, \omega)$，根据假定3可知，股东的代理成本或管理费用 f 可表示为 $f[\theta(a, \omega)]$。

对于经理人而言，其面临的策略就是选择最优行动 a^* 以最大化自己的期望效用 $E(V)$，其中，$V = V\{f^*[\theta(a, \omega)]\}$ 为根据股东事先确立的管理费用水平 f^* 所决定的经理人效用函数。由于假定2表明，经理人的策略行动是不能观察的，所以股东支出的管理费用不可能被压低至0，否则经理人会大概率开展最"损人利己"的行动并严重影响股东价值。在这种情况下，经理人在最优行动 a^* 下的期望效用必须大于一个最低水平 k。综上可知，经理人面临的最大化问题为：

$$\max_{a \in A} E\{V[f^*(\theta(a, \omega))]\} \quad (4-1)$$

$$s.t. E\{V[f^*(\theta(a^*, \omega))]\} > k \quad (4-2)$$

对于股东而言，由于股东知道经理人是根据自己给出的管理费用水平 f^* 来采取行动，所以不确定的经理人行动 a 可以表示为 f^* 的函数，即 $a = a(f^*)$。因此，股东的最大化行为就是选择最优的管理费用水平 f^* 来最大化自己的期望效用水平 $E(U)$，其中，$U = U[\theta(a(f), \omega) - f(\theta(a(f), \omega))]$ 为根据经理人行为 $a(f)$ 而确定的股东效用函数。与经

理人面临的约束一样,最大化股东效用的约束条件也是使得经理人的期望效用大于最低值 k。因此,股东面临的最大化问题为:

$$\max_f E\{U[\theta(a(f),\omega)-f(\theta(a(f),\omega))]\} \quad (4-3)$$

$$s.t.\ E\{V[f(\theta(a^*,\omega))]\}>k \quad (4-4)$$

参考 Ross[①] 关于上述最大化问题的讨论,可以从整体上考虑股东和经理人的效用,并最大化其加权平均期望效用,从而简化这一问题。在综合考虑(4-1)式与(4-3)式的情况下,f 需要满足:

$$\max_f E\{U[\theta-f]+\lambda V[f]\} \quad (4-5)$$

其中,λ 表示两种效用函数的权重。如果两种效用函数都是单调的凹函数,那么满足(4-1)式和(4-3)式的最优管理费用也一定会使得两式的期望加权和最大,即满足(4-5)式。而使得该式满足"帕累托有效"的一阶条件可以表述为:

$$U'[\theta-f]=\lambda V'[f] \quad (4-6)$$

此外,考虑股东面临的约束条件(4-4)式,其库恩塔克条件可以表述为:

$$E\{V'[f(\theta)]\cdot f'(\theta)\cdot\theta_a\}=0 \quad (4-7)$$

联系(4-5)式和(4-7)式可知,股东面临的最大化问题可以描述为关于变量 f 的拉格朗日函数:

$$L=E\{U[\theta-f]+\lambda V[f]+\varphi V'[f(\theta)]\cdot f'(\theta)\cdot\theta_a\}$$

其中,φ 为拉格朗日系数。可以求出上述等式的最优化条件,表述为:

$$\frac{U'[\theta-f]}{V'[f]}=\lambda-\varphi\cdot\frac{d\left(\dfrac{\theta_a}{\theta_w}\right)}{dw} \quad (4-8)$$

对比"帕累托有效"的一阶条件(4-6)式和当前一阶条件(4-8)式可知,在拉格朗日系数 $\varphi\neq 0$ 的情况下,若要实现约束条件下的帕累托最优,就必须有 $\dfrac{d\left(\dfrac{\theta_a}{\theta_w}\right)}{dw}$ 仅为经理人行为 a 的单变量函数。然而,假定2表

---

① Stephen A. Ross, "The Economic Theory of Agency: The Principal's Problem", *American Economic Review*, Vol. 63, No. 2, 1973, pp. 134–139.

明 a 是无法观测的,这就决定了基于经理人行为的支付函数 $\theta(a,\omega)$ 无法根据具体的 a 去调整,从而 $\dfrac{d\left(\dfrac{\theta_a}{\theta_w}\right)}{dw}$ 就不一定仅仅是 a 的函数,也就无法达到帕累托最优。因此,新古典金融理论认为,经理人的出现天然地侵害了股东利益。那么在这种情况下,股东应采取何种措施予以应对呢?

实际上,根据当代企业金融理论的分析,若想尽可能地实现股东价值的最大化,就需要充分了解代理人的行为 a,从而实现 $\dfrac{d\left(\dfrac{\theta_a}{\theta_w}\right)}{dw}$ 仅为 a 的函数这一帕累托最优条件,而一种最有效的方式就是向经理人提供股票期权,使得经理人的行为与股东行为趋于一致。对此,企业金融理论学者马托斯[1]指出,股东对其企业价值的剩余索取权等价为一种依托企业价值的期权,如果经理人获得期权,那么其获得支付的真实价值就会与企业的绩效紧密联系在一起,反映在企业股票的市场价值上。这包括两点:一是让经理人的行为与"绩效"联系起来;二是让股票期权作为经理人绩效的一部分。对此,本章将在第三节详细讨论绩效与薪酬结构的问题。当前需要说明的是,即使股东实现了帕累托最优,股东价值的最大化也仅仅是以抬高短期股价为主要目的,并不是服务于企业的长效发展。为了认清这一点,我们继续上述委托—代理模型的分析,通过研究自然状态 ω 变动对股东行为的影响来识别股东价值最大化的短视性,因为自然状态,或者说社会经济运行状态的变动会影响企业的运营状况,从而也就影响到了股东行为。

假设股东已经实现了帕累托最优,即(4-6)式成立,等式两边对 ω 求导,可以得到以下等式:

$$U'' \cdot \left(\frac{d\theta}{d\omega} - \frac{df}{d\theta} \cdot \frac{d\theta}{d\omega}\right) = \lambda V'' \cdot \left(\frac{df}{d\theta} \cdot \frac{d\theta}{d\omega}\right)$$

由于(4-6)式表明 $\lambda = \dfrac{U'}{V'}$,将其代入上式并进一步化简可以得到:

$$\left(1 - \frac{df}{d\theta}\right) \cdot \frac{d\theta}{d\omega} = \frac{U'}{U''} \cdot \frac{V''}{V'} \cdot \left(\frac{df}{d\theta} \cdot \frac{d\theta}{d\omega}\right)$$

---

[1] [葡] 若昂·阿马罗·德·马托斯:《公司金融理论》,费方域译,上海财经大学出版社 2009 年版,第 59 页。

由于股东的绝对风险厌恶系数为 $RS = -\dfrac{U''}{U'}$，而经理人的绝对风险厌恶系数为 $RA = -\dfrac{V''}{V'}$，因此，将其代入上式并继续化简后可以得到：

$$\left(1 + \frac{RA}{RS}\right) \cdot \frac{df}{d\theta} = 1$$

从而能够得到股东支付给经理人的管理费用 f 关于自然状态 ω 的微分 $\dfrac{df}{d\omega}$：

$$\frac{df}{d\omega} = \frac{df}{d\theta} \cdot \frac{d\theta}{d\omega} = \frac{RS}{RA + RS} \cdot \frac{d\theta}{d\omega} \qquad (4-9)$$

（4-9）式表明，不同的自然状态或经济运行情况对于管理费用的影响会随着股东和管理者的风险厌恶情况而发生变化。第一，如果股东和经理人都是风险厌恶者，那么他们将根据（4-9）式共同承担风险。第二，如果经理人对于风险是中立的，即 $RA = 0$，那么外界经济环境的改变对于管理费用的影响就等价于外界经济环境对于经理人行为支付的影响，由于对于任何外界风险性因素股东都能够获得固定的"租金"，因此风险会转嫁到经理人身上，这时，理性的经理人会选择风险厌恶，即追求短期盈利、拒绝长期项目投资[①]。第三，如果股东是风险中立的，即 $RS = 0$，那么无论经理人的风险偏好如何，股东支付的管理费用都将是一个常数，任何不利的外部环境变化都将由股东承担风险，因此，理性的股东必须选择风险厌恶从而让经理人承担部分风险。在这种情况下，必须选择风险厌恶的股东也同经理人一样去追求短期利润、忽视长期投资了，从而使得基于股东价值最大化逻辑的金融化企业充满了短视性特征。

二 企业运营短视性存在的问题

上文分析似乎表明，在"委托—代理"的情况下，股东追求短期价值的最大化，从而进行短视性投资运营是无可厚非的，因为如果股东追求长期战略性投资就会在外部环境恶化时承担所有的风险，这是任何一个"理性的"股东都不能容忍的。然而，所有这些分析都是建立在新古典主

---

① [葡]若昂·阿马罗·德·马托斯：《公司金融理论》，费方域译，上海财经大学出版社2009年版，第55页。

义经济学或金融学框架下的，但这一分析框架能否适用于现代企业则是值得推敲的。实际上，建立于新古典主义金融学下的现代企业股东价值逻辑至少在两个方面存在问题：一是对现代企业与私有企业、股东与所有者等概念之间的关系含混不清；二是过分夸大企业股权融资的作用，对股东、股票市场的起源与发展缺乏认识。

就第一个方面而言，新古典经济学的分析对象是个体化的小型私有企业，而当代企业则是一个社会化的组织系统，因此，如果直接将新古典经济学的分析方法套用在现代企业上就会引出许多问题，特别是，会导致企业所有权的混乱。事实上，按照伯利和米恩斯①的分析，与小型私有企业不同，现代企业具有三大特征：财富的高度集中、股权在公开市场作用下的高度分散、所有权和控制权的分离。因此，现代企业更多地具有了一种社会意义，而这是那些较小单位的私人企业所不具备的。可以想象，在亚当·斯密生活的年代，当他在谈及企业时，迅速映入其脑海的便是那些只拥有几个工人和学徒的小型个人企业，而这一企业的财产所有权也就必然按照这些初创人员的出资比例来分割，但是现代企业的所有权已经出现了分离，原先老旧的原子式所有权被分成了对生产的控制权和享受收益的所有权，前者的拥有者是企业管理者，后者的拥有者则是股东。当最初的财产所有者因公司革命而被分解为两类后，名义上的财产所有者就已经丧失了对于企业生产、实物资产的控制能力，就像工业革命使得工人丧失了对自身劳动力的控制权一样。因此，如果说小型私有企业的那种"老旧原子式"的财产所有权能够完全归属于企业创始人，那么在现代企业控制权脱离所有权的条件下，财产所有权就不能简单地归属于拥有名义所有权的股东了。

通过对企业权益问题的历史性分析就可以发现，随着资本主义的发展和企业性质的变迁，企业的实际所有者应具有三种职能，即对企业"拥有权益"的所有权职能、对企业"拥有权力"的控制权职能以及与此相关的对企业"行使权力"的经营权职能。18世纪的工业革命使得第三种职能——经营权从所有权中分离出来由受雇的经营者执行；19世纪后期至20世纪初期的公司革命使得第二种职能——控制权进一步地从所有权

---

① ［美］阿道夫·A.伯利、加德纳·C.米恩斯：《现代公司与私有财产》，甘华鸣、罗锐韧、蔡如海译，商务印书馆2005年版，第9页。

中分离出来而由管理者执行①。最终，现代企业的股东权利仅仅具有第一种职能，即名义上的所有权。因此，现代企业的股东已经通过"放弃控制权而换取了流动性"，股东的这种所有权仅仅是对公司的镜像——股票的所有权，股东参与的也仅仅是股票市场而不是公司的运营。在这种情况下，股东的权利便是"以股票始，以股票终，而无关公司的情况"②。股票价格的变动可以单单源于其流动性，也可以源于新技术的预期和使用，甚至可以源于市场的恐慌和套利，在这种情况下，股价已经与企业在文化历史、经营实践上不存在任何关联，以股票价格来衡量公司的价值是极不准确的，以股东价值逻辑来引导公司发展是极其错误的。实际上，在股权高度分散的情况下，企业的大多数股份都被那些机构投资者，特别是华尔街的投行家们所掌控，股价的短期上涨在很大程度上也只是填充了这些人的钱包，广大个体股东的收入则是通过复杂的金融工具而输送到了养老基金、共同基金等机构投资者手中。

就第二个方面而言，股东价值逻辑与股票市场兴起的"神话"密不可分。华尔街曾宣称"没有哪个产业能够在脱离股票市场的作用下而发展起来，股票市场为所有的企业和创新募集了资金"。因此，按照上述逻辑，华尔街等金融部门的作用是帮助企业股东重新获得其权利，这些权利在20世纪的大多时间被经理人和政府攫取了。然而，这种所谓的"权利的复归"在一开始就是一种幻想。根据Lazonick和O'Sullivan③以及Fraser④的分析，在19世纪末和20世纪初期，企业增长的方式主要是留存利润的再投资、家庭财富以及商业贷款，它们不仅没有依靠过股票市场，反而明确抵制过这些金融资本对产业的控制力，甚至在进入20世纪之后，大多数企业也都是通过发行债券来募集资本而不是依赖股票市场。实际上，历史顺序恰恰相反，是现代企业的兴起和增长促进了股票市场的兴起，股票市场的作用主要是帮助私人企业者从事套现和财富分配，而不是

---

① [美] 阿道夫·A. 伯利、加德纳·C. 米恩斯：《现代公司与私有财产》，甘华鸣、罗锐韧、蔡如海译，商务印书馆2005年版，第130—131页。

② [美] 何柔宛（Karen Ho）：《清算：华尔街的日常生活》，翟宇航等译，华东师范大学出版社2018年版，第301页。

③ William Lazonick and Mary O'Sullivan, "Maximizing Shareholder Value: A New Ideology for Corporate Governance", *Economy and Society*, Vol. 29, No. 1, 2000, pp. 13 – 35.

④ Steve Fraser, *Every Man a Speculator: A History of Wall Street*, New York: Harper Collins Press, 2005, pp. 155 – 192.

为未来的生产性投资筹集资金①。

尽管 M-M 定理承认企业债务融资先于股票融资的顺序，但它还是符合新古典金融学主旨的，因为其论证了企业的发展或价值与企业的融资方式无关，从而为股权融资的合理性提供了理论支撑。然而，如果考虑到企业税收问题，那么债券融资的效率会更高。事实上，莫迪利亚尼和米勒通过设立严格的假定条件论证了资本结构与企业价值无关，即 M-M 定理。其中，假定包括完美市场、不存在套利机会、不存在税收等。然而，即使市场的完备性是存在的，忽略税收也是不现实的。不仅如此，税收的引入恰恰能够说明企业通过债务融资的优势。

在不考虑税率时，假定企业在任意时点 t，任意外部环境 j 下的支付水平或企业价值为 $V_j(t) > 0$。对于通过债务融资的企业而言，债权人在时间 T 对企业的索取面值为 F，显然，如果 $V_j(t) < F$，则企业面临破产的风险，债权人只能索取 $V_j(t)$。因此，在外部环境 j 下的债务支付水平 $B_j(t)$ 可以表示为 $B_j(t) = \min\{F, V_j(t)\}$。进一步的，如果在时点 T 上可能发生的所有外部环境状态数量为 K，那么债务的现值就可以表述为 $B = \sum_{j=1}^{K} \varphi_j B_j(T)$，其中，$\varphi_j > 0$ 为向量 $\varphi \in R^K$ 中的元素。

对于通过股权融资的企业而言，股权所有者有权获得企业在偿还债权人后的剩余部分 $S_j(t)$，且这一部分必须为正值，否则企业无法发行股份。因此 $S_j(t) = V_j(t) - B_j(t)$，且股权的现值为 $S = \sum_{j=1}^{K} \varphi_j S_j(T)$。M-M 定理表明，股权融资下的企业价值 V_s 等于债权融资下的企业价值 V_B：

$$V_s = \sum_{j=1}^{K} \varphi_j V_j(T) = \sum_{j=1}^{K} \varphi_j [B_j(T) + S_j(T)] = B + S = V_B$$

(4-10)

然而，如果将税率纳入上述 M-M 模型，情况就不一样了。假定企业税率水平是 $\tau \in [0, 1]$，T 为企业债务融资的情况下缴税与还债的时点。因此，在企业不破产的情况下，其在外部环境 j 下缴纳的税收为 θ_j^T

---

① [美] 何柔宛 (Karen Ho)：《清算：华尔街的日常生活》，翟宇航等译，华东师范大学出版社 2018 年版，第 291—292 页。

$(t) = \tau[V_j(T) - F] > 0$，税收现值为 $\theta^\tau = \tau \sum_{j=1}^{K} \varphi_j [V_j(T) - F]$。此时，债权人获得的面值与不存在税收时是一样的：

$$B_j(t) = \min\{F, [V_j(T) - \theta_j^\tau(t)]\}$$
$$= \min\{\tau F + (1-\tau)F, \tau F + (1-\tau)V_j(T)\}$$
$$= \min\{F, V_j(t)\}$$

而对于股权所有者，其收益 $S_j^\tau(T) = V_j(T) - B_j(t) - \theta_j^\tau(t)$，从而有 $V_j(T) = S_j^\tau(T) + B_j(t) + \theta_j^\tau(t)$。

股权融资的企业价值为：

$$V_S^\tau(T) = (1-\tau)\sum_{j=1}^{K} \varphi_j V_j(T) \qquad (4-11)$$

债权融资的企业价值为：

$$V_B^\tau(T) = \sum_{j=1}^{K} \varphi_j [S_j^\tau(T) + B_j(t)] \qquad (4-12)$$

其中，$S_j^\tau(T) + B_j(t) = (1-\tau)V_j(T) + \tau V_j(T) - \theta_j^\tau(t) = (1-\tau)V_j(T) + \tau\{V_j(t) - [V_j(T) - F]\}$。

由于上述等式只有在 $V_j(T) - F > 0$ 时才会成立，故 $\tau\{V_j(t) - [V_j(T) - F]\}$ 可化简为 $\tau\min\{F, V_j(t)\} = \tau B_j(t)$，即 $S_j^\tau(T) + B_j(t) = (1-\tau)V_j(T) + \tau B_j(t)$。因此：

$$V_B^\tau(T) = (1-\tau)\sum_{j=1}^{K} \varphi_j V_j(T) + \tau \sum_{j=1}^{K} \varphi_j B_j(T) = V_S^\tau(T) + \tau B \qquad (4-13)$$

上述等式表明，在考虑税收支付的情况下，采用债务融资的企业，其最终的企业价值要比仅仅采用股权融资的价值更高，高出的部分取决于税率和债务水平。因此，变形的 M－M 定理表明，企业有很强的激励完全通过发行债券来进行融资，股权融资的重要性只是货币资本家根据严格假定推论出的"美好神话"。

事实上，不仅理论逻辑存在缺陷，在现实生活中，企业运行的短视性也会给经济社会带来十分严峻的影响。2020 年初，当新冠疫情在全球暴发后，世界各国的制造商无法在特定时间内提供足够的产品来抗击疫情正是因为它们遵从了股东价值导向的逻辑，这种逻辑使得其过度关注短期效益而忽视长期投资，把产品库存维持在了极小的水平。

三 不稳定劳工作用下的可变资本价值补偿问题

与金融化条件下企业的短视性相一致，资本主义生产方式呈现出一种"准时生产制"（just in time）的特征，即资本主义企业的产品供应只要在短期内迅速满足消费者的个性化需求就可以了，金融化企业的短视性满足了后福特制对于"及时生产"的要求。随着后福特制企业产品收益的不断变化，与收益相对应的企业风险也在持续波动，原先高度标准化的、统一的工业体系转变为了崇尚个性化的、充满风险的新型工业体系①。面对实时变动的收益与风险，企业发现，将自身融入金融体系中就能够及时地对其资产收益进行评估，从而判断下一步的经营方向，于是企业"及时估值"的被动需求加快了其融入金融体系、服从股东价值导向的速度。不仅如此，为了更有效地进行"及时估值"并尽可能地提升股东价值，企业还不断地精简部门，它们利用全球生产网络将非核心部门转移到外围国家，从而使得余下的核心部门能够互相做到更加"恰好及时"的配合。在这种情况下，企业对于部门员工的雇佣策略也变得"恰好及时"起来：非核心部门的"多余"工人被"及时地"排除出雇佣体系，从而使劳动者陷入不稳定就业的困境；核心部门的工人的工资被"及时地"控制在维持其基本生活水平的位置（甚至更低）。可见，在企业积极融入金融领域、参与金融化进程的背景下，劳动者陷入了就业不稳定、工资震荡下行的境地，从而导致可变资本价值补偿的困难。

实际上，20世纪80年代以来，在股东价值最大化逻辑的导向下，许多企业家都对其企业进行了"回购—瘦身"的运营模式，并在该模式下施行了大规模的裁员活动。其中，对于裁员最为热衷的当属彼时深受美国民众欢迎的、通用电气最年轻的董事长杰克·韦尔奇，他曾在1981年的一次著名演讲中痛斥员工成本对企业利润的拖累，并在之后的4年内裁减了通用电气的10万多个工作岗位，被人们称为"中子弹杰克"②。尽管在将近30年后，这位明星企业家也认识到了股东价值存在的问题，并指出"股东价值是世上最愚蠢的想法（dumbest idea）""企业的成长应该是从

---

① ［德］乌尔里希·贝克：《风险社会：新的现代性之路》，张文杰、何博闻译，译林出版社2018年版，第177页。

② ［美］保罗·罗伯茨：《冲动的社会：为什么我们越来越短视，世界越来越极端》，鲁冬旭、任思思、冯宇译，中信出版社2017年版，第41页。

员工到管理层共同努力的结果"①,但这种论断即使在当时是正确的,现在也已经成为过去式。实际上,在当前经济放缓、数字化弹性生产加速的时代,包括韦尔奇在内的很多业界人员仍然没有理解"不稳定就业"同"企业为压缩成本而裁员"二者间的联系。弹性生产方式使得企业不断进行组织创新以应对竞争压力,它们不停地同供应商和竞争者签订各种合同并做出各种灵活性的任务安排,包括对于劳动力弹性化的安排②。根据国际劳工组织经济学家盖伊·斯坦丁（Guy Standing）的分析,弹性化劳动机制主要表现为三方面的弹性:一是劳工数量上的弹性,临时工、合同工、兼职工以及实习生等灵活雇佣工人成为主导型雇佣模式;二是劳动力强度或功能的弹性,离岸外包、产品内分工变得更加灵活,工作任务频繁变更;三是劳动力价格或工资的弹性,可预判的货币工资被弹性的、不可预知的财产性收入所替代③。针对当前新型资本主义生产方式下劳动力的弹性化机制,Standing④提出了"不稳定无产者"（precariat）的概念,该术语来自"不稳定"（precarious）和"无产阶级"（proletariat）两个英文单词的缩写。

"不稳定无产者"的概念一经提出就遭到学界的质疑。英国学者蒙克⑤认为,不稳定劳工的概念具有"新瓶装旧酒"的嫌疑。他发现"不稳定的无产者"在北方国家也许是一种新的概念,但是在南方国家,工作从来都是不稳定的。通过与边缘性、非正规性、社会排他性等相关概念的比较,蒙克对"不稳定性"进行了系谱学阐释,并赋予了其更多的政治含义,指出当代劳动者与工人阶级的组织性并没有因为"不稳定性"而消失;相反,他们在政治上占据着越来越重要的位置。美国学者乔纳和福斯特则从马克思主义政治经济学的视角对这一概念进行了评析,解释了其

---

① Jack Welch Elaborates, "Shareholder Value", https://chrisbanescu.com/blog/2009/03/jack-welch-elaborates-shareholder-value/, 2009.
② [英]简·哈代:《全球经济中的劳动力分工新格局》,张志超译,《国外理论动态》2013年第5期。
③ [英]盖伊·斯坦丁:《不稳定的无产者:从失权者到公民》,周洋译,载姚建华、苏熠慧编著《回归劳动:全球经济中不稳定的劳工》,社会科学文献出版社2019年版,第34—58页。
④ Guy Standing, *The Precariat: The New Dangerous Class*, New York: Bloomsbury, 2011, pp. 1-26.
⑤ [英]罗纳尔多·蒙克:《新瓶装旧酒:全球化、劳动与不稳定的无产者》,孙萍译,载姚建华、苏熠慧编著《回归劳动:全球经济中不稳定的劳工》,社会科学文献出版社2019年版,第50—70页。

与产业后备军概念的联系。他们认为，不稳定劳动的概念在历史唯物主义上的源头就是马克思在分析资本积累的一般规律时所提出的"产业后备军"的概念，而在三种形式的产业后备军中，"停滞的"人口是最符合劳动力不稳定性特征的。因此，无产阶级并没有与不稳定性相对立，进而衍生出一个新的不稳定工人阶级，只是当前的无产阶级的概念需要将不稳定性作为一种阶级斗争的元素来定义①。实际上，马克思在分析资本积累的一般规律时就已经指出了"就业的没有保障和不稳定"是相对过剩人口的重要特征之一②，他认为，劳动生产力越是提高，工人对就业手段的压力就越大，他们的生存条件也就越没有保障，劳动力数量总是比资本的增殖需要增长得快③。在此基础上，马克思指出了过剩人口的三种形式：第一种是流动的形式，主要是指已经被无产阶级化的人们由于技术进步导致的机器替换等原因被排除在劳动过程之外，这大体相当于当前的失业人口；第二种是潜在的形式，主要是指还没有被无产阶级化的农民、妇女儿童以及小资产阶级的手工业者等，他们因为多种原因而没有完全被资本主义吞没，但随着资本主义的全球化发展，这些半无产阶级面临前所未有的"不稳定性"境况；第三种是停滞的形式，主要是指那些就业程度极不规则、生活状况低于工人阶级平均水平且流动性不足的劳动人口，其以"劳动时间最长而工资最低"为特征④。马克思进一步指出，这种停滞形式过剩人口主要存在于当时的家庭劳动部门，他们是从尚未完全发展起来的工业体系中游离出来的人口，从事传统生产向工业化生产的过渡形式的工作⑤。由于这些家庭工厂或小工厂的工人"不受任何法律限制"，因此其就业就会越来越不稳定⑥。

可见，在马克思主义政治经济学看来，无论是直接失业的流动人口，还是半无产阶级化的潜在人口，甚至是从事底层过渡形式工作的停滞人口都具有"不稳定就业"的特征。实际上，资产阶级就是想通过"永久化"

---

① ［美］贾米尔·乔纳、约翰·福斯特：《工人阶级不稳定性的马克思主义理论及其与当今的关联》，苏熠慧译，载姚建华、苏熠慧编著《回归劳动：全球经济中不稳定的劳工》，社会科学文献出版社2019年版，第73—94页。
② ［德］马克思：《资本论》（第1卷），人民出版社2004年版，第815页。
③ ［德］马克思：《资本论》（第1卷），人民出版社2004年版，第732—733、743页。
④ ［德］马克思：《资本论》（第1卷），人民出版社2004年版，第740页。
⑤ ［德］马克思：《资本论》（第1卷），人民出版社2004年版，第542—544、564页。
⑥ ［德］马克思：《资本论》（第1卷），人民出版社2004年版，第565、532页。

劳动后备军来帮助其实现自身的资本积累和财富扩张，但随着被完全无产阶级化的流动性劳动力的持续反抗，资本家发现对于这种形式后备军的管理成本在加大，于是他们开始更加偏好于寻求潜在形式的劳动后备军甚至创造出停滞形式的劳动后备军。正如哈维分析的那样，当前新自由主义"全球化"的真正含义就是通过外包和进出口将全世界所有潜在形式的过剩人口都调动起来并尽可能压缩其福利水平①。然而，这只是真相的一部分。随着经济金融化的出现和迅速发展，后福特制下的资本主义企业加快了对金融创新业务和互联网数字技术的应用，导致了一种类似于资本主义初期"过渡型"经济模式的诞生，即当前所谓的平台经济，从而实现了生产方式自身的否定之否定。在这种方式下工作的劳动者类似于马克思意义上的"停滞性"劳动人口，如打车软件的司机、外卖平台的送餐者等。他们一方面不能享受企业或国家提供的福利，因为这些福利属于受法律保护的"正规劳动者"所有；另一方面又受到企业超时、超额的劳动压榨，因为其工作环境已被企业"包买"。这种新型的停滞人口与当前全球性的潜在劳动人口一起，共同形成了当代资本主义极易控制的那部分劳动后备军。其中，在全球生产网络的作用下，后者的工资仅仅需要"恰好及时"满足自身最基本的再生产条件即可，即被及时给付劳动力商品的（部分）费用②；而前者的工资甚至连这一条件也达不到，只能自己通过消费借贷来维持生存，因为他们是"一个会自行再生产和繁衍不息的要素"③。在全球生产网络和金融化共同作用下的新型劳动后备军使得劳动者在生产过程中创造出来的用于自身再生产的可变资本价值遭受了资本家集团不同程度的瓜分，仅仅通过生产过程对可变资本进行价值补偿已经陷入了困难。在这种情况下，工人不得不寻求金融部门的帮助，通过进一步商品化自身，甚至证券化自己的消费资料来获取维持正常生存的收入。鉴于此，本章余下部分将从实证视角探讨直接生产过程中股东价值导向对于企业运行，从而对于劳动者薪酬结构的影响。

---

① [美] 大卫·哈维：《跟大卫·哈维读〈资本论〉》（第一卷），刘英译，上海世纪出版股份有限公司、上海译文出版社2013年版，第309页。

② [意] 里卡多·贝罗菲奥雷、[澳] 约瑟夫·哈利维：《解构劳动：当代资本主义的"新特点"（上）》，车艳秋、房广顺译，《国外理论动态》2009年第11期。

③ [德] 马克思：《资本论》（第1卷），人民出版社2004年版，第741页。

第三节 股东价值导向下的企业投资运营战略

在股东价值革命的影响下,企业的投资运营就是为了最大化股东价值,而这会影响劳动过程中的劳资关系,从而进一步影响劳动者的就业状况和薪酬水平。实际上,企业投资的目的主要是通过扩大再生产来积累资本,投资的方向主要包括固定资本投资、流动资本投资以及可变资本的投资等。然而,随着金融化过程的推进和股东价值革命的影响,不仅可变资本与不变资本相对均衡的投资比例被破坏,还出现了一种新型的投资方向,即投资到为各类资本提供资金支撑的金融部门,而这些部门与企业的生产过程并没有直接的关系。因此,为了更好地探究企业投资运营对于劳工薪酬的影响,本节将首先阐述股东价值导向下的企业资金流动和资本积累现状,然后分析企业为了实现股东价值的最大化而采用的投资运营战略,最后分析企业投资运营的改变如何影响劳动者的就业和薪酬结构。

一 企业资金流动与资本积累现状

在股东价值的影响下,世界各主要发达国家的非金融企业都开始通过依靠金融部门进行投融资活动,随着企业资金更多地流向金融部门,企业的金融化程度不断走高,与现实资本无关的货币金融资本积累迅速增加。已有研究通常用企业杠杆率来衡量经济的金融化,如图4-2所示,20世纪70年代以来世界五大发达国家非金融企业杠杆率不断走高。其中,日本和法国的非金融企业杠杆率长期维持在高位,2008年国际金融危机后,日本杠杆率有所回调而法国的杠杆率不降反升;德国杠杆率最低,且大致稳定在50%左右,英国和美国的杠杆率的走势较为类似,长期维持在70%—80%。

值得注意的是,研究表明美国的金融化程度是非常高的,但数据显示美国非金融企业的杠杆率却相对较低。鉴于此,本书将美国单独列出,考察其金融部门和非金融部门增加值占比的情况。图4-3表明,20世纪70年代以来,美国制造业增加值占比不断走低而金融、保险、房地产部门(FIRE行业)的增加值不断走高,在1985年相交后,二者差距继续扩大,尽管FIRE行业的占比在金融危机期间略有缩小,但很快再次回升,截至2022年,两大行业占比差值已超过10个百分点。

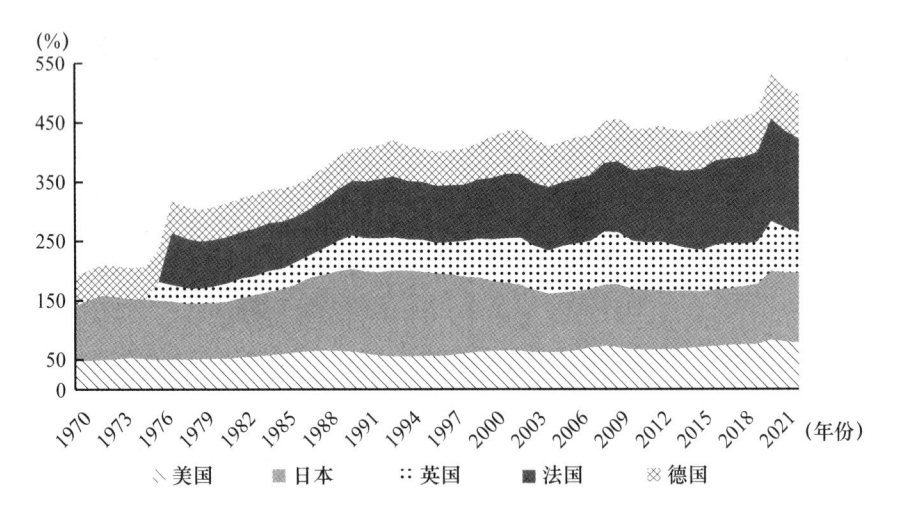

图 4-2 世界主要发达国家非金融企业杠杆率

资料来源：国际清算银行、WIND 数据库。

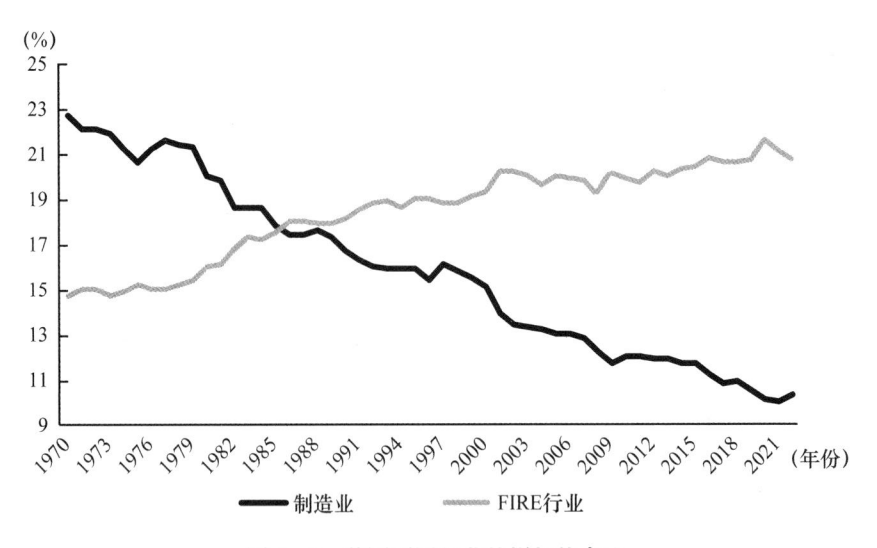

图 4-3 美国不同行业的增加值占比

资料来源：美国经济分析局（BEA）、WIND 数据库。

可见，美国实体经济的金融化情况已十分严峻，而仅仅通过非金融企业杠杆率等存量指标已不能如实反映企业的金融化程度，因为非金融企业的金融化不仅在于债务融资引致的杠杆率，更在于企业的金融投资水平，包括企业进入金融部门的资金流量和企业积累的金融资本存量两个部分。

一方面，就企业资金流动方向和流动规模而言。既有研究一般是通过广义货币占比、信贷余额或资产规模占比等数据来计算金融化水平，但是这种衡量方法存在很大的问题。以广义货币占比 M2/GDP 为例，分子 M2 代表的是货币供应存量，分母 GDP 代表的则是一年最终产品价值的流量，二者之比并不能如实地反映金融化水平。因此，作为一种沟通储蓄和投资的流动性要素，金融的刻画，特别是金融化水平的衡量应该从流量入手。图 4-4 显示了 20 世纪 70 年代以来美国非金融部门与金融部门的资金流入量，其中，部门的资金流入量由该部门资本转移、消耗后的净积蓄额与资产净增加额相加得出。不难看出，80 年代之前，两大部门的资金流入量几乎是一致的，但是在此之后，特别是 90 年代之后，流入金融部门的资金量远远超过流入非金融部门的资金量，且差值在 2007 年达到顶峰，之后金融部门的资金流入量急转直下，并自 2014 年起维持在 1 万亿—3 万亿美元的水平上。新冠疫情暴发的 2020 年是一个例外：金融部门资金流入量超过 9 万亿美元，且非金融部门的资金流入量仍保持在 4 万亿美元。这可能要归因于美国政府为应对疫情而做出的金融补偿措施，也从侧面反映出美国对于金融的依赖程度。

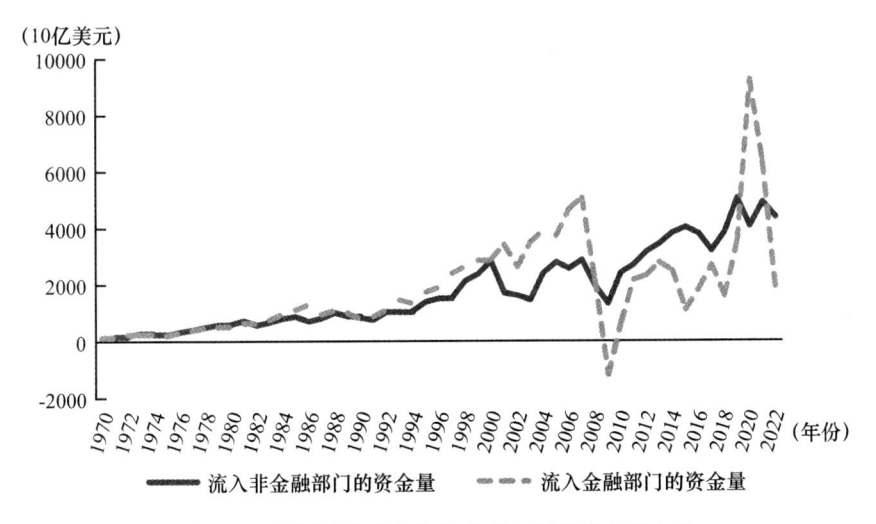

图 4-4　美国非金融部门与金融部门的资金流入量

资料来源：笔者根据美联储（FRB）资金流量数据计算而得。

如果关注2008年国际金融危机爆发前美国非金融企业与金融企业的资金流量占比，其经济的金融化水平将更加明显。如图4-5所示，在国际金融危机爆发前，美国金融企业资金流量占比的数值持续高于50%，最高值甚至超过70%；相反，非金融企业则长期维持在40%左右。实践表明，日本经济泡沫最为高涨的20世纪90年代初，其金融企业的资金流量占比也没有超过60%，美国接近70%的数据所包含的资产泡沫量可见一斑。

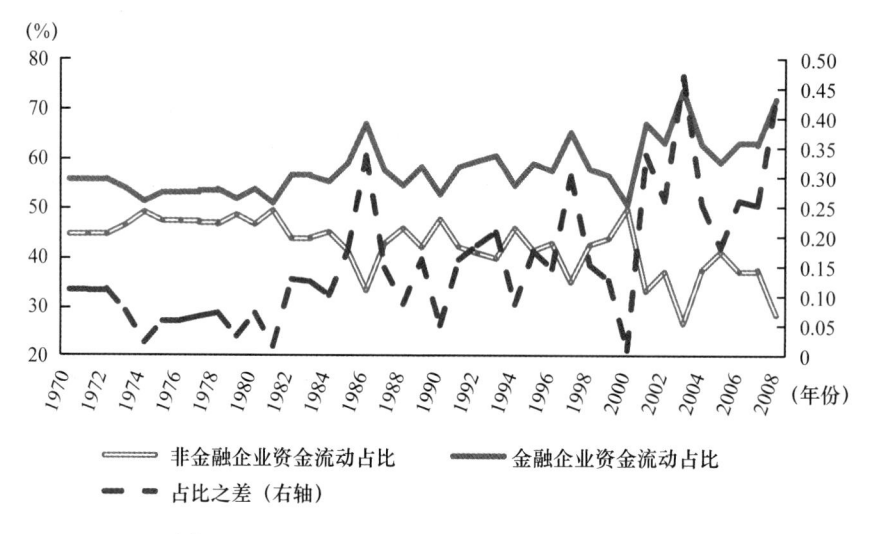

图4-5 美国非金融企业与金融企业资金流量占比

资料来源：笔者根据美联储（FRB）资金流量数据计算而得。

图4-6所展示的美国非金融企业资金流出和流入的比值能够很好地从侧面反映实体经济的金融化过程。图4-6表明，自20世纪70年代开始至2008年国际金融危机爆发之前，美国流入非金融部门的资金量不断减少而从非金融部门流出的资金量不断增多，特别是，90年代以来非金融部门的资金流出与流入之比长期超过100%，这表明非金融部门1个单位的资金流入会引致更多的资金流出该部门，即流入金融部门，从而开展金融投资。

另一方面，就非金融企业的金融资本积累而言。在非金融企业投资于金融市场的过程中，原先不具备货币供应能力的非银行金融机构甚至部分非金融机构都获得了创造"货币"的能力，如脱离资产负债表监控的影子银行业务、连接资本市场供给端和需求端的 P2P 业务等。前者的出现在一定程度上重塑了流通中的"货币创造机制",非银金融机构也具备了创造货币的能力,从而积累了大量的系统性风险;后者则先是创造了大量的资金池,然后将其投到前者的影子银行业务中,从而产生了一种几乎与产业资本积累无关的数值庞大的生息资本积累模式。事实上,在股东价值最大化的引导下,企业逐渐形成了现实资本积累低于货币金融资本积累

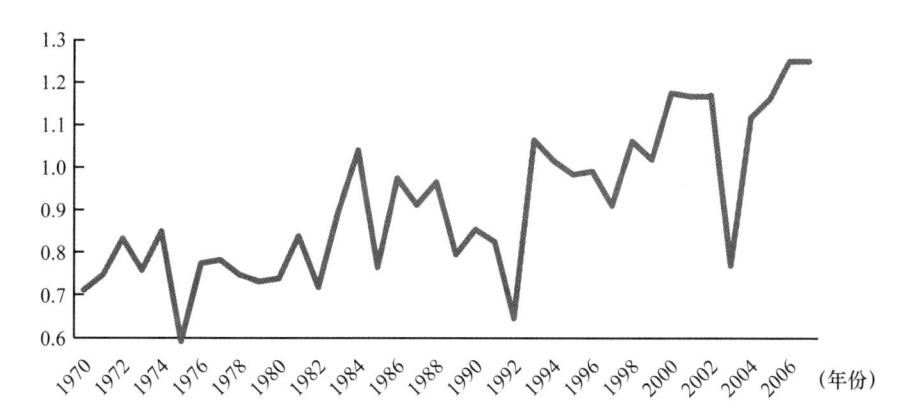

图 4-6 美国非金融部门资金流出流入之比

资料来源:笔者根据美联储(FRB)资金流量数据计算而得。

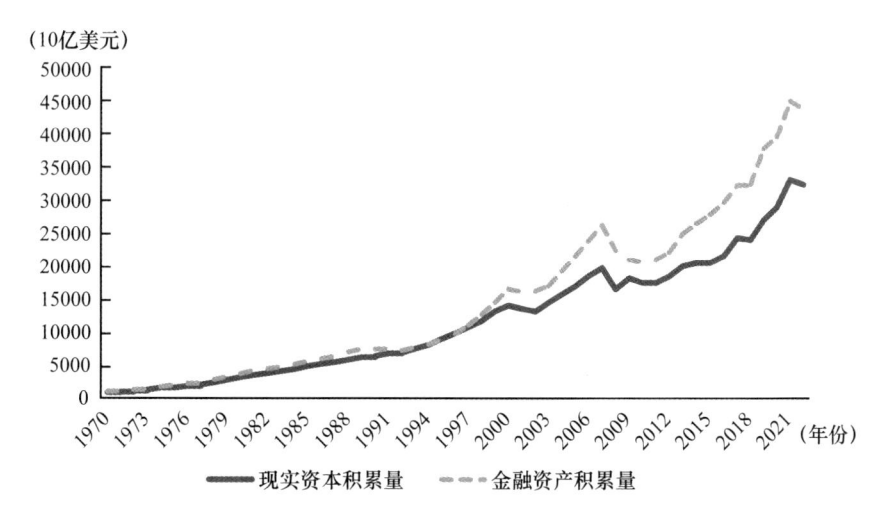

图 4-7 美国非金融企业现实资本与金融资产积累量

资料来源:笔者根据美联储(FRB)资产负债表数据计算而得。

的现象，而这会严重影响企业对于不变资本的投资战略。根据 Bakir 和 Campbell[①] 的分析，美国企业的现实资本主要包括设备、知识产权、存货以及资产净值四个部分。借鉴这一判断，本书计算了 20 世纪 70 年代以来美国非金融企业现实资本的积累量，并将其同积累的金融资产进行了比较。

根据图 4-7 可知，美国非金融企业现实资本与金融资产积累量在 20 世纪 90 年代末开始出现分化，现实资本积累量落后于金融资产积累量，且这一差距在 2014 年开始越来越大。图 4-8 为 2000 年以来两类资本的走势，不难看出二者的差值在 2007 年达到极大值后开始缩小，但是自 2012 年开始这一差值又开始走高，并于 2021 年接近 12 万亿美元。这表明，即使 2008 年国际金融危机在一定程度上重挫了非金融企业的金融投资水平，但是在股东价值最大化逻辑与美联储量化宽松政策的综合作用下，企业仍然是尽可能地将资金投向金融部门以获取高额利润。

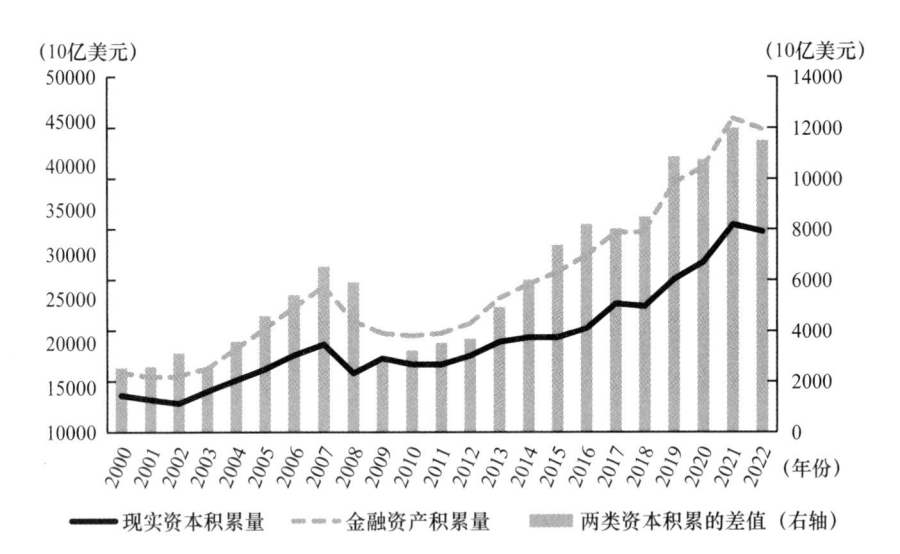

图 4-8 美国非金融企业现实资本与金融资产积累及差值

资料来源：笔者根据美联储（FRB）资产负债表数据计算而得。

事实上，企业投资可以分为生产投资和金融投资两部分，在马克思和

---

① Erdogan Bakir and Al Campbell, "Neoliberalism, the Rate of Profit and the Rate of Accumulation", *Science & Society*, Vol. 74, No. 3, pp. 323–342.

列宁生活的时代，生息资本受到产业资本的束缚，企业任何有效的投资都最终会反映到产业资本的积累上，从而实现自身的扩大再生产，因此企业的金融投资是为生产投资服务的。然而，随着生息资本脱离产业资本的束缚，当金融化资本发展起来后，企业的任何投资便都是尽可能地最大化股东价值。在金融化的作用下，企业的金融投资可以服务于生产投资也可以完全脱离它而只追求股票价格。但是，只要一家企业想要继续生存下去就不得不从事商品或服务的再生产，即使其从事完全脱离于自身业务的金融化投资也不得不在"服务于"实体投资的包装下进行，因此，本节余下部分将着重阐述金融化条件下企业的实体投资战略，包括固定资本和流动资本的投资战略。

二 企业固定资本投资的金融化趋势

在当前劳动力再生产主要依靠劳动者自身完成的情况下，资本主义企业的实体投资鲜有针对可变资本的部分，而是主要针对不变资本，即固定资本和除去劳动力之外的流动资本的投资。其中，前者包括机器、厂房、设备、工具等劳动资料的投资，后者则包括原材料、燃料和其他辅助资料的投资。根据马克思的分析，固定资本和流动资本不是两类资本，而是同一资本的不同形式规定，流动资本表现为资本运动过程的统一体，固定资本则表现为过程的特定环节：作为流动着的资本，它把自身固定起来，而作为固定起来的资本，它在流动①。由于固定资本和流动资本的规定使得资本运动过程表现为价值丧失过程和价值增殖过程的矛盾统一，所以资本就想方设法来缩短固定状态的阶段②。作为矛盾的核心，固定资本将资本积累困在了一个固定的、与流动资本的流动性相比越来越僵硬的世界中，这个世界容易受到高速流动的货币资本的攻击③。事实上，只有当机器、厂房等固定资本不断更新才能维持劳动力对于资本的实质隶属，并通过"延长劳动力的支臂"来实现价值增殖。因此，固定资本的发展是资本主义生产发展的特殊标志④，从而也是资本主义企业投资的重要组成部分。

---

① 《马克思恩格斯全集》（第31卷），人民出版社1998年版，第8页。
② 《马克思恩格斯全集》（第31卷），人民出版社1998年版，第10页。
③ [美] 大卫·哈维：《跟大卫·哈维读〈资本论〉》（第二卷），谢富胜、李连波等校译，上海译文出版社2016年版，第112页。
④ 《马克思恩格斯全集》（第32卷），人民出版社1998年版，第455页。

根据哈维的资本循环理论，在资本的初级循环中，即资本主义企业的生产经营过程中会产生大量的货币剩余，如果这些货币剩余不能被工人和资本家消费掉，就会形成生产过剩，从而引致危机。此时，资本主义企业可以通过引导这些过量的资本从事机器厂房生产、基础设施建设投资，这会形成另一种资本循环即二级循环来吸收过量的货币剩余，从而能够延缓资本主义危机爆发的时间。资本主义的这种"时空修复"方式是通过企业或者政府的固定资本投资来完成的。不仅如此，企业投资于固定资本，还因为其中包含着大量的"权力"，因为在资本主义世界，机器体系成了劳动资料的最后形态，科学、巨大的自然力、社会的群众性劳动都体现在机器体系中，并同机器体系一道构成"主人"的权力①。然而，在股东价值逻辑的影响下，金融化所带来的巨大的流动性，特别是高速流动的货币资本和生息资本会对企业的固定资本投资造成巨大的冲击。毕竟，企业投资于固定资本的目的不再是服务于企业自身的发展，也不再是为了吸收过量的货币剩余，而是为了让固定资本产生更多的价格泡沫，从而获取巨额利润用于股东分红。可见，金融化极大地推升了固定资本的交换价值，使其越发偏离价值基础，当这一过程达到一定时间点时，生产领域内部便会爆发价值革命，而价值革命越是尖锐，"正常的生产过程就越是屈服于不正常的投机"②。

根据美国经济分析局（BEA）的统计口径，美国私人部门的固定资产投资包括设备软件投资、建设投资以及非住宅的知识产权投资等，考虑到住宅部门的投资经历了严重的资产证券化过程，且住宅在政治经济学的意义上属于消费资料而不是生产资料，因此本书将住宅投资从固定资产投资中剥离出来，同时剥离出属于流动资本的知识产权部分，最终计算出美国私人部门的固定资产投资量，然后将其与美国私人部门金融资产交易量进行比较，如图4-9所示。20世纪70年代以来，美国私人部门固定资产投资的金融化程度不断走高，于2004—2007年达到峰值后迅速回落，并从2012年开始稳定在70年代的水平。事实上，除了2009年私人部门金融资产交易为负值，其余年份的金融资产交易量与固定资产投资量之比均大于1，这表明，1个单位固定资产投资的背后伴随着更多单位的金融

---

① ［德］马克思：《资本论》（第1卷），人民出版社2004年版，第487页。
② ［德］马克思：《资本论》（第2卷），人民出版社2004年版，第122页。

资产交易，私人部门的金融化程度不断走高。如果将考察对象缩小至非金融企业，固定资产投资的金融化趋势仍然十分明显。图 4 – 10 刻画了美国非金融企业的金融投资增速及其与实体投资增速的比值，不难发现，除了金融交易为负值的危机时刻，该比值总是大于 1、长期高于 5 且最高值接近 13。而且，随着时间的推移，新一轮危机前后的金融投资增速大都会高于前一轮危机时的增速，这表明金融危机越来越变得更加容易和频繁了。

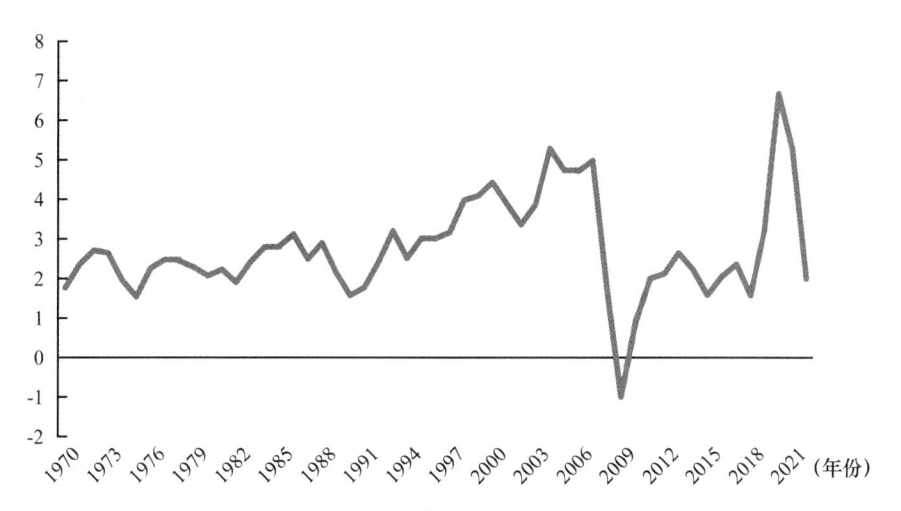

图 4 – 9　美国私人部门金融资产交易量/固定资产投资量

资料来源：笔者综合 FRB 资金流量数据与 BEA 国民账户数据计算而得。

值得注意的是，在图 4 – 9 显示的私人部门金融资产迅速增多的 2003—2007 年，图 4 – 10 所反映的企业金融投资增速却并不显著。不仅如此，按照一般的分析思路，由于企业投资的金融资产往往具有超额利润，因此当固定资产投资被金融化时，企业的利润应该迅速增多，但是图 4 – 11 却显示了不同于常识认知的另一种现象。图 4 – 11 表明，在 2008 年国际金融危机爆发前，企业金融资产增多的年份，制造业的利润占比要高于 FIRE 行业。为什么会出现企业金融投资、金融利润与金融资产走势不一致的情况呢？这实际上涉及了企业服务于股东价值最大化的一种"类固定资产投资"方式——对其他企业进行兼并和收购的并购型投资。

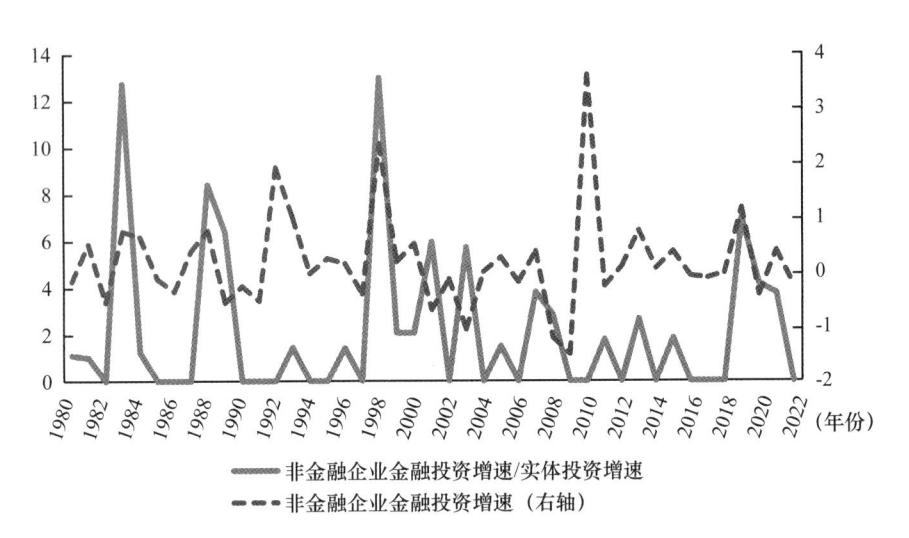

图 4-10　美国非金融企业金融投资增速与实体投资增速之比

资料来源：笔者由 FRB 资金流量数据计算而得。

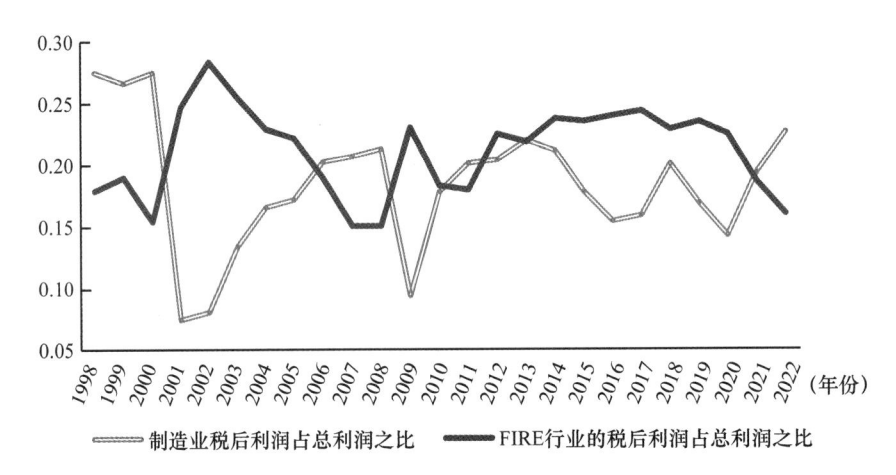

图 4-11　美国制造业与 FIRE 行业的税后利润占总利润之比

资料来源：笔者根据 BEA 国民账户数据计算而得。

三　金融化企业的"类固定资本投资"——并购

企业并购型投资是一种特殊的"类固定资本投资"方式。一方面，这类投资并不完全属于金融投资，因为投资完成的标准不是直接获取金融收益，而是收购方能够获取被收购企业在正常运营后所产生的高额回报；

另一方面，这类投资也不是严格意义上的实体投资，因为它一般采取的是通过引入高利率的"垃圾债券"等金融资产来完成投资的。事实上，企业的并购型投资在本质上应该是一种把企业的固定资本投资品进行金融化以提升股东价值的投资方式：首先，将企业商品化，把公司视为一种同机器、厂房一样可供直接投资的固定资产；其次，将该企业拆分成不同的部分并融资上市，即将被收购的企业资本化；最后，变卖被收购公司的股票以获取高额收入，即将被收购的企业资本虚拟化。

美国自20世纪80年代便出现了恶意收购的现象，为了实现股东价值的最大化增长，企业开始兼并、收购其他企业并进行分拆上市，因为在股票市场上，公司拆分成小块出售所获得的价值总和要高于公司整体出售获得的价值[1]。而在这一过程中，当企业试图去并购一家资产规模十分庞大的企业时，其所需的并购资金量也是惊人的，这时，一种专门服务于企业并购投资的新型金融机构——"私募股权投资机构"便登上了历史舞台，其同投资银行一起加剧了企业投资运营的金融化过程。顾名思义，私募股权投资（PE）是一种以基金形式筹集资金，通过非公开的方式对非上市公司进行权益性投资并协助公司进行管理以使其价值增殖的过程。由于私募基金既拥有大量的社会资金又具有良好的管理模式，因此，当一家企业为了提升管理效率、增加股东价值而试图去并购另一家企业时往往会借助于PE的力量，PE为了退出投资过程又会借助于投资银行的力量将企业分拆上市以获取高额投资回报，而这一退出机制又进一步提高了企业的股东价值。这表明，PE通过商品化被收购的企业从而使其成为可供并购企业投资的一种特殊的"固定资本"，而一旦投资于这种资本，企业便真正使得脱离生产过程的股东价值上升成为可能。大多数关于PE的研究都认为这种新型的金融机构恶化了企业的投资环境，并催生了金融危机。事实上，PE的前身就是20世纪八九十年代被广泛诟病的杠杆收购或管理收购，尽管这一行业现在已经成为更为专业的所谓"私募股权投资"，但并不能掩盖其恶意并购的历史及其对企业投资环境的破坏。据统计，在国际金融危机爆发的2008年，美国共有近90家公司因无力偿还债务而破产，其中有62%的破

---

[1] [美]何柔宛（Karen Ho）：《清算：华尔街的日常生活》，翟宇航等译，华东师范大学出版社2018年版，第219页。

产企业都与 PE 有关①。而直到 2010 年美国颁布的《多德－弗兰克华尔街改革与消费者保护法案》（*Dodd-Frank Wall Street Reform and Consumer Protection Act*）要求私募基金必须在美国证券交易委员会（SEC）注册之前，美国官方都没有关于私募基金的统计数据。据麦肯锡等咨询公司的估计，PE 用于收购美国公司的金额由 21 世纪初的 500 亿美元到 2008 年直线上升至近 5000 亿美元，而美国整体私募市场的资产规模在国际金融危机爆发前则已经达到 2 万亿美元。

2013 年起，美国证券交易委员会开始公布私募基金的数据。如图 4-12 所示，PE 资产额自 2013 年的 1.6 万亿美元稳步上升，且自 2018 年起呈现加速上行的趋势：2013—2016 年每年增加 2000 亿美元，2017—2019 年每年增加近 4000 亿美元，2020—2021 年新冠疫情期间每年增加额超过万亿美元。不仅如此，单位 PE 资产规模的变化情况也反映了上述事实：如图 4-13 所示，每单位 PE 数量所具备的资产规模由 2013 年的 2.3 亿美元降至 2016 年的 2.1 亿美元，之后又迅速回升至 2023 年的 3.2 亿美元。可见，由于私募股权投资完全符合股东价值革命的要求，因此其无论在数量、总资产还是单位资产规模上都呈现了阶段性上升的趋势。

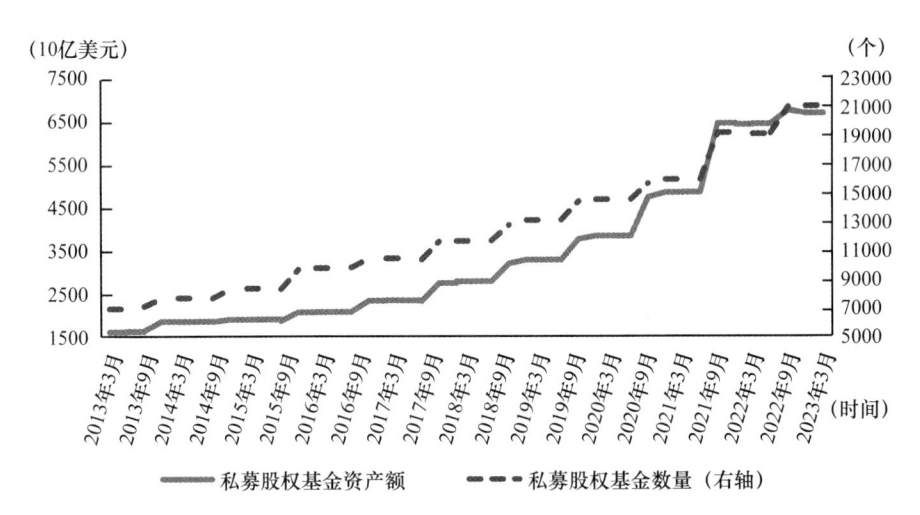

图 4-12 美国 PE 资产额与基金数

资料来源：美国证券交易委员会（SEC）。

---

① ［美］乔西·柯斯曼：《买断美国：私募股权投资如何引发下一轮大危机》，王茜译，机械工业出版社 2010 年版，第 3 页。

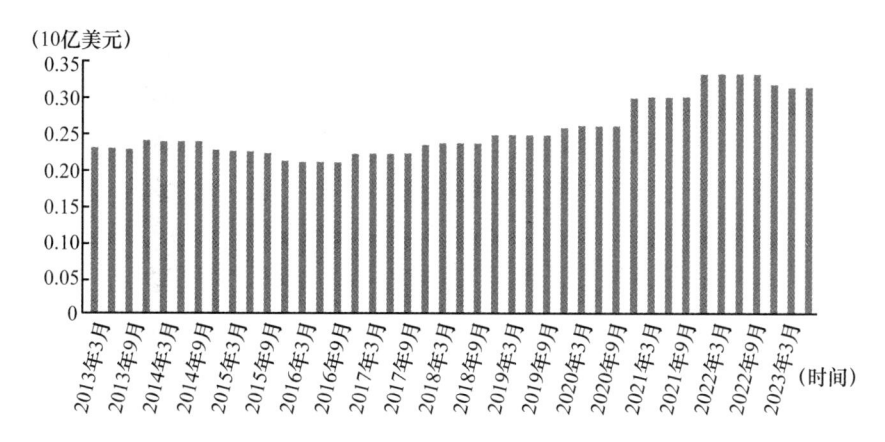

第四章 劳动力商品的金融化与可变资本的价值补偿　　107

图 4-13　平均每单位 PE 的资产规模

资料来源：美国证券交易委员会（SEC）。

在 PE 的影响下，企业固定资本投资的金融化程度进一步得到强化。由图 4-14 可知，当 PE 被纳入分析后，企业实际的实体投资仅为图中底层部分，中层和上层部分在很大程度上表现为脱离实体生产的金融化投资。因此，在考虑 PE 投资的情况下，美国企业实体投资的金融化程度自

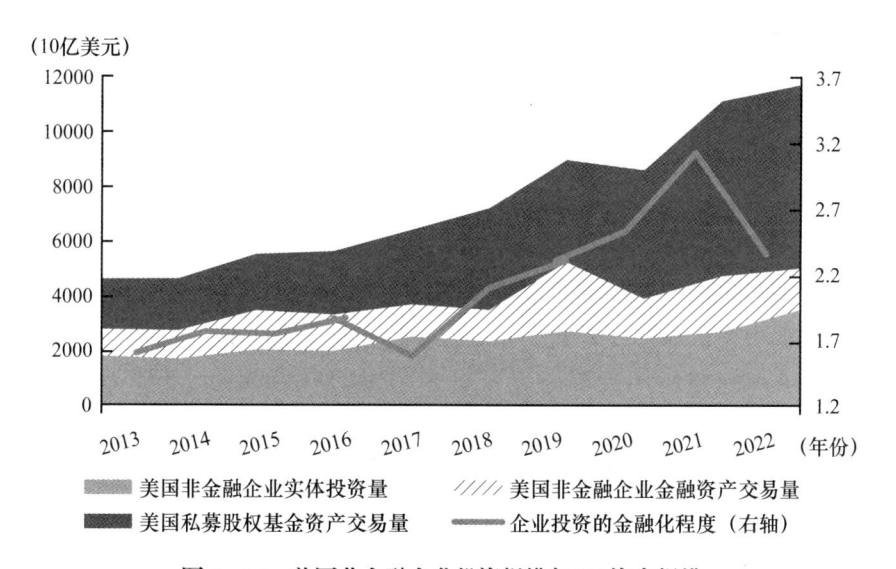

图 4-14　美国非金融企业投资规模与 PE 资产规模

资料来源：美联储（FRB）、美国证券交易委员会（SEC）。

2013年以来长期高于120%，2018年起开始超过200%，至2021年底已达到300%，近期虽有回落但仍然高达235%。

四 企业流动资本投资的金融化趋势

在流动资本投资方面，如果说企业并购其他企业以提升股东价值的行为是一种将被并购企业商品化、资本化的"类固定资本投资"，那么其在具体操作中的涉及股权买卖的过程则又属于流动资本投资的范畴。事实上，正如前文分析的，股东价值革命使得没有上市的企业可以在私募基金和投资银行的帮助下通过并购和上市来增加股东价值；而上市企业则可以通过将其已经公开发行的股票注销、收回来抬升股价，从而进一步提升股东价值。据资料统计，美国企业在20世纪80年代以来便出现了从公开市场上大量回购本公司股票的现象，到90年代末，美国公司每年花费2000亿美元用于股票回购，占公司总利润的1/4。2000年以来，许多之前投资于技术研发等流动资本的科技公司也开始回购自身的股票，它们不再去投资于更好的技术，而是不断地吃现成技术的老本，其推出的产品也一代不如一代：2003—2012年，微软总共花费了1140亿美元来回购本公司股票，这笔支出大约是微软科研支出的1.5倍①。其他科技公司也不例外，据统计，2012年底至2018年，苹果公司的流通股本数就从66亿股下降到47亿股，其中，股票回购是其主要原因。在2018财年第二季度的财报分析师电话会议上，苹果公司又宣布了高达1000亿美元的股票回购计划。根据标准普尔、道琼斯指数数据显示，2018年，美国公司回购了近8000亿美元的自有股票，再加上4500亿美元的派息，股东全年收入达到1.25万亿美元，股票回购的贡献率达到64%。可见，在股东价值的影响下，企业的流动资本投资大都投资于对自身股票的回购上。

图4-15显示了美国股票发行和赎回的总量数据。不难看出，自2005年以来股票赎回的总额已经超过了发行额，股票净发行额持续为负值，这一趋势在2008年国际金融危机得到缓解，之后又进一步恶化。就结构层面而言，根据美国证券交易委员会公布的数据可知，企业赎回自身股票包括两种方式，即回购式赎回股票和并购式赎回股票。由图4-16可

---

① ［美］保罗·罗伯茨：《冲动的社会：为什么我们越来越短视，世界越来越极端》，鲁冬旭、任思思、冯宇译，中信出版社2017年版，第181页。

知,2003年前,美国企业赎回股票的方式主要是并购,而在此之后则是回购,金融危机使得并购式股票赎回再次盛行,而危机过后企业又开始主要采用回购的方式收回股票。

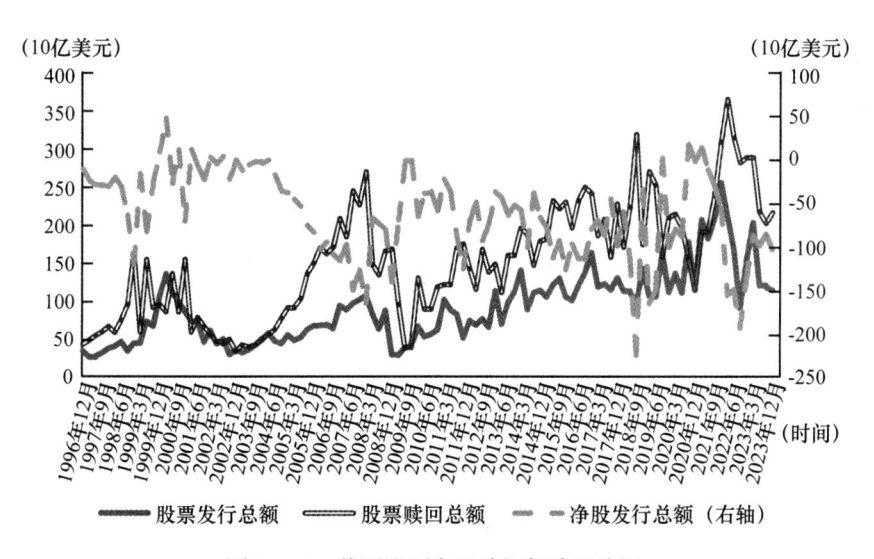

图 4-15 美国股票发行总额与赎回总额

资料来源:美联储(FRB)、美国证券交易委员会(SEC)。

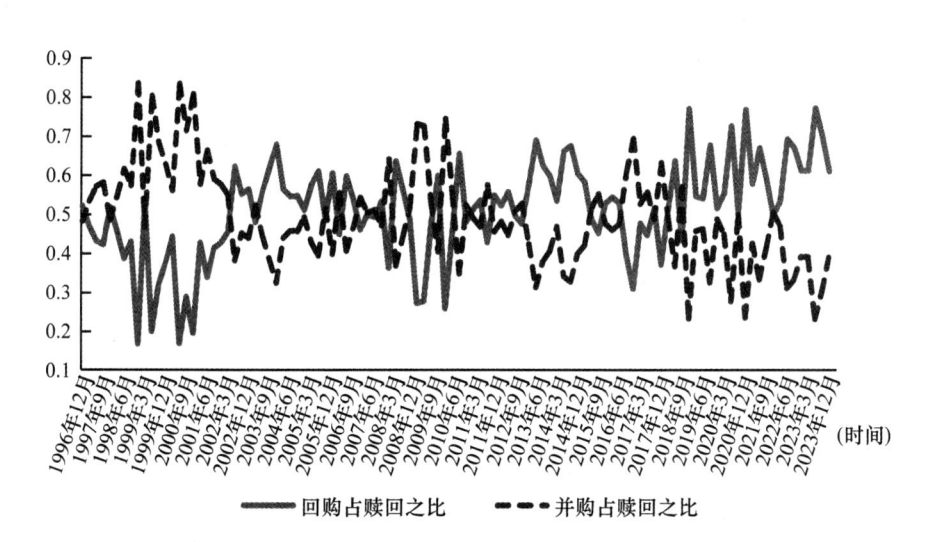

图 4-16 美国股票赎回的结构数据

资料来源:美联储(FRB)、美国证券交易委员会(SEC)。

事实上，企业对于自身股票回购的投资方式能够在一定程度上解释金融危机以后股息支付走低的现象。图 4-17 反映了美国非金融企业净股息支付占税后利润之比。自 20 世纪 80 年代以来，随着金融化的推进，美国企业利润主要用于支付股东的股息，但在 2004 年开始净股息支付的占比震荡下行，2018 年更是呈现断崖式下跌，即使考虑到金融危机的影响，这一现象也很难反映出企业股东价值最大化的逻辑。然而，如果考虑到美国企业的股票收回额度，这一看似矛盾的现象就容易解释了。

图 4-17　美国非金融企业净股息支付与税后利润之比

资料来源：美联储（FRB）。

如图 4-18 所示，股票赎回总额总是高于净股息支付，特别是 2005—2008 年，净股息支付与利润之比不断下行的同时，股票赎回总额的占比却在急速上升，并于 2007 年达到极大值。在经过近 5 年的调整后，自 2012 年起，股票赎回总额与净股息支付的差额持续扩大，至 2018 年甚至出现了净股息支付的利润占比大幅下滑而股票赎回的利润占比高位回升的情形。虽然这一情形在 2020—2022 年得到缓解，但股票赎回总额的上升趋势依然存在。这表明，美国企业越来越借助于回收股票以提升股价的方式，而不再是通过派发股息的方式来实现股东价值的最大化。

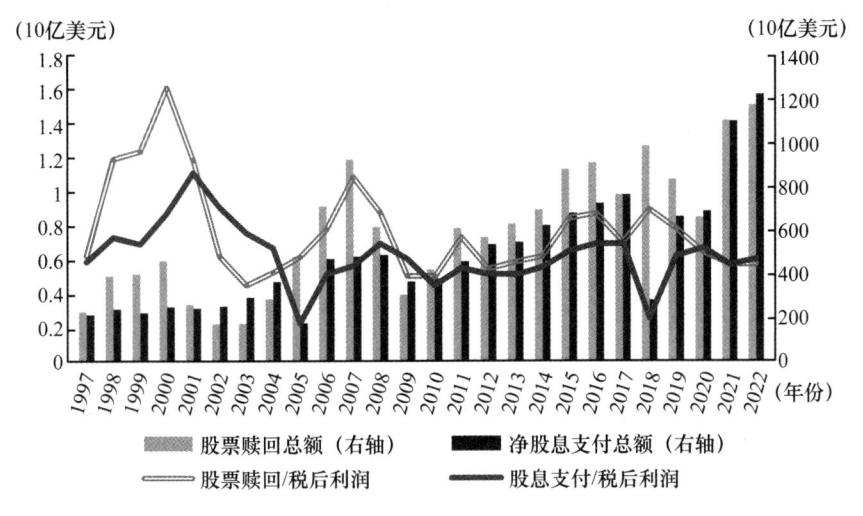

图 4-18 企业净股息支付与股票回购总额及其与利润之比

资料来源：美联储（FRB）、美国证券交易委员会（SEC）。

第四节 企业的裁员战略与劳工的结构性薪酬

在股东价值最大化的影响下，企业对于固定资本和流动的不变资本的投资已经在很大程度上被金融化了，不仅如此，企业对于可变资本的投入也表现出了一种股东价值至上的倾向——尽可能地裁撤员工，其最终结果便是劳工薪酬的整体下行。根据奥苏利文[①]的分析，20 世纪 90 年代是美国历史上最为鼎盛的经济繁荣时期，而正是在这些盈利最多的年份里，美国企业的裁员规模也在急速上升。

如图 4-19 所示，尽管 20 世纪 90 年代以来的裁员规模波动较大，但是每月的裁员规模持续高于 3 万人，其中，在 1995 年底和 1998 年底的单月裁员规模均超过了 10 万人。然而，进入 21 世纪后，随着互联网经济泡沫的破裂，美国出现了史上最高的裁员年份，2001 年全年裁员规模接近 196 万人。即使美国经济自 2003 年走出危机，但裁员量一直高于 20 世纪 90 年代，而且在 2008 年国际金融危机爆发后美国经济逐渐复苏的阶段，

---

① Mary O'Sullivan, *Contests for Corporate Control：Corporate Governance and Economic Performance in the United States and Germany*, Oxford：Oxford University Press, 2000, pp. 188-193.

其企业裁员规模也持续高于稳步发展的 90 年代。

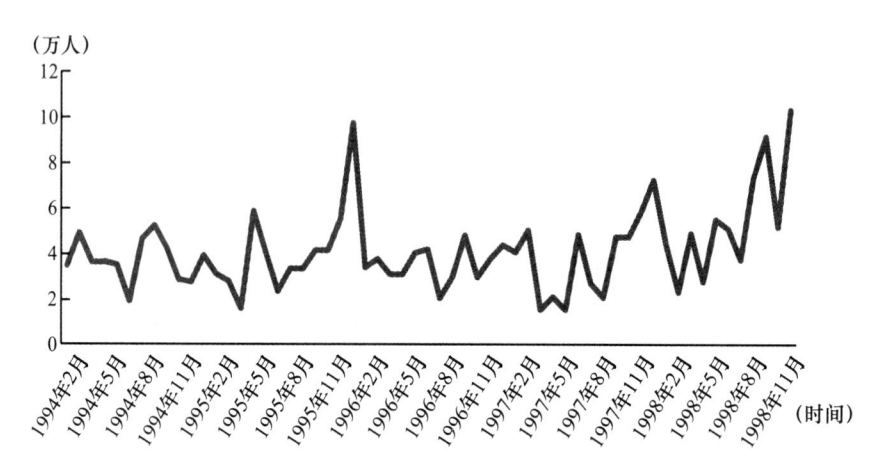

图 4-19 1994—1998 年美国企业裁员规模

资料来源：Challenger, Gray & Christmas 就业报告；CEIC 数据库。

从图 4-20 可以看出，20 世纪 90 年代以来，美国企业的裁员规模大致可以分为四个阶段：第一阶段是 20 世纪 90 年代初期至末期，平均季度裁员 13.4 万人；第二阶段是 21 世纪初至 2008 年国际金融危机爆发，平均季度裁员 28.4 万人；第三阶段是 2009 年至新冠疫情前，平均季度裁员 15.1 万人；第四阶段是 2020—2023 年，平均季度裁员 23.2 万人。因此，在 2003—2008 年以 FIRE 行业迅速增长为代表的快速金融化时期，企业的裁员规模是互联网泡沫时期的 2.11 倍，是金融危机后企业调整时期的 1.88 倍，甚至远远高于新冠疫情期间的裁员规模。可见，自 20 世纪 90 年代华尔街引导金融机构、非金融企业爆发股东价值革命以来，企业裁员的规模非但没有缩小还呈现出阶段性上升的趋势。

不仅如此，随着企业裁员力度的加大，员工的工资水平也在走低。图 4-21 展示了 20 世纪 70 年代以来美国非管理人员平均时薪的增速，不难看出，20 世纪 70 年代以来，美国非管理人员的时薪平均增速也分为四个阶段：一是 20 世纪七八十年代，所有企业与金融企业平均时薪增速分别为 7.13% 和 6.52%；二是 20 世纪 80 年代至 2008 年国际金融危机爆发前，时薪增速分别下行至 3.51% 和 4.60%；三是 2008 年国际金融危机爆发至新冠疫情暴发前，时薪增速进一步下行至 2.50% 和 2.88%；四是

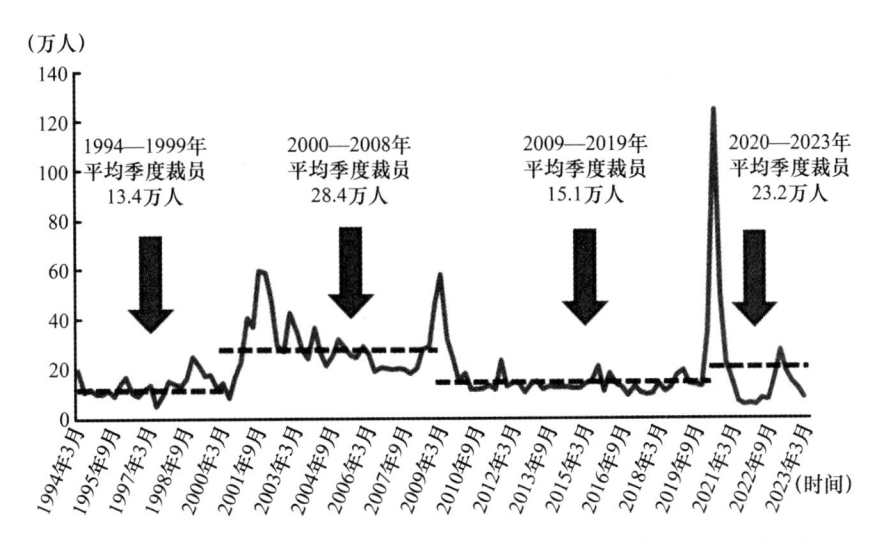

图 4-20　1994 年第 1 季度至 2023 年第 1 季度美国企业裁员规模季度数据

资料来源：Challenger, Gray & Christmas 就业报告；CEIC 数据库。

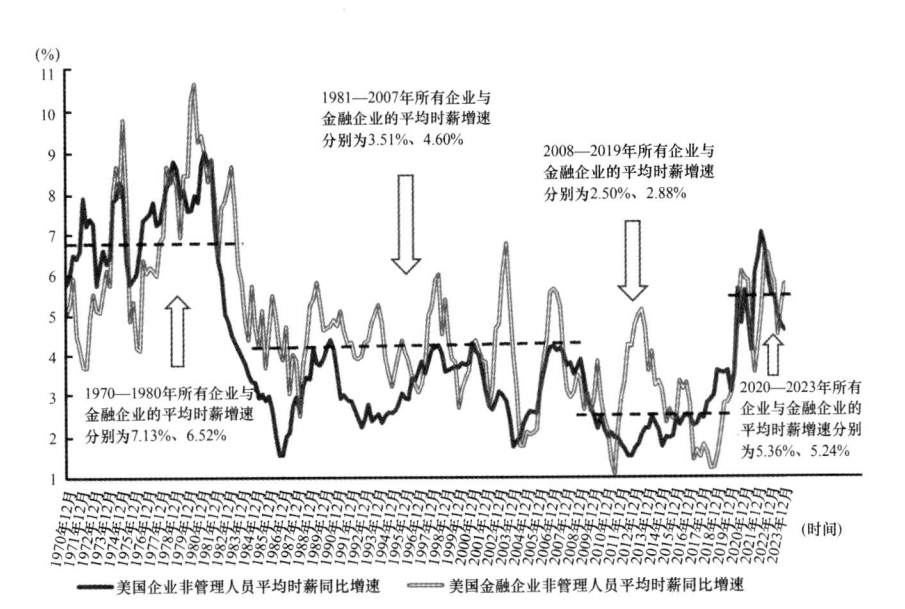

图中标注：
- 1994—1999年平均季度裁员 13.4万人
- 2000—2008年平均季度裁员 28.4万人
- 2009—2019年平均季度裁员 15.1万人
- 2020—2023年平均季度裁员 23.2万人

图 4-21　美国企业非管理层员工平均时薪增速

资料来源：美国劳工部、WIND 数据库。

图中标注：
- 1970—1980年所有企业与金融企业的平均时薪增速分别为7.13%、6.52%
- 1981—2007年所有企业与金融企业的平均时薪增速分别为3.51%、4.60%
- 2008—2019年所有企业与金融企业的平均时薪增速分别为2.50%、2.88%
- 2020—2023年所有企业与金融企业的平均时薪增速分别为5.36%、5.24%

图例：美国企业非管理人员平均时薪同比增速；美国金融企业非管理人员平均时薪同比增速

2020—2023年,增速短暂回弹至5.36%和5.24%。可见,除了新冠疫情暴发以来的特殊时期,随着经济金融化的深入,非管理人员的平均时薪逐阶段下滑,但金融企业的平均时薪增速不仅下滑幅度要小于整体水平,而且其增速在第二、第三阶段都高于整体水平。

为什么20世纪末期以来会出现企业裁员规模上升、劳动者薪资增速阶段下行的情况呢?这又与金融化有什么联系呢?事实上,直至20世纪70年代之前的很长一段时间内,"委托—代理"关系下的企业基于股权分散化和管理职业化等原因而具有"管理型资本主义"企业的特征,尽管此时企业也会削减员工数量和劳工薪酬以降低企业成本,但随着管理者力量的上升,管理者会对其进行管理纠正。然而在20世纪末期,随着股东价值逻辑的不断深入以及金融化过程的持续发展,以机构投资者为代表的投资部门逐渐兴起,它们通过与企业董事会、股东等联盟的方式重塑了股东与管理者之间的平衡关系,迫使管理者很难再承担除了"增加股东价值"以外的任何任务,从而形成了一种不同于原先"管理型资本主义"企业的由机构投资者等主导的"投资商资本主义"企业,这些企业被要求重组管理层、重新设计更加短期的经营策略,并最终通过裁撤员工以降低成本[①]。其中,银行等传统金融企业为了寻求"政治保护"并同其他金融企业竞争而被迫听从投资商的安排;非金融企业则是被迫接受机构投资者的"熊抱"而陷入了投资商资本主义的包围中,其结果就是大规模裁员和薪酬的降低。鉴于金融企业与非金融企业的异质性,本节余下部分将分别探究两种企业的裁员过程,并在此基础上探究员工薪酬的结构性分化。

一 金融企业的裁员过程

由于最先受到股东价值逻辑的影响,以华尔街为代表的金融企业第一个进行了裁员。事实上,金融企业的裁员过程是与其员工的劳动过程密不可分的。借鉴何柔宛[②]关于金融企业劳动过程的分析,本书发现,金融企业从入职培训、分楼层办公、分化管理层等方面对员工灌输"工作不稳

---

① [美]迈克尔·尤辛:《投资商资本主义》,樊志刚等译,海南出版社1999年版,第12页。
② [美]何柔宛(Karen Ho):《清算:华尔街的日常生活》,翟宇航等译,华东师范大学出版社2018年版,第127—204页。

定"的理念，即员工可以通过增加工作时间和劳动强度来适应工作环境并积累工作经验，在"时机到来"时顺势跳槽以获取更高收入的理念。

首先，在入职招聘时期，金融企业并不允诺参加应聘的毕业生们直接分配到哪个具体的部门，而是对其进行短期的培训并通过选拔考试的方式进行部门分配。这样便能在工作的一开始就给新进员工们塑造出一种不稳定的、竞争性的景象，让他们认同"精英集团"的存在性，但只有通过高强度的努力和拼搏才能成为"精英人士"。

其次，在员工通过选拔入职后，企业根据员工的不同作用，将其划分为"后台""中台""前台"等部门，而不同的部门所对应的工作区域甚至楼层设置都有很大的区别。其中，"前台"是金融企业最为核心的部门，其员工便是最有价值的雇员，他们被分配在办公大楼的最高层从事工作，从而被赋予一种"居高临下"的意识形态，其乘坐的电梯也自然同其他人员不同：不在中低层停留。"中台"包括风险管理和内部咨询等部门，虽然这些部门的员工无法像前台的投行家、资产管理家以及分析师那样为企业创造高额的收入，但仍被认为是企业运营的重要力量，因此被设置在大楼的中层位置。"后台"则包括客户服务、贸易协调、技术支持、文案处理等业务，由于它们的成员"不但不能创造价值还会大量地消耗金钱"，因此被视为"消耗成本的中心"而被安置在大楼的最底层甚至搬离大楼总部而去分部办公。前台、中台、后台的空间部署深刻反映了金融企业内部的阶层划分，其通过塑造出一种分散性和不稳定性的企业文化来强化员工对自身可随时晋升、替代以及跳槽的认知。

最后，即使在前台部门，企业也可以通过分化管理层等措施来对员工施加工作的不稳定性。在前台部门，分析师处于最底层，其次是部门经理，他负责分析师和副总裁之间的联络和沟通，高层是董事总经理（MD）和其他高级管理人员。一般而言，分析师可以通过三年多的奋斗来晋升为副总裁，然而，若想从中层的副总裁跨越到高层的董事总经理则是十分困难的。因为，为了防止更多的人进入高层以稀释他们的股权份额，金融企业的高管们会想方设法在中间层和高层之间设立多个"迷你层"，包括"高级副总裁"（SVP）、"董事"（Principle）或者"总经理"（Director）等。当中层人员感到晋升无望时，他们便会不劳烦企业增加裁员名单而是识趣地自行跳槽到其他金融企业。

事实上，除了高层的管理人员，绝大多数金融企业员工都面临主动跳槽和被动裁员的风险，也正因为如此，他们对金融企业的运营流程也从入职时的"崇拜"转化为日常的"咒骂"，表4-1便是金融企业投行部门的员工对其日常工作的本质性认知。没有比企业员工更了解自身企业运行的了，表4-1中金融企业员工对其自身工作的认知说明，金融企业对于非金融企业的投资在很大程度上都是抽取后者价值而不是为其创造更多价值的过程；如果投资失败，金融企业的风险将由绝大多数被裁撤的员工承担；如果投资成功，不仅金融企业的底层员工仍然面临被裁撤的风险，非金融企业的员工也会受到影响，表现出更为积极的裁员过程。事实上，金融企业的裁员与非金融企业的裁员在规模上和周期上存在着区别，金融企业裁员的特点是持续性、平稳性地小范围裁撤员工以远离媒体的关注。据美国职业介绍公司 Challenger, Gray & Christmas 公布的数据显示，在美国裁员规模最高的2001年，金融部门的裁员人数仅占到总人数的6%，且在2008年国际金融危机爆发前的绝大多数时间里，金融行业的裁员规模的占比维持在5%—10%。然而，在2007—2008年国际金融危机爆发初期，金融企业的裁员比例便迅速飙升至20%，这反映了金融企业裁员的另一个特点，即在市场变化动荡时不采取任何战略调整，而是立即裁员。据 J. P. 摩根的"全球电信专家"贾马尔所述，在其之前所供职的电信公司，裁员要花6—8个月才开始启动，包括评估员工、衡量裁撤标准等流程，但是华尔街的金融企业不会耗费那么久的时间，很多不到1个月就完成裁员了。

表4-1　**金融企业投行部门员工对其日常工作的本质性认知**

金融企业投行部门的员工对 其日常投行工作的具体流程	投行员工认为的工作本质
1. 向客户推销自身的竞争性优势	1. 为赢得生意而撒谎、欺骗甚至偷窃
2. 建立金融模型，预期收益率	2. 通过操作让信用评级合理化
3. 分析高收益因素、市场占有率和回报率	3. 向客户展示最激进的公司应该怎么做
4. 日常分析：企业发展前景和困境	4. 做无用的工作，主要是积累航空里程
5. 起草最完善的营销文件	5. 日常吃喝、变胖
6. 准备向评级机构汇报	6. 展示公司的一两个优点并掩盖缺点

续表

金融企业投行部门的员工对其日常投行工作的具体流程	投行员工认为的工作本质
7. 准备路演展示	7. 同上——目标是愚弄投资者
8. 紧张工作的路演过程	8. 报销发票——用客户的钱狂欢！！！

资料来源：根据［美］何柔宛（Karen Ho）《清算：华尔街的日常生活》，翟宇航等译，华东师范大学出版社 2018 年版，第 178—179 页整理得到。

二 非金融企业的裁员过程

非金融企业的裁员在很大程度上受到了金融企业的影响，后者是最先爆发股东价值革命的企业，在金融企业的"帮助"下，除了一般的传统性裁员外，非金融企业还可以通过企业并购后裁员以及财务会计变更后裁员等非传统措施来实现裁员过程。

（一）非金融企业并购下的裁员过程

金融企业积极参与非金融企业并购、经营管理的过程为非金融企业的裁员提供了可供操作的基础路径。本书在分析非金融企业的投资运营过程时就已经涉及非金融企业在 PE 帮助下的并购过程以及之后在投行帮助下的拆分上市过程，而为了进一步厘清非金融企业并购后的裁员行为，就需要分析 PE、投行等金融机构在非金融企业并购、拆分上市中所发挥的作用。事实上，作为最为关键的两大金融投资机构，PE 和投行联系紧密，具有一种类似于"旋转门"的关系。一方面，投行需要 PE 的帮助来介绍潜在的上市客户，因为 PE 所投资的企业一般都是尚未上市的且具有"优质"特征的企业；另一方面，PE 需要投行分析师协助分析各个行业的发展情况以便于对其展开投资。因此，可以认为 PE 是投行的上游，而且自 20 世纪 90 年代以来投行便开始设立自己的私募基金并成为企业并购的主要煽动者。事实上，投行在很大程度上愿意同 PE 展开合作来获取利润。根据经典的企业金融理论①，投资者需要在股价被低估的时候投资股票以获取收入，而只有在投资者不确定新股发行的具体信息时才会认为股票存在低估的可能而去购买它。显然，PE 是最了解即将上市

---

① ［葡］若昂·阿马罗·德·马托斯：《公司金融理论》，费方域译，上海财经大学出版社 2009 年版，第 135—137 页。

的企业情况的,投行只有同 PE 合谋来将新股发行的信息掌握在自己手中才能保证信息在最大限度上不被共同基金、养老基金以及其他投行等机构投资者获悉。在这种情况下,企业股票被低价发行,参与上述 IPO 过程的 PE 和投行都获取了大量创业利润。事实上,如果企业的股价长期被投行低估,那么投行自身的信誉度也会随之降低,尚未 IPO 的企业将会选择其他投行上市,而这时投行与私募的合作就十分重要了:由于很多企业都是经过 PE 收购、拆分后上市的,因此很多企业会听从 PE 的处置,而投行与 PE 的合作就能够保证投行不会因为自身信誉的下滑而失去潜在的优质客户。

一旦企业完成并购或上市后,拥有大量企业股权的"投行—私募联合体"便会采用降低企业产品服务水平、抬高产品服务价格等"先进管理经验"来扩大现金流,从而通过提升股东价值来为自己谋利,其最终的管理步骤便是尽可能减少灵活性较高的人力成本,即裁撤员工。如果关注自身的长期发展,企业并购后会加强对产品质量和服务水平的维护,但是追求股东价值最大化的投行和私募不会这么做,它们为了获得收益一方面降低产品服务质量,另一方面抬高产品服务价格。在降低质量方面,《纽约时报》的资料显示,投行与私募在对医疗养老机构开展并购行为后便降低其服务水平,在 14 项评估养老院质量的指标中,被并购的机构在整体上有 12 项指标低于全国平均水平[①]。在哄抬价格方面,投行和私募在并购具有垄断性的企业后可以直接抬升垄断价格,也可以"囤积居奇"地将已经并购的企业交由其他投行进行再一次的并购和拆分上市,自身从中获取差价。据统计,床垫行业的巨头席梦思在 1986—2004 年先后被 4 家私募股权公司收购,这些公司共支付 2.78 亿美元,却获得 10.3 亿美元的回报,回报率高达 370%。

表 4-2 描述了全球床垫巨头丝涟公司被收购的过程,实际上,自 1997 年私募股权公司贝恩和 Charlesbank 资本合伙公司合作买下了席梦思的竞争对手丝涟公司后,便开始提升丝涟床垫和床架的价格——在不到 7 年的经营管理中其被提升了近 50%。随着消费者满意度直线下滑,贝恩公司在 2004 年以 15 亿美元的价格转手卖给了"门

---

① [美] 乔西·柯斯曼:《买断美国:私募股权投资如何引发下一轮大危机》,王茜译,机械工业出版社 2010 年版,第 58 页。

口的野蛮人"KKR公司，7年来投资回报率高于500%。在并购过程中，金融投资公司仅支付了总价格的20%左右，而在这20%的支付份额中又有90%是由养老基金、对冲基金等机构投资者支付的，金融投资公司自身支付的份额不足2%。剩下的绝大多数部分都需要被并购的企业将自己抵押后通过借贷新款来偿还旧款，或者拆分上市后偿还贷款。而在投行和私募的管理下，通过降低服务和哄抬价格来刺激收入流的做法会对企业运营造成风险，而此时为了将风险转移出去并进一步缩减成本，它们往往会加大裁员的力度。根据美国企业研究所对美国1980—2000年超过12.3万家企业的研究分析，在企业被并购后的前两年，企业裁员率高达17.7%，而没有经历并购的企业裁员率仅为10.9%，二者相差6.8个百分点，而且，在2008年国际金融危机爆发前的2006年，二者的差距已经超过了10个百分点[①]。2009年以来，随着经济的长期下行和私募公司的再次壮大，市场上没有被投行和私募并购的优质企业已经越来越少，多数企业可能会面临像席梦思和丝涟公司那样的多次收购的处境，其结果便是失业人数越来越多。

表4-2　　　　丝涟公司（Sealy）被私募并购的过程

年份	主要参与并购的公司	并购买入价格	实际支付价格*	出售价格	投资回报率
1993	泽尔基金公司	2.50亿美元	—	7.91亿美元	大于220%
1997	贝恩私募公司	7.91亿美元	1.40亿美元	15.00亿美元	大于500%
2004	KKR私募公司	15.00亿美元	4.36亿美元	13.00亿美元	于2006年上市
2013	泰普尔公司	丝涟公司上市后，在2013年被泰普尔以13亿美元收购			

注：*私募和投行在并购企业时大都支付总价格的15%—20%，其余部分需要被收购的公司自身贷款偿还。

（二）非金融企业财务会计变更下的裁员过程

为了实现股东价值的最大化，企业致力于通过多种会计技术处理来完善自己的财务报表，其最终后果则是要求具有灵活弹性的劳动者买单。众

[①] [美]乔西·柯斯曼：《买断美国：私募股权投资如何引发下一轮大危机》，王茜译，机械工业出版社2010年版，第92页。

所周知，自 1973 年"国际会计准则委员会"成立以来，会计准则已经发展了半个世纪，然而，与会计准则的积极发展不同，企业披露的财务会计信息对于企业市场价值的解释能力一直在减弱。根据美国会计学教授列夫和谷丰①的分析，无论是核心财务指标还是综合财务指标都已经同企业股票的价格产生了严重的背离——财务指标与企业价值相关性模型的调整 R^2 值从 20 世纪 50 年代的 80%—90% 持续回落至 2010 年后的 40%—50%，而且在现实中企业披露信息的有效性可能只有 5% 左右！为什么会出现这种情况？这就需要结合金融化背景下，企业为提升股东价值而对会计准则的调整来分析了。实际上，自 20 世纪 70 年代民间会计行业协会发起"国际会计准则"到 2000 年证监会国际组织通过其全部 40 项核心准则并向全球各大证券交易所推荐使用，会计准则的发展过程一直是与股东价值导向下的企业金融化行为紧密相关的。这也就决定了国际会计准则本身只是适应资本市场交易的金融分析规则，而不是纯粹的会计准则，这种理论和规则上的缺陷表明国际会计准则体现的是证券行业和会计师行业的利益②。实践表明，"全球会计准则"这一口号正是在全球各大证券交易所合并浪潮中提出的，会计准则由历史成本规则转向"公允价值"会计规则也正是因为前者无法"恰好及时"地反映企业金融资产的波动情况。在金融行业，国际会计准则通过出台"证券化规则"允许商业银行将原先的"发放贷款并长期持有"的盈利模式转变为"发放贷款并转让出去"，从而为其开展表外业务规避金融监管提供了便利。在非金融行业，国际会计准则利用公允价值规则的"逐日盯市制度"，通过给予公司高管"估计"财务项目的空间来催生出"虚假繁荣"和"过度悲观"的顺周期效应。

图 4-22 反映了标准普尔 500 指数中美国的 50 家样本公司 1995—2013 年财务报告中与"期望""估计""预测""有可能"等相关的会计估计词语所出现的频率。由图 4-22 可知，公司财务报告所提及的会计估计词语自 1995 年以来迅速增多，近 20 年来的增幅高达 500%，其中 2000—2010 年的涨幅最为剧烈。上述现象造成了一种矛盾：一方面是

---

① [美] 巴鲁克·列夫、谷丰：《会计的没落与复兴》，方军雄译，北京大学出版社 2018 年版，第 54—60 页。
② 周华、戴德明、刘俊海等：《国际会计准则的困境与财务报表的改进——马克思虚拟资本理论的视角》，《中国社会科学》2017 年第 3 期。

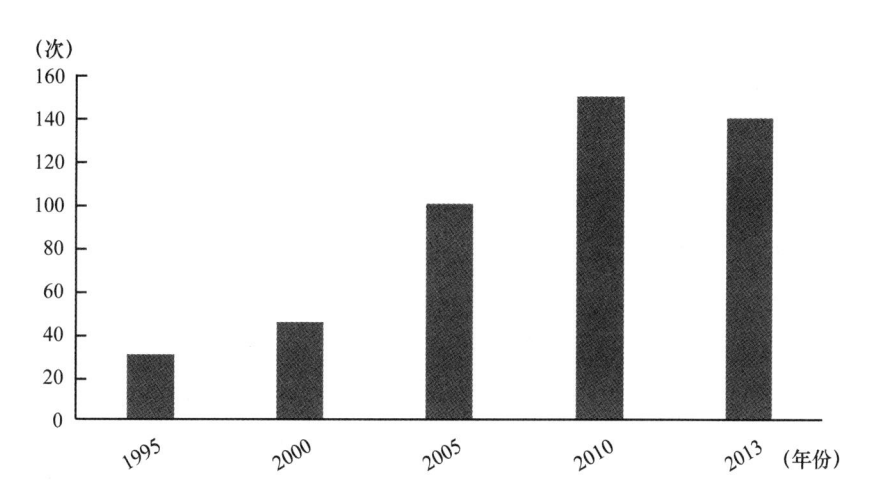

图4-22 1995—2013年美国样本企业财务报告中会计估计词语出现的频率

资料来源：笔者根据［美］巴鲁克·列夫、谷丰《会计的没落与复兴》，方军雄译，北京大学出版社2018年版，第130—131页整理得到。

"猜测""推测"等词语充斥着会计报表；另一方面是企业和投资者认为会计报表能够准确高效地反映股东价值。矛盾的背后则充斥着为了短暂提升股东价值而出现的多种会计舞弊措施。事实上，只要被企业和投资者奉为决定企业股东价值之圭臬的会计报表充斥着"估测"的字眼，其便存在着被高管操纵的可能，高管可以利用一切隐蔽的手段调整财务报表，增多其资产，降低其负债从而提升股东价值并最终提升自己的股票期权价格。即使事后对账而被审计部门发现问题，高管也能够以不拥有完备信息为由来为自己的责任开脱。黄世忠①就一针见血地指出了上市公司财务舞弊的种种伎俩，包括夸大盈利预期、拉拢独立董事、贿赂咨询机构、巧立会计名目、扭曲股票期权等。其中，企业的首席财务官（CFO）因其带头舞弊的作用而被市场称为首席舞弊官（Chief Fraud Officer）；企业最为关键的财务指标EBITDA（Earnings Before Interests, Taxes, Depreciation, and Amortization），即扣除利息、税收、折旧和摊销前的盈利也被戏称为"我蒙骗了那个愚蠢审计师之前的盈利"（Earnings Before I Tricked the

---

① 黄世忠：《会计数字游戏：美国十大财务舞弊案例剖析》，中国财政经济出版社2003年版，第339页。

Dumb Auditor)。实际上，无论企业采取何种会计舞弊方式，其最终目的都是为增大资产、降低负债以提升账面上的净资产，从而拉升股票价格、扩大股东价值。其中，最为企业所热衷的方案就是将原先属于资产负债表负债端的薪酬，如绩效奖金、员工福利、股票期权等部分地移出负债端，甚至直接移出资产负债表。

表4-3为简化的企业资产负债表，员工薪酬属于流动负债，而将绩效和股权从薪酬中独立出去就可以降低原本属于负债端的"应付职工薪酬"，从而降低负债水平，增加股东权益。一方面，绩效奖金和员工福利从薪酬项目中单独抽离出来后虽然也是被计入企业费用，但却给企业腾出了可供操作的空间：年末绩效奖金和员工福利可以通过"估算"而直接放入未分配利润中，而如何估算就取决于什么是公司高管"想要的数字"了[1]。另一方面，股票期权如何纳入会计报表是会计学长期争论的问题[2]，尽管目前较为流行的观点是采用"三时点记账"，即在股票期权的授予日、行权日和到期日分别进行不同的会计处理，但这一做法仍然是默许将原先属于职工薪酬的一部分放置在股东权益项目的股本和资本公积中，从而不能反映股票期权计划的薪酬费用，并使得企业财务报表中的利润项目被高估。企业股票期权的会计处理方式使得企业会计信息的质量受到了严重影响，由于高管薪酬与股权息息相关，这种隐去部分流动负债的方式会强化高管纵容企业舞弊的行为[3]。高风险的违法行为一旦被审查出来，企业股东价值的泡沫就会被刺破，这时企业便会通过降低流动性较高的负债来恢复利润——即通过裁撤员工来增加净利润，使得企业员工成为风险的最终承担者。事实上，只要会计规则强调劳动力是企业的成本、负担而不将其看作产品和服务的重要创造者，那么劳动者的薪酬就只能作为流动负债，而只要作为负债，具有灵活弹性的劳动者也就不得不在企业运营下行时面临被裁撤的风险。

---

[1] [美]巴鲁克·列夫、谷丰：《会计的没落与复兴》，方军雄译，北京大学出版社2018年版，第105页。

[2] 谢德仁：《再论经理人股票期权的会计确认》，《会计研究》2010年第7期。

[3] Daniel Bergstresser and Thomas Philippon, "CEO Incentives and Earnings Management", *Journal of Financial Economics*, Vol. 80, No. 3, 2006, pp. 511-529.

第四章 劳动力商品的金融化与可变资本的价值补偿　　123

表 4–3　　　　　　　　简化的企业资产负债表一览

资产	负债及股东权益
流动资产：	流动负债：
货币资金	应付职工薪酬
存货	其他短期债务
短期期权	非流动负债：
其他流动资产	长期债务
非流动资产：	负债合计
固定资产	股东权益：
无形资产	股本
长期股权投资	资本公积
长期债券	未分配利润
其他非流动资产	股东权益总计
资产总计	负债与股东权益总计

三　劳工薪酬的结构性分化与平台经济下的"奴隶老板"

随着后福特制生产方式的出现和股东价值革命的爆发，企业不变资本的投资被金融化、可变资本的支出被迅速裁减，在这种背景下，劳动者的薪酬也出现了结构性的分化：原先的工资薪酬被分割为工资、绩效奖金和股票期权等多个部分，与工资的阶段性下滑相比，绩效奖金与股票期权的重要性不断提升。

（一）劳工薪酬结构的发展现状

图 4–23 反映了 20 世纪 70 年代以来，美国企业中非管理人员的平均周薪增速与全体员工的工资与绩效奖金总额增速的变化情况。70 年代末期，特别是 80 年代中期以来，整体薪酬增速波动的幅度要高于非管理人员平均周薪增速的波幅。不仅如此，包括绩效奖金在内的整体薪酬还具有另外两个特点：一是受经济危机的影响更为显著，即 2001 年的互联网泡沫和 2008 年国际金融危机都使得这一增速降至负值；二是除经济危机以外的绝大多数时段里其增速总是高于非管理人员工资的增速。根据何柔宛[①]

---

① ［美］何柔宛（Karen Ho）：《清算：华尔街的日常生活》，翟宇航等译，华东师范大学出版社 2018 年版，第 416—430 页。

的分析，上述两大特征是相互联系在一起的，在华尔街，一般管理人员的绩效奖金是工资的2—3倍，而高层人员则没有任何限制：2003年，美林银行CEO史丹利·奥尼尔工资为50万美元，奖金为1300万美元，股票期权则为1120万美元，工资仅占总薪酬的2%；高盛投资公司的劳尔德·S.贝兰克梵的工资为60万美元，总薪酬为2010万美元，工资与薪酬之比也不足3%。因此，绩效奖金与股票期权在薪酬结构占比中的直线上升决定了多数企业高管能够只拿"1块钱工资"来为企业进行"无私的服务"。然而，绩效奖金的指数式上涨也最先将经济中的泡沫表现了出来，从而成为危机爆发的指示器：由于绩效奖金并不一定是与公司的生产性运营挂钩而更多的是与企业因交易、投机而造成的股价上涨挂钩，因此用奖金和股权来替代工资的做法无疑是相当于将员工薪酬"外包"给了证券市场，在这种情况下，证券市场的泡沫将会在不断增长的绩效奖金上展现出来。

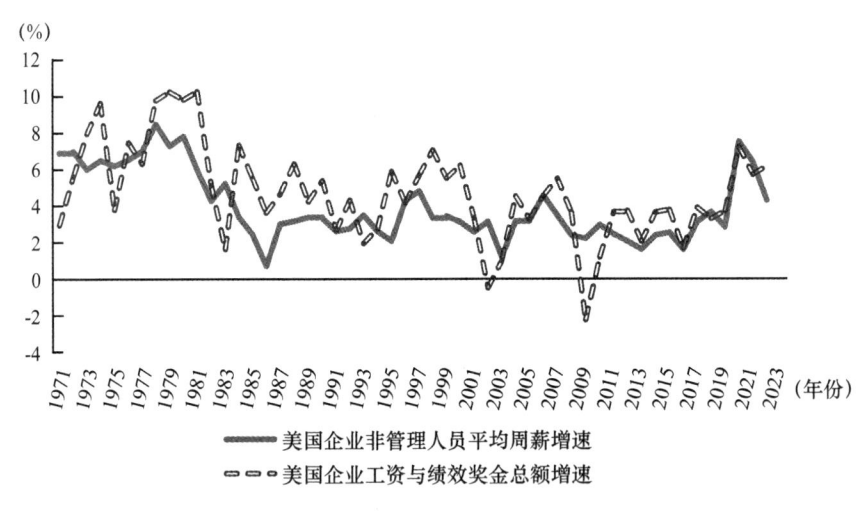

图4-23 美国企业非管理人员工资增速与整体人员薪酬增速

资料来源：美国劳工部、WIND数据库。

(二) 薪酬结构分化的深层原因

出现这种薪酬结构分化的原因是什么呢？实际上，前文在分析金融化条件下企业利用财务会计舞弊来实施裁员战略时就已经涉及职工薪酬的结构性划分，但是，会计核算只是对"薪酬＝工资＋绩效奖金＋股票期权"

这一薪资结构的直接反映,而造成这一机械式薪酬结构的深层原因则需要继续挖掘。

一方面,薪酬的结构性分化与股东价值逻辑影响下不稳定的、短视的企业文化息息相关。过去那种一成不变的工资薪酬制度束缚了员工收入以及工作上的弹性,从而不利于股东价值最大化的要求,满足当前企业股东价值逻辑的员工是那种根据企业市值领取绩效工资的、能够随时被招聘和解聘的"灵活劳工"。"不稳定"成了企业最为时尚的文化,而"稳定"则变成了软弱的代名词,"意味着这个企业无法创新,没有能力寻找新的机遇或管理上的更新"[①]。企业这种不稳定的文化基因遗传自深受股东价值影响的金融企业,后者的不稳定性被它们自己视为是一种"聪明"和卓越的标志,而促使这种标志形成的则是以丰厚的绩效工资为基础的薪酬结构。随着新自由主义的复兴,金融、政府以及学术院校互相勾结并打造出了"科学的管理法则"来给非金融企业灌输"不稳定性"的文化。其中,最为著名的便是"华尔街瘦身法":这类"几乎适用于所有类型公司"的管理方法将人类饮食与企业结构进行了对比,发现人类的体脂指数(BMI)对应着企业的最低成本——人们需要通过改变生活方式、锻炼身体来降低 BMI 以达到健康标准,企业则需要通过改变经营方式、精益管理来降低成本以创造利润[②]。不仅如此,不稳定的企业文化还蕴含着"短视"的特征。这种短视性的主要表现便是企业对于短期股票价格上涨的疯狂追求,它一方面决定了企业投资的短视性,另一方面也决定了企业信息披露的短时性。前者主要反映在企业积极开展与长期生产性投资无关的金融化投资上,后者则反映在企业披露财务报表所用周期的缩短上。自 20 世纪 80 年代起,机构投资者便将短视性思维灌输到了所有企业的高层管理者之中,各类企业都习惯与养老基金、货币市场基金等机构投资者开展交流,为了便于观察短期股价,企业定期发布季度数据以便股票分析师和投资商们获取相应资料[③]。实际上,自 20 世纪 80 年

---

① Richard Sennett, *The Culture of the New Capitalism*, New Haven & London: Yale University Press, 2006, p.41.

② [美]查尔斯·波里尔、迈尔尔·鲍尔、威廉·豪泽:《华尔街疯狂瘦身法》,梁嫄译,东方出版社 2009 年版,第 1—3 页。

③ [美]迈克尔·尤辛:《投资商资本主义》,樊志刚等译,海南出版社 1999 年版,第 42 页。

代起，企业的财务报表已经由一年披露一次变成三个月披露一次，披露周期的缩短使得成长型的企业面临更多的压力：每一个季度的增长率都至少能够同上一季度持平，否则就会被机构投资者贴上增长放缓的标签，而一旦财务稍有跌落，企业很可能就面临破产的风险。显然，企业自身不会也不可能去承担这种风险，其最终承担者仍然是员工，通过将企业财务与员工业绩挂钩，"绩效工资"成为企业应对短视性文化风险的制度保障。

另外，"绩效工资"不仅是股东价值革命下企业文化特征的表现，更是对资本主义生产方式变更的深层反映。法国调节学派雅尼－卡特里斯[①]对于美国经济学会创办的 Econlit 资料库进行了统计分析。她发现，自20世纪80年代以来与研究"生产率"或"生产力"相关的文献迅速减少，而与研究"绩效"相关的文献迅速增多，绩效文献与生产率文献出现的频率之比由80年代初期的近100%变为2008年的230%，绩效文献的年均增长率高达6.1%，而生产率文献的年均增长率仅为3.8%。实际上，就管理学的词源而言，"绩效"（Performance）一词主要是对于"结果"同已经确定的"目标"之间的量化比较，既包含审计也包含控制，从而就具有一种模糊性的假设——现实与结果先于测量而存在，却又只能被测量所揭示。随着资本主义生产方式由福特制向后福特制的转变，这一模糊性被不断放大。在福特制生产方式下，由于企业将持续的、不加限制的大规模生产销售作为其基本目标，因此，劳动者工作的"成果"就难以同一个"已经确定的"目标进行衡量，劳动者只需要在资本家所掌控的"规范标准"中从事工作就可以了。这就使得劳动只具有控制性而无审计性，"绩效"也就没有被大范围使用。然而，当资本主义生产方式发展到后福特制时，弹性生产所要求的劳动报酬的个性化、劳动合同的差异化使得工作绩效被广泛关注。此时，企业的目标不再是"不加限制的大规模生产销售"，而是尽可能地做到生产与需求之间"准时生产制"的匹配，在这种情况下，员工的劳动便需要进行量化审计以便与上述目标进行对照比较。因此，劳动者薪资结构的转变可以被认为是"一种能让经济活动更具有弹性、更畅通甚至具有流动性的对策"，这种流动性意味着"让所

---

① ［法］弗洛朗丝·雅尼－卡特里斯：《总体绩效：资本主义新精神》，周晓飞译，中国经济出版社2018年版，第49—50页。

有的个人社会关系都具有金融市场的流动性"①。因此，随着资本主义生产方式向后福特制的转变，企业的生产组织模式变成了追求个性化的灵活生产和弹性积累，与此相适应，劳动者薪酬也开始走向了绩效制度：薪酬结构不断分化，劳动者越来越关注其绩效奖金而不是雇佣工资的变动。

（三）平台经济下"奴隶老板"的薪酬结构

资本主义由福特制向后福特制的发展伴随着标准化规范劳动向差异化绩效劳动转变的动态过程，在这一过程中，绩效工资在薪酬结构中的比例不断扩大。特别是，当后福特制生产方式发展到与大数据、云计算技术相结合的平台经济生产阶段时，标准化的雇佣劳动便完全转化为了差异化的绩效劳动，相应的，绩效工资也就取代了雇佣工资。

根据普华永道2023年5月发布的"全球市值100强上市公司"排行榜（Global Ranking of the Top 100 Public Companies by Market Capitalisation）数据显示，截至2023年3月31日，全球市值最高的5家上市公司中有4家为平台类企业，分别为苹果公司、微软公司、Alphabet（谷歌母公司）和亚马逊公司，每一家公司的市值都超过1万亿美元，总市值超过7万亿美元，占据全球100强上市公司总市值的23.14%。

表4-4显示，在市值排名较靠前的企业比较中，前6大平台企业的市值均超过前6大传统上市公司的市值，处于平台企业第一位的苹果公司市值远超排名传统上市公司第一位的沙特阿拉伯国家石油公司，二者的差值甚至比排名传统上市公司第二位的英伟达的总市值还要高。

表4-4　　　　平台企业与传统上市公司市值对比　　　（单位：亿美元）

平台类企业		传统上市公司	
企业名称	企业市值	企业名称	企业市值
苹果	26090	沙特阿拉伯国家石油公司	18930
微软	21460	英伟达	6850
Alphabet（谷歌母公司）	13300	伯克希尔·哈撒韦	6760
亚马逊	10580	特斯拉	6590

---

① ［法］弗洛朗丝·雅尼-卡特里斯：《总体绩效：资本主义新精神》，周晓飞译，中国经济出版社2018年版，第97页。

续表

平台类企业		传统上市公司	
Meta Platforms（脸书母公司）	5500	维萨	4640
腾讯	4620	路威酩轩	4600
阿里巴巴	2640	台积电	4530
奈飞（Netflix）	1540	埃克森美孚	4460

资料来源：https://www.pwc.co.uk/audit/assets/pdf/global-100/global-top-100-companies-2023.pdf。

根据裴长洪等①的分析，这些平台企业平均设立的时间约为 22 年，而传统跨国公司平均设立的时间已达到 129 年。平台企业在跨国公司 1/6 的时间里就达到甚至超越其现有的发展水平，这一企业跨越式发展现象的背后是生产方式的更新，这种新型生产方式是后福特制生产方式的最新阶段——平台经济生产方式。

目前已经有很多文献对平台经济生产方式进行了探讨，并已有文献指出了平台经济下的不稳定劳资关系，无论是知识劳动、传统劳动还是平台经济的按需劳动都出现了就业不稳定的特征②。实际上，本书前述章节已经涉及金融化条件下的不稳定就业问题，当前所强调的则是平台经济下劳动者不稳定薪酬的新特征。以网约打车平台为例，平台企业可以通过大数据算法来介入劳动过程，并通过"抽成后再以奖励返还"的形式对劳工进行管理。在这一过程中，司机的净收入在很大程度上取决于平台提供的各种奖励，而如果平台企业不进行奖励，司机能够获得的收入则只能相当于在普通工厂上班的收入③。虽然刨除"平台奖励"后的收入在数值上也相当于工资收入，但这一转变表明，劳工薪酬结构中原先由企业发放的最基本的工资已经由劳工自身的"绩效"承担了。究其原因，在于平台经济生产方式改变了企业与员工的关系，双方已经由原先的纯粹雇佣关系变成了一种在"现代包买商制度"下特殊的"包买—雇佣关系"，雇佣工资

---

① 裴长洪、倪江飞、李越：《数字经济的政治经济学分析》，《财贸经济》2018 年第 9 期。
② 谢富胜、吴越、王生升：《平台经济全球化的政治经济学分析》，《中国社会科学》2019 年第 12 期。
③ 齐昊、马梦挺、包倩文：《网约车平台与不稳定劳工——基于南京市网约车司机的调查》，《政治经济学评论》2019 年第 3 期。

也就自然地在很大程度上被绩效工资取代。当劳工薪酬完全取决于"自我雇佣"的绩效水平和"平台包买商"抽成后返还的奖金时,平台经济下的劳动者也就成为"自己的老板",抑或说是被平台束缚住手脚的"奴隶老板"——他们脱离平台包买关系的成本太高而不得不选择继续在平台内从事工作。据此前的统计,美国的这种"奴隶老板"在2017年已达到全美劳动大军的34%,到2020年,这一比例将会超过50%,按这一速度增长下去,不用多久,数字平台经济就会让全球成为一个充满"奴隶老板"的星球①。实际上,新冠疫情使得全球多个国家平台企业员工和营业量激增,资料显示,在南美洲9个国家拥有约20万名外卖送餐员的哥伦比亚平台企业Rappi,其2020年1—2月的送餐量比2019年最后两个月增长30%。因此,新冠疫情等紧急突发事件的出现在很大程度上加速了平台企业的发展进程,从而势必会催生出更多的"奴隶老板"。

---

① [英]雅克·佩雷蒂:《重启:隐藏在交易背后的决策》,钟鹰翔译,广东经济出版社2019年版,第161—163页。

第五章

消费资料的金融化与消费信贷的演进过程

上一章分析了劳动力商品金融化造成的价值分割与可变资本补偿问题,阐述了金融化对于不稳定就业与不稳定薪酬的影响,本章则主要探讨劳动力再生产的成本或费用问题。事实上,随着金融化资本的出现与发展,消费资料同生产资料一样出现了金融化的趋势,其交换价值远远偏离了价值基础,从而造成了劳动力再生产成本的增加。在薪酬收入降低、消费成本增加的双重制约下,劳动者开始借助于消费信贷来实现自己劳动能力的再生产,然而,劳动者获得消费信贷的多少又取决于其所能抵押资产的价格,而后者又是与消费资料的金融化密切相关的。因此,金融化条件下劳动力再生产的水平是劳动者收入、消费资料价格以及在二者所确定的消费信贷综合作用下的结果。鉴于此,本章首先阐明消费资料的结构特征与金融化逻辑,然后分析劳动力再生产成本增加的情况下消费信贷的演进过程,最后利用演化博弈模型,通过分析金融化条件下劳动者收入、消费资料价格以及消费信贷的演化稳定状态来判断当前劳动力再生产的水平和质量。

第一节 劳动力再生产所需消费资料的金融化

消费资料的金融化是资本主义发展到金融化阶段后经济社会在日常生活消费层面上的反映。在分析劳动力再生产所需消费资料的金融化时,我们需要厘清劳动者日常生活所需消费资料的结构组成,然后分别探讨不同构成要素的金融化。因此,本节的主要目的便是通过梳理消费资料的结构特征及其金融化过程来探讨金融化条件下消费资料价格上涨的原因,从而为劳动力再生产成本提升条件下消费信贷的出现与演进分析奠定基础。

一 消费资料金融化的社会环境

在探究消费资料的金融化之前,我们需要先阐述其社会环境,即当前社会的消费环境以及金融化作用下的消费过程。具体而言,包括当前消费社会的基本特征以及金融化对于消费过程的加速作用两个部分。

(一)消费社会的形成及其基本特征

在资本主义经济社会中,与商品的生产过程相区别,消费代表着商品及其价值的毁灭过程。具体到资本主义生产方式上,消费因其与生产的有机联系而变得越发重要,它从两个方面生产:一是产品只是在消费中才成为现实的产品,消费把产品消灭才能使产品最后完成;二是消费能够创造出新的生产的需要,是生产的内在动机和前提①。不仅如此,按照鲍德里亚②的分析,消费还有着调节资本主义矛盾的作用,为了缓解政治经济矛盾在意识形态层面的爆发,有必要依靠一种无意识的调节机制:消费就是用某种编码以及与其相适应的竞争性合作的无意识纪律来驯化人们,从而替代一切意识形态,并同时担负起整个社会的一体化,最终导致消费社会的出现。然而,鲍德里亚似乎走得太远,他明确认为消费需求所瞄准的不是物而是价值,需求的满足首先具有附着这些价值的意义。不过尽管这里所说的价值不同于马克思意义上的商品价值,而是一种符号价值,但他仍然承认这种消费意识形态下的符号价值是在资本主义大规模生产后出现的。可见,资本的积累为消费社会的形成创造了条件。那么究竟什么是消费社会呢?其又具有什么特征呢?学者们发现,很难给"消费社会"下一个明确的定义,因为消费社会不像所谓的"工业社会""信息社会"那样存在比较明显的里程碑来标志着它的到来,唯一可以确定的便是消费社会形成后的标志,即消费已经内化到大众的行为习惯中:如果说19世纪驯化出了工人,那么20世纪就驯化出了消费者③。实际上,自19世纪末期开始,消费就已经作为一种增加有效需求的意识形态而被资产阶级采用了,但是直到20世纪30年代之前,资产阶级都没有充分认识到消费的重

---

① 《马克思恩格斯全集》(第30卷),人民出版社1995年版,第32—33页。
② [法]让·鲍德里亚:《消费社会》(第四版),刘成富、全志钢译,南京大学出版社2014年版,第51页。
③ 郑也夫:《后物欲时代的来临》,中信出版社2014年版,第26页。

要性：资本家知道如何让人们工作，但直到 1929 年后消费才开始成为策略的组成部分，每个人都被动员为消费者①。

因此，消费社会不是一种特殊的社会形态，它只不过是资本主义社会发展到生产过剩的阶段后，为了刺激剩余价值的实现、加快资本积累进程而强调消费占据重要性和主导性的社会形态。在金融化的作用下，资本主义产生的资本剩余被赋予了极大的流动性和增殖性，进一步加速了消费社会的发展，突出了消费社会的特征。事实上，对于消费社会的特征，学者们并没有形成统一的认识。英国社会学学者卢瑞②从十多个方面对消费社会的特征进行了概括，包括消费数量大、种类多、购物场所多、广告设计增多、公共消费品的私有化、消费信贷出现等。国内学者刘方喜③则从服务阶级与巨型公司的兴起、全球化与过度"美国化"等方面对消费社会的特征进行了概括，指出消费社会是文化与经济、符号与物品交融的社会，且这种文化符号是建立在物品过分堆积和高速流转的基础上的。然而，由于社会运行和社会内在结构的复杂性，很难将消费社会的所有特征都一一列举出来，鉴于此，我们可以借鉴马克思主义政治经济学的分析方法来判断消费社会的基本特征。事实上，资本主义社会表现为大量的商品堆积，因而资本主义社会的演变势必会反映在商品的演变上，所以，消费社会的特征可以由消费社会中商品的基本特征来反映。借鉴日本著名马克思主义经济学者、无印良品创始人、日中文化交流协会前会长堤清二④的分析，消费社会的商品具有三大特征。一是商品的根茎化（rhizome），商品根茎交错使得其使用价值与价值出现了背离：对于消费者而言，商品不再是社会有用劳动的结晶，而只是一种象征欲望的符号，这与通过畅销盈利来评价商品价值的生产者在评价标准上相背离。二是商品的"小玩意儿化"（gadget），即商品只是一种"无意义的东西"，其背后蕴含着两层含义：商品使用和流行周期的缩短以及大规模生产导致的"富裕社会"的到来。三是商品的时尚化，在这一过程中，尽管商品的根本特质没有任

---

① ［法］让·鲍德里亚：《生产之镜》，仰海峰译，中央编译出版社 2005 年版，第 130 页。
② ［英］西莉亚·卢瑞：《消费文化》，张萍译，南京大学出版社 2003 年版，第 9—44 页。
③ 刘方喜：《审美生产主义——消费时代马克思美学的经济哲学重构》，社会科学文献出版社 2013 年版，第 35—62 页。
④ ［日］堤清二：《消费社会批判》，朱绍文等译校，经济科学出版社 1998 年版，第 93—96 页。

何改变，但生活方式却不断出现表面上的变化。

(二) 金融化加速消费社会中的消费过程

伴随消费社会形成与发展的是一种基于消费的社会思潮，即消费主义思潮。与消费社会产生的时间相似，消费主义的概念也是在20世纪二三十年代出现的，其提出者塞缪尔·施特劳斯（Samuel Strauss）认为，消费主义信奉的是这样一种观念，即拥有大量的商品，每年都比上一年消费更多的商品——让人生充满价值和意义的商品，所有其他的价值观都要从属于这种消费价值观。在资本主义最为发达的美国，所有关于消费主义的限制，包括共和主义、维多利亚生产主义、基督教新教等，都在20世纪初被破除了，资本积累的迅猛发展压倒了教会、家庭、国家等一切充当市场物欲崇拜解毒剂的非市场化因素，消费主义及其引导下的消费文化成为资本主义的内在文化，购买行为处在资本主义世界的核心位置[①]。消费主义的流行与消费社会的发展所产生的持续性不利影响使得学者们举起了反对消费主义的大旗，他们从反对过度消费、反对流行时尚、反对虚幻品牌、反对消费刺激经济等多个角度对消费主义和消费文化展开了全面的批评[②]。然而，尽管这些批评可能是很好的道德辞令和对罪恶感谴责，但它们一方面可能无助于政策分析的制定，另一方面也存在着对真实的消费过程认识不足的问题。

左翼学者在批判消费主义时大都是围绕"购买"进行的，很少有人能够注意到购买不是消费过程的全部：消费不仅仅是购买商品，更是一个将购买的商品随后进行转化的过程——是一个更为活跃的过程，如果消费者购买了商品后只是占有它而没有消费或消灭它，那么这就不是真正意义上的消费，而只是对于"满足"或"效用"的曲解[③]。就词源的历史性而言，"消费"一词在最开始是作为物理意义出现的。在英国，"消费"最早被赋予的含义是"烧毁"或"毁灭"，描述的是一个将有用的物品变为废弃物而丢弃的过程。然而，随着资本主义的发展，特别是在金融化的作用下，真实的"消费"含义已经被资产阶级抛弃了，他们只是片面强

---

① [美] 伦德尔·卡尔德：《融资美国梦：消费信贷文化史》，严忠志译，世纪出版集团、上海人民出版社2007年版，第6—8页。
② 李辉：《反消费主义》，高等教育出版社2016年版，第1—4章。
③ [德] 拉卡里斯奇、[丹] 英格罗帕克：《消费的生态经济学》，苏芳译校，中国社会科学出版社2017年版，第68页。

调消费过程中的"购买环节",强调通过购买商品以实现效用最大化的过程是消费者神圣不可侵犯的权利,这一权利与企业利润最大化的权利、公民的投票权利结合在一起,成为加尔布雷思所说的"新古典经济学理论体系这件'器皿'的三只脚",这种所谓的经济民主实在是过于造作,其中消费者的权利更是目前涉及面最大的一种欺诈[①]。实际上,正如本节一开始指出的消费与生产的辩证关系那样,消费过程除了"购买环节"和"使用环节"外,还包括"生产或积累环节"。一方面,消费者只有在消费资料被生产出来后才能够去购买和使用;另一方面,消费者的使用过程为新的商品,特别是为劳动力商品的积累提供了条件,从而开启了下一轮商品的生产、购买和使用的过程。

因此,消费过程包含着三个依次交替的环节——生产→购买→使用→生产,然而,在金融化与消费主义的引导下,生产和使用的环节被抹去了,留下的只是对于"效用"存在严重误解的购买环节。在这种情况下,整个消费社会都被经济学家的价值观误导了,反对消费主义的价值观就应该反对用"购买"来替代"消费"、用"增加效用"来替代"价值毁灭"的观念。具体来说,就消费过程的整体性而言,消费的概念应由"自身物理性的毁灭"来代替[②],而就资本主义发展过程而言,消费应被视为"资本的终结"[③]。

二 消费资料的结构及其对消费者的影响

在消费主义盛行的社会,消费资料的发展是社会发展的主要标志,从而也就是研究消费社会中劳动力再生产问题的主要矛盾。本部分尝试通过分析消费资料的结构问题来寻求主要矛盾的主要方面,并在此基础上探讨其对于消费者的影响。

(一)消费资料的结构划分

一般认为,劳动力再生产所需要的消费资料可以根据其价值毁灭或价

---

① [美]约翰·肯尼斯·加尔布雷思:《加尔布雷思文集》,沈国华译,上海财经大学出版社2006年版,第27—34页。
② Robert U. Ayres and Allen V. Kneese, "Production, Consumption, and Externalities", *American Economic Review*, Vol. 59, No. 3, 1969, pp. 282–297.
③ Kenneth Ewart Boulding, "Income or Welfare", *Review of Economic Studies*, Vol. 17, No. 2, 1949, pp. 77–86.

值转移的周期不同划分为日常使用的一般性消费资料和长期使用的耐用性消费资料，前者包括日常的食物、服装等物质消费品以及部分短期服务类消费品，后者则包括交通工具、住房等耐用性物质消费品以及医疗、教育等长期服务类消费品。就一般性消费资料而言，其具有价值大小相对较低、价值转移或价值毁灭的速度相对较快的特点。例如，对于食物的消费，当消费者将其食用后便结束消费过程了，蕴含在食物中的价值随机消失，在一定程度上转化为劳动力商品价值的一部分。而就耐用性消费资料而言，其具有价值相对较高、价值转移或毁灭的速度相对较慢的特点。不仅如此，与日常消费资料主要强调私有性不同，耐用性消费资料还具有社会性的特点。在资本主义生产方式下，劳动力再生产的顺利完成是需要劳动力市场之外的其他因素的。因为纯粹的资本主义规则及其固有的劳资关系无法为劳资双方提供有效实现各自利益的途径，伴随劳动力再生产的还有"管制机构"和"非资本主义社会关系"，如国家和社团①。事实上，本书在第三章已经从理论和实践上证明了仅凭借劳动者的个人工资是无法完成其劳动能力的再生产的，劳动者还需要利用国家或社团所提供的"社会工资"来购买和消费耐用性消费资料。正是由于国家提供了部分公共产品的有效供应，耐用性消费资料的费用才能够维持在既不妨碍资本积累又不严重拖累劳动力再生产的水平。

消费资料的结构不仅仅可以在直观上根据消费周期的不同来划分，还存在其他的划分形式。根据马克思的分析，消费资料是指具有进入资本家阶级和工人阶级的个人消费形式的商品②，它既包括满足人们生存的必要消费资料，又包括进入资本家阶级生活消费中的奢侈品。显然，在劳动力再生产相关问题方面，我们只用分析"必要的消费资料"。然而，与生产资料的概念相比，马克思运用消费资料这一概念的方式存在着逻辑上的遗漏：在生产资料的分析框架中，当生产资料分为劳动工具和劳动对象后，其便作为联系工人和产品的中介，使得最终商品的生产和对于劳动者的控制或剥削同时成为可能；但是，在其消费框架的分析中，消费资料不是手段而只是最终产品，是被消耗掉的产品，它自身没有包含着联系消费者和

---

① ［英］诺埃尔·卡斯特利、尼尔·M. 科、凯文·沃德等：《工作空间：全球资本主义与劳动力地理学》，刘淑红译，凤凰出版传媒股份有限公司、江苏凤凰教育出版社2015年版，第39—40页。

② ［德］马克思：《资本论》（第2卷），人民出版社2004年版，第439页。

消费品中介的消费工具的概念①。换言之，如果生产资料既包括劳动工具又包括劳动对象的话，那么消费资料也不应该仅涉及最终的消费对象或消费品，还应该涉及消费工具或连接消费品和消费者的消费场所。事实上，上述分析包含着一种消费资料的广义化，广义的消费资料在结构上不仅包括狭义的消费资料即消费品，还包括连接人与物的消费工具。

（二）消费工具对消费者的控制

马克思在《〈政治经济学批判〉导言》中已经涉及了消费中介的问题，但并没有展开分析。他指出，不仅消费的对象、消费的需要是由生产提供的，消费的规定性、性质也是由生产创造的，因为消费的对象"是必须用一定的而又是由生产本身所中介的方式来消费的"②。与消费对象不同，消费方式或消费中介往往是学者们在探究消费问题时容易忽视的内容。考虑到消费和生产之间的同一性③，以及生产力关于劳动者、劳动工具和劳动对象的三要素划分，本书将消费中介规定为"消费工具"。借鉴瑞泽尔④的定义，消费工具是消费过程的中介，主要指那些使人们作为消费者获取商品和服务、受控制和被剥削成为可能的事物。其中，以非生产性固定资本为特征的消费场所和商品宣传场所是主要的消费工具。国内学者高映珍⑤曾分析了其称之为"非工业生产性固定资产"的价值补偿问题。他发现尽管住房、医院、学校等生活服务设施处于企业生产过程之外而没有参与生产，但这些非生产性的消费资料也是由基本建设投资形成的，从而同样面临投资回收以及价值补偿的问题。那么，既然这种为生活服务的固定资产或消费资料（消费工具）没有参与生产过程，那么其价值补偿就不应该被计入产品的生产成本，否则就会增大产品的价格并最终增加购买这些产品的消费者的负担，而这是"没有经济根据的"。尽管他认为价值补偿应由这些消费资料或消费工具的所有者自己，如医院的医护人员、学校的教职工等来分担，但在现实社会中，成本的最终承担者仍然会转嫁到购买产品或服务的消费者身上。

---

① [美]乔治·瑞泽尔：《赋魅于一个祛魅的世界——消费圣殿的传承与变迁》，罗建平译，社会科学文献出版社2015年版，第76页。
② 《马克思恩格斯全集》（第30卷），人民出版社1995年版，第33页。
③ 《马克思恩格斯全集》（第30卷），人民出版社1995年版，第34页。
④ [美]乔治·瑞泽尔：《赋魅于一个祛魅的世界——消费圣殿的传承与变迁》，罗建平译，社会科学文献出版社2015年版，第77页。
⑤ 高映珍：《非生产性固定资产的价值补偿问题》，《经济研究》1991年第8期。

上述耐用性消费资料的价值补偿问题已经涉及消费资料对于消费者的控制和剥削问题了，而充分认识消费资料中消费品和消费工具的结构划分则更有助于分析当前消费社会存在的剥削和控制问题，从而也就有助于识别金融化条件下消费资料对于劳动力再生产的影响作用。在产业社会，资产阶级对于工人阶级的剥削和控制是建立在其占有生产资料的基础上的，而到了消费社会，不同阶级间的差别似乎不存在了，资本家、食利者、地主、工人、管理者等都失去了自己的社会身份，成为消费者和储蓄者[1]。但是，消费资料划分为消费品和消费工具的结构表明，原先在产业社会中被生产资料所有者控制和剥削的工人阶级，在现在消费社会中同样会作为消费者而受到消费资料，特别是消费工具的所有者的控制。在这种情况下，消费者不再能够自主地决定是否消费、消费什么、消费多少以及如何消费，消费者已经成为可供资本主义控制和剥削的"消费大众"，他们被用来进一步补充和强化资本主义对"生产大众"——劳动者的剥削和控制[2]。首先，资本主义可以通过设计广告、装修消费场所的门面环境等方式来引导消费者购买其本来可能不会选择去消费的东西，而这种引导消费者去消费的行为本身也是一种控制行为[3]。其次，正如高映珍分析的那样，建造和维护消费工具的费用也是控制消费者的一种方式，它通过提升产品价格来控制消费者。最后，以消费资料为基础的资产抵押行为已经成为近年来最为重要的控制方式：先将消费资料的使用权和部分所有权以支付首付的方式交给消费者，然后再让消费者对消费资料进行资产抵押来偿还债务并换取消费资料的全部所有权。在这一过程中，消费者被控制在债务链条中而无法自拔。

实际上，与论证劳动者受到资产阶级的控制和剥削相比，要证明消费者受到了控制会更加困难。因为对于前者，劳动力已经自由得一无所有，他不得不隶属于资本以获取工资。但对于后者，消费者似乎有权利做出选择，他可以选择购买，也可以选择不购买由资产阶级引导的消费品。但事实表明，仅仅在消费的"购买环节"上，消费者也不是自由的，因为只要消费者想要生存，他就不得不消费，而这又取决于采用何种消费工具来

---

[1] ［美］大卫·哈维:《资本的限度》，张寅译，中信出版社 2017 年版，第 415 页。
[2] Mike Gane, *Baudrillard's Bestiary: Baudrillard and Culture*, NY: Routledge Press, 1991, p. 65.
[3] 叶凯:《物的意识形态：消费文化研究》，吉林文史出版社 2018 年版，第 159 页。

进入消费过程的"购买环节"。根据丹尼尔·米勒[①]提出的购买理论可知，人们购买何种商品取决于社会给予消费者的"标准化形象"与消费者能够接受的"实际形象"之间的差距。如果说后者强调了消费者的个体性，那么前者就突出了消费过程的社会性，因为消费者的标准形象是由生产关系和生产力的联系来规训的，其中，在生产关系背后的是消费者所处的阶级地位，而在生产力背后的则是消费者所能选择的消费工具。

三 消费资料各结构在不同消费过程中的金融化逻辑

作为劳动者生活资料在经济金融化条件下的反映，消费资料的金融化是日常生活金融化的重要组成部分，也是金融化对于劳动力再生产影响的关键环节。为了厘清消费资料的金融化过程，本书分析了消费资料各个结构以及不同结构在不同消费环节中的金融化问题，包括在生产环节、交易环节以及使用环节的金融化，并在此基础上进一步阐述了当前消费资料金融化的发展现状。

（一）消费资料各组成结构的金融化

一方面，消费的实现过程包括购买、使用和积累三个环节，而与这三个环节相适应的则是消费资料的生产和流通过程。因此，在经济金融化的背景下，消费资料的生产、交易以及使用过程均存在金融化的可能性。另一方面，由于消费资料的结构组成既可以在广义上分为消费品和消费工具，又可以在狭义上分为一般性消费资料和耐用性消费资料，因此，消费资料的金融化也是其各结构组成部分的金融化。综合上述两个方面，本书首先从整体上列出消费资料各结构金融化的可能性，然后依次按照消费资料各个结构在生产过程、交易过程和使用过程的金融化来分析消费资料的金融化逻辑。

表5-1给出了消费资料各个结构出现金融化的情况。从表5-1可知，在一般性消费资料方面，其消费对象的金融化过程较为简单，主要发生在大宗商品和期货市场的交易过程中；其消费工具的金融化则因为私有性而变得相对复杂，既包括消费场所交易过程的金融化，也包括消费场所在使用过程的金融化——前者对应为销售者借贷购买消费工具所产生的金

---

① ［英］丹尼尔·米勒：《消费：疯狂还是理智》，张松萍译，经济科学出版社2013年版，第90页。

融化，后者则对应为产品销售者对其资产进行抵押融资所产生的金融化。在耐用性消费资料方面，其消费工具的金融化较为简单，主要发生在消费工具生产过程中，即消费工具所有者降低自有资金从事生产后出现的金融化；而消费对象的金融化则较为复杂，既包括消费对象交易过程的金融化，也包括消费对象使用过程的金融化——前者对应为购买这一消费资料的消费信贷过程，后者则包括销售者基于收入流的金融化和消费者基于资产抵押的金融化。尽管消费资料各组成部分的金融化让我们从整体上对消费资料的金融化有了初步了解，但却只是简单罗列了多种金融化的情况，要想充分认识金融化的发展逻辑还应该结合消费资料的三大运动环节来分析。

表 5-1　　　　　　　　　　消费资料各结构的金融化情况

		狭义	
		一般性消费资料	耐用性消费资料
广义	消费对象	大宗商品和期货交易过程中的金融化	1. 交易过程的金融化：消费信贷及其金融化 2. 使用过程的金融化：资产占有后的金融化
	消费工具	1. 交易过程的金融化：销售者借贷购买消费工具 2. 使用过程的金融化：基于消费工具私有性的抵押	生产过程的金融化：低自有资金后的金融化

注：在分析消费资料各结构的金融化时，一般性消费资料的消费工具大都是由产品销售者购买来的而不是自行生产的，故不考虑其生产过程的金融化问题。同理，耐用性消费资料的消费工具则大都是由产品销售者自行生产的，不涉及交易过程，故不考虑其交易过程的金融化问题。

（二）消费资料生产过程的金融化

一方面，就一般性消费资料，如食品、服装以及休闲娱乐等日常服务而言。由于其消费对象的价值相对较低，因此在生产这种消费资料时所涉及的金融化问题并不明显。同理，一般性消费资料的消费工具也不涉及生产过程的金融化问题，因为在通常情况下，大型超市、购物商场等一般性消费资料的消费工具并不是由超市或商场的所有者自行生产的，他们只是租赁或购买了这些消费场所，鲜有涉及生产过程。即使存在部分装修、美化消费环境的生产过程，大都也较少会出现金融化的问题。因此，本书不考虑这些消费工具在生产过程中的金融化问题。

另一方面，就耐用性消费资料，如住宿、医疗、教育等消费品而言。这些消费资料的最终消费对象无法脱离于消费工具而独立存在：住宿无法脱离住房而存在、医疗无法脱离医院而存在、教育无法脱离学校而存在[①]。因此，耐用性消费对象的生产便内化到消费工具的生产过程中，且随着金融化资本的出现而越发呈现金融化的趋势。由于耐用性消费资料的消费工具大都是由产品销售者自行生产而不是购买交易来的，因此其如何生产就显得十分重要。实际上，由于耐用性消费资料具有社会性，所以在长期以来，其都是由企业、社团以及国家共同生产的。然而，在新自由主义盛行、金融化不断发展的背景下，国家及政府部门被视为"守夜人"，其参与生产耐用性消费资料的功能不断缩水。不仅如此，政府部门还被要求加入金融市场中，与私人部门一起通过金融手段而不是财政手段来对耐用性消费资料等公共产品进行投资和管理[②]。随着政府部门的退出和金融化的深入，耐用性消费资料的生产过程逐渐戴上金融化的面纱。具体而言，绝大多数耐用性消费场所的建造都不是通过自有资金完成的。以房地产开发为例，一般认为，正常的自有资金率在70%左右，而许多国家房地产开发时的真正自有资金率往往不足30%，中国自2003年起这一数据就已经降低到35%[③]。这种通过信贷贷款和银行贷款来生产消费工具的杠杆方式既能够维持消费工具的正常甚至是高规格生产又能够减少对销售者资金的占用。前者进一步抬升了消费资料的价格，后者则造成了大量剩余的资金流。这些资金或被其所有者用于扩建其他类似的消费工具，或用于金融市场的投机活动，或借贷给其他企业或个人，从而加深了企业和个体的金融化程度。

（三）消费资料交易过程的金融化

在一般性消费资料方面。一是其消费对象的交易过程容易产生金融化的趋势，主要表现为大宗食品类期货交易市场的金融化。由于大宗食品类

[①] 即使是网络教育也难以完全脱离现实的物质空间，如需要集中化办公的场所、录制课程的场所等。

[②] Yingyao Wang, "The Rise of the Shareholding State: Financialization of Economic Management in China", *Socio-Economic Review*, Vol. 13, No. 3, 2015, pp. 603–625.

[③] 张健：《警惕楼市"金融化"面临的国际风险》，《红旗文稿》2014年第10期。

容易受到季节性的影响，因此往往需要一个用于对冲产品价格波动风险的期权期货交易市场。然而，随着金融化的发展，这种交易市场的发展路径已经背离了其原先的轨道：期货交易市场逐渐变成了投机和套利的赌场，不仅没有对冲原先的风险，反而创造出了更多的金融风险，特别是2008年国际金融危机后，国际大宗商品市场金融化对宏观经济的波动产生了放大效应，创造出了更多的金融风险[1]。二是其消费工具的交易过程也容易产生金融化的趋势。类似建造耐用性消费资料或消费工具时引入信贷资金的做法，销售者在购买或租赁一般性消费工具时也会尝试使用社会资金而不是自有资金，其结果也是消费资料价格的上涨和剩余资金流的产生。随着金融化的发展，企业盈余下的资金流大都流向了与金融相关的领域，如联合私募基金开展并购行为、回购自身股票以抬升股价、购买对冲基金以从事套利等。

在耐用性消费资料方面。由于其消费工具大都是由产品销售者自行生产的，几乎不涉及交易过程，因此也就不存在交易过程的金融化了。但是，其最终消费对象的价值或价格由于内化了消费工具的价值而普遍高企，消费者在购买这种价值较高的消费资料时往往会借助于消费信贷，包括住房贷款、医疗贷款、教育贷款等。如果说商业银行敢于将资金借贷给企业是因为企业能够将剩余价值的一部分以利息的形式返还给银行，那么借贷给无法直接创造剩余价值的消费者又是出于什么原因呢？事实上，随着金融化资本的发展，商业银行的传统借贷业务已经受到了严重的挤压。

图5-1刻画了20世纪70年代以来美国商业银行传统业务收益的变化。银行的存贷差占总资产之比从1976年以来震荡下行，2000—2008年已跌至谷底。尽管2008年国际金融危机后迅速回升，但2012—2019年又出现了回落的趋势。即使在2020—2021年新冠疫情期间存贷差出现了短暂提升，但2022—2023年则再次呈现回落迹象。在传统业务下滑的情况下，商业银行亟须寻求新的业务以应对金融化对其造成的冲击，其中，增设投资银行业务和增加对消费者个人的金融业务是最为重要的两个创新业务。在进行业务创新的基础上，即使生息资本不再回流至产业资本，从而利息收入不再是其主要收入，商业银行也因参与了对消费者的金融掠夺而

---

[1] 张翔、刘璐、李伦一：《国际大宗商品市场金融化与中国宏观经济波动》，《金融研究》2017年第1期。

获得了金融化收益,从而维持了自身在金融行业的竞争力。至于金融化如何影响了消费信贷的方式,则是下节讨论的内容。

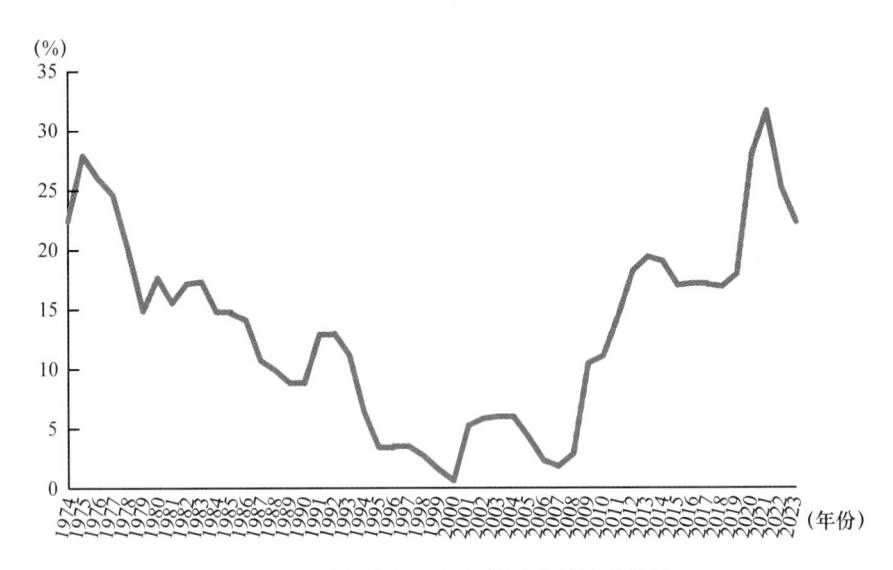

图 5-1　美国商业银行存贷差占总资产之比

资料来源:美联储、WIND 数据库。

(四) 消费资料使用过程的金融化

对于一般性消费资料,其使用过程的金融化主要表现为消费工具使用过程的金融化。由于超市、服装店、商场、娱乐会所等一般性消费工具的所有者大都是私人或企业,因此他们有权让本已停滞的消费工具以流动资金的形式再次流动起来。具体而言,可以通过抵押一般性消费工具的形式换取流动资金。这一过程不仅涉及消费工具的所有者,还涉及资产评估机构、信用担保机构等部门:消费工具的所有者显然存在通过多种寻租方式来游说后两者的动机;后两者也具备尽量达成合作的意向,因为如果其不具备抵押条件或可供抵押的资金过少,它们也只能获得更少的评估费。可见,利益最大化的逻辑加速了各部门促成合作或合谋的可能,在此基础上,消费工具的价值能够通过复杂的数学模型估计出来,从而其使能够抵押到的资金量也就确定了。当消费工具的所有者获得资金流后便再一次回到了原来的投资道路上:为了提升股东价值,他们再次将资金投向金融市场以获取短期金融利润。

对于耐用性消费资料，其使用过程的金融化则主要体现在耐用性消费对象上。由于耐用性消费资料往往具有社会属性，因此与其紧密联系在一起的消费场所在大多数国家都不能够用来从事资产抵押，从而也就不涉及耐用性消费工具使用过程的金融化了。但是，耐用性消费对象却存在着金融化的趋势。当消费者通过消费信贷的方式购买了耐用性消费资料后便占有了这种消费资料的部分所有权，他可以通过使用或消费这种消费资料使得这种所有权随之丧失；同时，他也可以不使用这种消费资料，而通过多种方式将其所有权出让或借贷出去以套取现金流。以住房为例，购房者在买到房产后并不进行消费，即居住，而是"囤积居奇"，将未来其他购房者使用或购买该房产的凭证提前积累起来，等到更有利于自身收益的时候再将其出让以换取更多的收益。另外，购房者在囤积住房所有权的同时，还可以将住房作为资产抵押出去以换取流动资金，得到的资金可以从事其他包括金融套利在内的经济活动。医疗服务也是如此，消费者在获得某种医疗条件的使用权后，可以不去使用，而是将其以更高的价格出让给他人，自身则成为积累医疗使用权的"黄牛"。以上做法最终都会导致消费资料的价格不再取决于其价值，而是取决于所有权的供给，从而造成了金融化条件下新型的价格"混乱"以及消费资料价格不受约束地上涨。

第二节 劳动力再生产成本的上升与消费信贷的演进

劳动力再生产成本是指再生产劳动力所需要的费用。随着消费资料金融化的深入，这一费用水平存在上升的可能，从而使得原本就工作不稳定、工资下行的劳动者再次陷入"雪上加霜"的境地。在这种情况下，劳动者不得不增加对消费信贷的使用以实现自己劳动力的再生产。鉴于此，本节内容主要包括三个方面：一是阐述消费工具金融化作用下的劳动力再生产成本；二是阐述消费对象金融化，特别是耐用性消费对象金融化作用下的劳动力再生产成本；三是在劳动力再生产成本上升的条件下，探究消费信贷的出现与演进过程。

一 消费工具金融化作用下的劳动力再生产成本

本部分主要包括两方面内容，一是通过分析劳动力再生产成本的构成要素与主要特征阐明消费资料价格的相对重要性；二是描绘消费工具金融化所带来的消费资料价格的上涨，以及伴随而来的劳动力再生产成本的提升。

（一）劳动力再生产成本的构成要素

劳动力再生产成本在形式上表示为再生产劳动力所需生活资料的数量范围和价格的乘积，因此，范围和价格的变化都会带来劳动力再生产成本的变动。根据马克思的分析，由于劳动力再生产是社会生产的一个要素，因此劳动力再生产不仅是劳动者自身的再生产还是社会关系的再生产。在这种情况下，劳动力再生产所需的生活资料范围在一定意义上就是由社会生产决定的，而在一定的时期，特定国家的社会生产方式是给定的，从而由其决定的生活资料的平均范围也就是确定的，这就为劳动力再生产的支出水平提供了一个客观的社会标准①。但是，在当今的消费社会中，即使社会生产方式是相对固定的，生活资料的范围也存在变化的可能。因为社会生产关系会反作用于社会生产方式的稳定性，而消费社会中的生产关系正是受到了消费主义的影响。实际上，消费主义会设计出更多种类、更多等级的消费品来刺激人们消费，即通过所谓"制造问题并兜售解决问题新方案"的方式来刺激消费②。然而，这一过程一方面不会影响劳动者最基本的、维持生存所必需的生活资料数量范围，因为社会生产力相对固定；另一方面不会涉及金融化的问题，即使存在劳动者的消费信贷现象，也仅仅是因为在工资水平难以支付基本生活资料价格的情况下，劳动者需要通过消费信贷的方式来完成再生产，并不会影响到生活资料的平均范围。

鉴于此，本书认为，定义消费资料金融化作用下的劳动力再生产成本变动应该遵循马克思的认知，即金融化不会导致再生产劳动力所需生活资料数量的平均范围发生变化，即使有变化也只会在一个可以忽略不计的小范围内波动。在这种情况下，本书将以消费资料金融化条件下生活资料价格的波动来刻画劳动力再生产成本的变动，而这又包括两个方面，一是消费工具金融化作用下的劳动力再生产成本，二是消费对象金融化作用下的

---

① 陈享光：《储蓄投资金融政治经济学》，中国人民大学出版社2015年版，第3页。
② ［英］雅克·佩雷蒂：《重启：隐藏在交易背后的决策》，钟鹰翔译，广东经济出版社2019年版，第161—163页。

劳动力再生产成本。本部分主要分析前者,后者则在下一部分分析。

(二) 消费工具金融化引起的生活资料价格变动

根据上一节的分析,消费工具主要是指连接消费者和最终消费对象的消费场所,包括服装店、超市、商场等一般性消费工具以及医院、学校等耐用性消费工具。因此,消费工具的共同特点便是对空间的使用,而按照金融地理学者的分析,金融化正是在资本空间修复所创造的流动性中产生的,因此,对于消费资料而言,金融化首先影响的便是以地理空间为依托的消费场所的价格变动[①]。本书把土地价格的波动以及商业营业用房的价格波动作为衡量消费工具价格波动的主要指标。另外,由于"住宿"这一耐用性消费品的价格主要通过其消费工具——住房的价格的变动来反映,因此,本书将其纳入消费工具一道分析。事实上,消费场所等消费工具和"住宿"等耐用性消费对象在本质上都是依托于土地和房地产存在的,而在金融化的影响下,房地产行业已经变成了一个由金融市场和工具组成的部门,它不再由生产者和消费者来定义,因为一旦消费场所或住房空间被建成后就能够成为其所有者的融资工具,从而能够通过提升产品价格来刺激整个社会的金融化水平[②]。

首先,考察国内的情形。图 5-2 反映了 1997—2023 年中国单位面积土地购置费用和商业营业用房销售额的变化情况。不难看出,单位面积土地购置费用呈现了一种指数上升的走势。尽管这一现象在很大程度上受到 1994 年分税制改革的影响,即地方政府在政绩考核的压力下迫切出售土地以获得财政收入,也的确为中国的经济发展提供了资金支撑,但是同时,迅速的土地货币化和资本化为中国房地产金融化趋势拉开了帷幕,房地产价格顺势上涨。图 5-2 中商业营业用房销售额的快速上行已经表明了这一点。2000 年以来,这种典型消费工具的耗费从不足 400 亿元上升到 2018 年的近 1.4 万亿元,扩大 33 倍,即使扣除通货膨胀、平抑掉 GDP 的影响,这种增速也不容小觑:自 2013 年中国经济增速变缓以来,至 2020 年新冠疫情暴发前 GDP 的平均增速已不足 7%,而商业营业用房的

---

① Shaun French, Andrew Leyshon and Thomas Wainwright, "Financializing Space, Spacing Financialization", *Progress in Human Geography*, Vol. 35, No. 6, 2011, pp. 798-819.

② Kevin Fox Gotham, "Creating Liquidity out of Spatial Fixity: The Secondary Circuit of Capital and the Subprime Mortgage Crisis", *International Journal of Urban and Regional Research*, Vol. 32, No. 2, 2009, pp. 355-371.

售价增速仍然超过 8%。

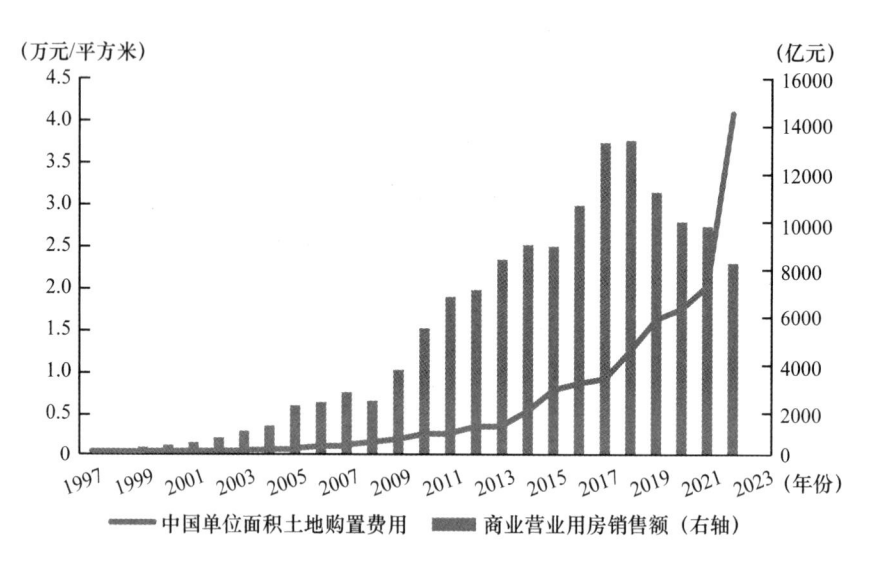

图 5-2　1997—2023 年中国单位面积土地购置费用与商业营业用房销售额
资料来源：国家统计局、WIND 数据库。

图 5-3 反映了 2010—2023 年中国 100 座城市住宅平均价格的变动以及房价收入比的变动情况。可以看出，中国住宅价格上升势头明显，从 2010 年第一季度的每平方米约 9000 元上升到 2023 年第四季度的每平方米 16200 元，增幅达到 80%。同时，中国一线城市的房价收入比也从 2010 年的不足 20 上升至 2022 年的最高值 33，2023 年稍有回落至 29。这表明，房价的增速远远高于收入增速，高房价增加了劳动者的生活成本，降低了人们的生活质量。

其次，在发达资本主义国家方面。与中国相比，美国的情况更加严峻。众所周知，中国耐用性消费工具如医院、学校大都由政府组织生产供应，几乎不存在所谓的金融化现象，而作为发达资本主义，美国的这种消费工具主要由私人部门提供，其价格也更容易受到金融化的影响。图 5-4 刻画了 1993—2023 年美国医疗和教育等耐用性消费品依托的消费场所建造费用的变动情况。不难看出，自 20 世纪 90 年代以来，除了 2008—2009 年国际金融危机有小幅回调，私人部门建造医疗、教育场所或设备的资金在持续增加。

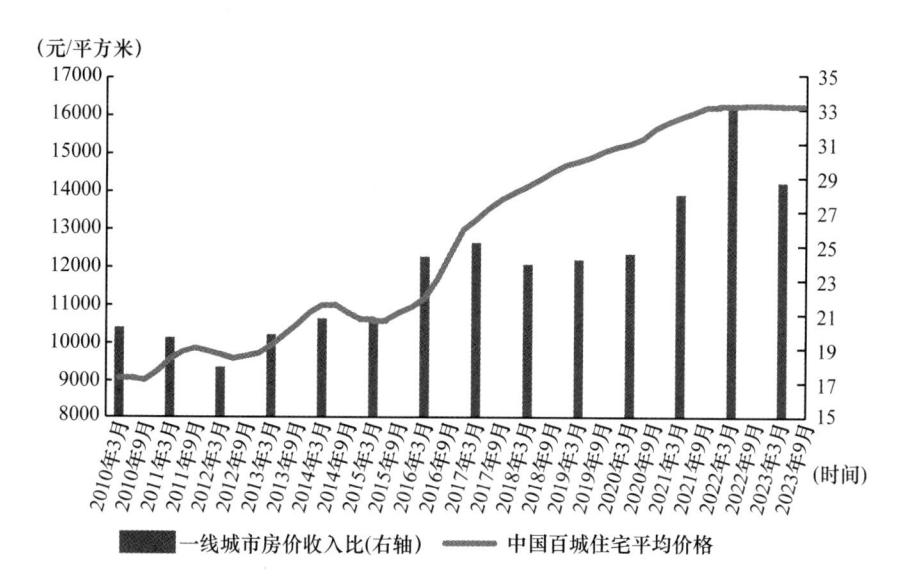

图 5-3　2010—2023 年中国百城住宅平均价格与房价收入比

资料来源：国家统计局、WIND 数据库。

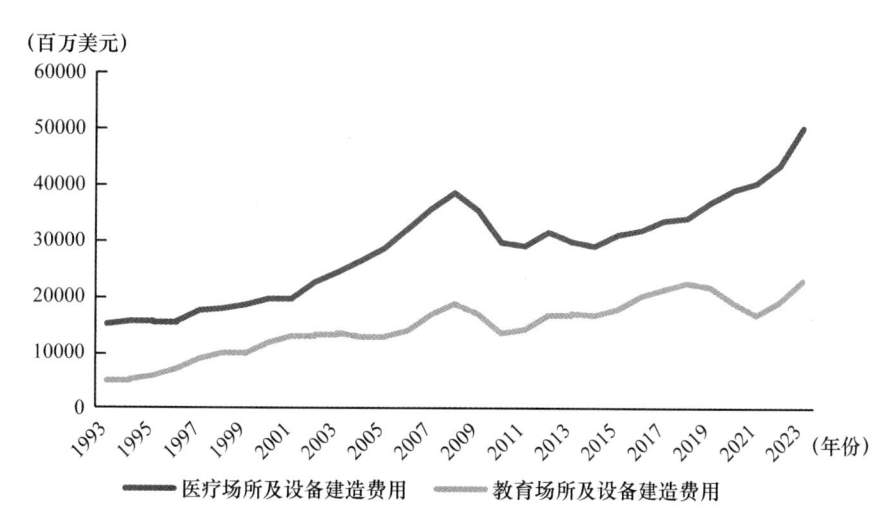

图 5-4　1993—2023 年美国私人部门医疗和教育场所的建造费用

资料来源：美国商务部、WIND 数据库。

显然，私人部门医疗、教育场所建造费用的增加在很大程度上受美国商品房价格上涨的影响。图 5-5 表明，美国商品房价格指数自 20 世

90年代中期出现拐点,增速加快,直至2007年后开始回落。自2011年开始,在经过3年多的调整后,美国商品房价格指数再次走高,且增速达到90年代中后期的水平,2020年新冠疫情暴发以来,美国商品房价格指数呈现加速上升的走势。这一过程不仅与消费工具价格的上涨相一致,更是对应着第四章分析的企业金融化进程。事实上,美国房价的持续高企离不开基于住房的金融化,即抵押贷款支持证券(MBS)的推动。在金融化资本规模最大的美国,联邦国民抵押贷款委员会(房利美)和联邦住房抵押贷款公司(房地美)是第一批支持资产证券化的机构,它们以人们的住房抵押为基础发行多种机构证券,最为著名的便是MBS。

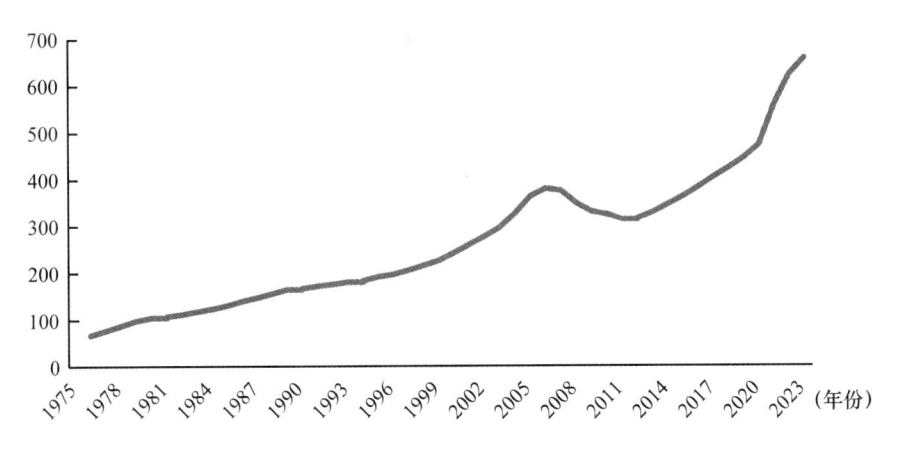

图5-5 美国商品房价格指数(以1980年为基点)

资料来源:美国商务部、WIND数据库。

表5-2反映的是美国MBS相关证券化产品的发行量。其中,MBS、CMBS和RMBS分别是指简单的过手型抵押贷款支持证券、狭义上的居民住房(Residential)抵押贷款支持证券以及商用住房(Commercial)抵押贷款支持证券;CMO则是指抵押担保债券,是将MBS进一步打包后形成的具有不同期限结构的新型证券化产品,具有更高的资本虚拟化和金融化程度。数据表明,即使经历了2008年国际金融危机,MBS相关证券的发行量也没有减少,维持在年度2万亿—3万亿美元的水平,与危机爆发前相差并不明显,新冠疫情期间甚至一度提升至单年度5万亿美元,远超过危机爆发前的水平。原因在于,MBS是同每一位消费者或劳动者的消费工具——消费场所以及其最为依赖的耐用性消费对象——住宿紧紧联系在

一起的，劳动者要生存就必需消费上述生活资料，而只要进行了这些消费就会产生资金流以推动其金融化进程，最终抬升了生活资料的价格。

表5–2　　　　　美国MBS相关证券化产品发行量　　　（单位：10亿美元）

年份	机构债券		非机构债券		合计
	MBS	CMO	CMBS	RMBS	
1998	1261.70	228.10	75.90	84.90	1650.60
1999	1122.00	199.40	56.70	138.00	1516.10
2000	779.90	100.00	47.10	231.60	1158.60
2001	1818.50	389.30	67.40	181.70	2456.90
2002	2514.90	593.20	54.40	148.40	3310.90
2003	3537.20	624.80	83.50	272.00	4517.50
2004	2428.70	373.90	101.00	421.00	3324.60
2005	2764.70	334.20	175.80	664.60	3939.30
2006	2691.10	295.60	213.80	917.80	4118.30
2007	2434.60	257.20	240.50	1259.10	4191.40
2008	1394.00	150.10	17.30	1278.00	2839.40
2009	2172.10	311.20	11.00	788.20	3282.50
2010	2012.60	493.10	24.60	52.70	2583.00
2011	1724.80	488.71	34.80	72.50	2320.81
2012	2195.10	721.55	36.80	66.60	3020.05
2013	2120.20	567.54	79.20	37.10	2804.04
2014	1439.60	549.88	99.40	27.90	2116.78
2015	1800.70	408.60	101.90	50.20	2361.40
2016	2044.20	463.07	77.90	73.90	2659.07
2017	2003.40	412.58	97.60	97.40	2610.98
2018	1873.00	370.92	88.60	85.50	2418.02
2019	2118.90	427.42	107.00	126.30	2779.62
2020	4271.00	464.77	58.90	181.40	4976.07

续表

年份	机构债券		非机构债券		合计
	MBS	CMO	CMBS	RMBS	
2021	4584.40	321.08	137.10	139.60	5182.18
2022	2146.10	318.18	36.60	187.30	2688.18
2023	1311.80	361.86	21.60	271.70	1966.96

资料来源：美国证券业及金融市场协会。

二 消费对象金融化作用下的劳动力再生产成本

在劳动力再生产所需生活必需品中，消费对象价值占比最高的便是耐用性消费对象。与耐用性消费对象相比，一般日常消费对象不仅价值占比较低，而且也不存在普遍较高的金融化倾向。因此，本书只考察耐用性消费对象金融化作用下的劳动力再生产成本。事实上，住宿是最为重要的耐用性对象，其所依托的消费工具——住房，不仅能够作为资产抵押以获取收入流，还能够实现劳动者代际的资源分配。正如普拉萨德①认为的那样，住房价格的变化既能够通过刺激公立学校的教学质量来影响劳动者子女的教育问题，还可以通过刺激消费信贷的获得额度来影响医疗费用问题。因此，考虑到上文已经分析了消费工具或消费场所金融化影响下的劳动力再生产成本，本书将在此基础上过渡到对医疗、教育等耐用性消费对象金融化影响下的劳动力再生产成本的分析。

（一）医疗行业金融化引起的生活资料价格变动

资料显示，美国是唯一的私营开支超过公共开支的国家，从而也是唯一的没有对疾病提供大量社会保险的发达国家。截至2014年，美国约有1/7的人仍然无法享受最基本的医疗保障，而这部分人正是医疗机构最迫切"关注"的人，因为他们在生病时不得不支付昂贵的医药费来维持自己的再生产②。实际上，美国医疗价格的上涨与医疗金融化息息相关，为了进一步识别二者的联系，我们从两个角度来刻画金融化对于医疗消费品

---

① [美]莫妮卡·普拉萨德：《过剩之地：美式富足与贫困悖论》，余晖译，上海人民出版社2019年版，第300页。
② [美]保罗·罗伯茨：《冲动的社会：为什么我们越来越短视，世界越来越极端》，鲁冬旭、任思思、冯宇译，中信出版社2017年版，第194页。

价格的影响。一是医疗企业的股东回报率（ROE），作为一个提供公共产品的企业，即使股东价值的提升能够给所有股东带来好处，其也危害到了整个社会的公共利益。二是美国医疗企业的资本化程度，用企业市值/EBITDA表示，它可以衡量医疗企业参与金融化的深度。本书选用了美国规模最大的5家医疗企业，分别计算了其ROE和资本化程度的加权平均值。

从图5-6可以看出，美国市值排名前5的医疗企业金融化水平与宏观经济周期是一致的。2007—2009年国际金融危机期间，企业资本化程度有所降低，但很快在2015年就超过了原先的水平，目前在10上下波动。与之不同的是，股东回报率在总体上呈现上行趋势，特别是在资本化程度下降时，股东回报率却仍在上涨，并在2020年超过了36%。事实上，如果将规模较大的企业单独列出，金融化条件下的股东价值最大化逻辑将更为明显。图5-7列出了美国乃至全球规模最大的药品与医疗服务设备供应商——麦克森公司（McKesson Corporation）以及美国最大的药品批发商——美源伯根公司（Amerisource Bergen Corporation）1993—2023年的股票市值。根据2023年最新发布的世界500强排名，这两大医疗企业分别排名第18位和第24位，位居医疗类企业之首席和次席。它们的主要业务就是为世界上绝大多数的医院、疗养机构提供医疗设备、药物、保健品以及医疗服务咨询等，可谓是世界上大型医疗企业学习和效仿的典范。然而，作为提供医疗服务这一具有公共品性质的企业，它们并没有致力于让更多的消费者获得医疗帮助，而是按照金融化所要求的股东价值最大化逻辑来发展自己，其最终后果必然是极少数大股东收益增多、绝大多数普通股东收益相对下降以及整体医疗费用的持续走高。据统计，大规模医疗企业林立的美国是医疗费用最昂贵的国家，每年的医疗花费高达2万亿美元[1]。根据美国媒体Vox的报道，美国日均住院费用高达5220美元、养老院仅住宿费用就高达每月7700美元，曾在1988年获得诺贝尔物理学奖的莱昂·莱德曼（Leon Lederman）为了支付高昂的医护费用不得不拍卖了自己的诺贝尔奖牌[2]。

---

[1] 李玲：《对比中美医改，增强制度自信》，《环球时报》2019年6月25日第15版。
[2] 《美国的医疗费到底有多贵？》，https：//user.guancha.cn/main/content？id=47262&s=fwzxfbbt。

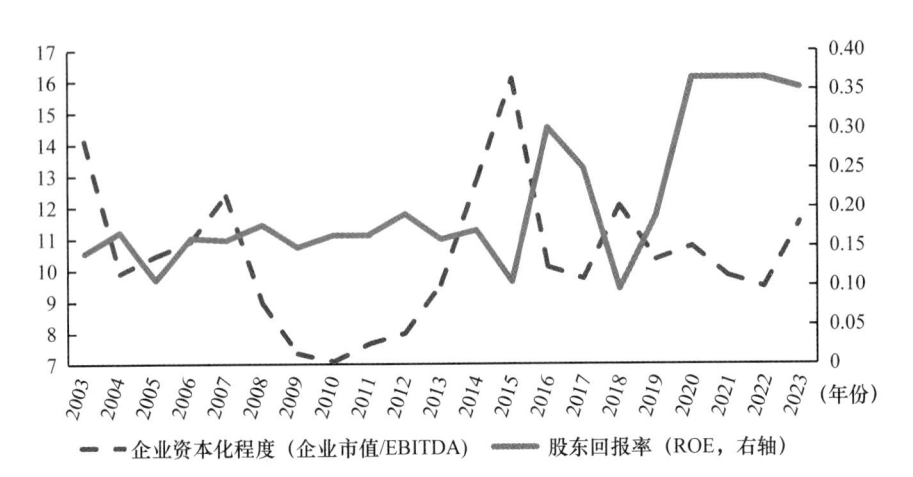

图 5-6 美国前 5 名医疗企业的股东回报率与资本化程度

资料来源：Osiris 数据库。

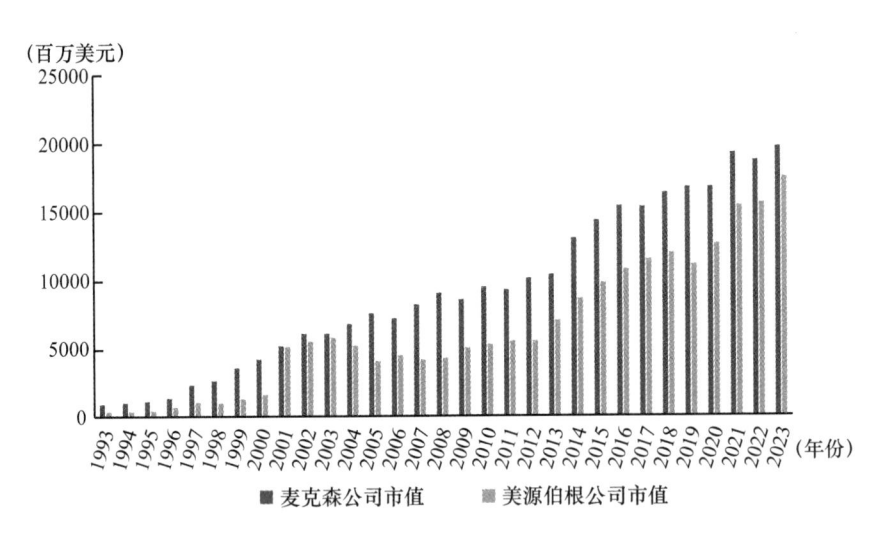

图 5-7 美国规模最大的医疗供应商和医药供应商市值

资料来源：Osiris 数据库。

（二）教育行业金融化引起的生活资料价格变动

新自由主义鼓吹的教育私有化以及教育企业的金融化行为为教育价格的上升埋下了隐患。前者在资本主义发展中国家影响极为深远。以智利的教育私有化为例，20世纪70年代末，智利的领导人按照新自由主义"芝加哥男孩"（Chicago Boys）的建议，对教育系统推行大面积的私有化和非国有化，为了支付高昂的学费，大学生们经常需要夜间打工白天上课，这样的学习条件并不利于学术的进步。昂贵的学费引发了30%—50%的退学率，这一情况还在加剧：据此前推算，如果说2003年一个中等收入家庭需要将其收入的30%用于高等教育，那么到2020年，这个数字将会上升到66%，这还仅是有一个孩子的情形①。

后者在资本主义发达国家表现得较为明显，且同样是建立在教育私有化基础上的。图5-8表明，美国政府对于教育的支出水平自2000年以来持续下行，而与此同时，美国教育类消费价格指数却在直线上升，而且涨幅远超过整体物价水平的变动。这表明，随着教育私有化的深入，美国教育费用在增加。以美国大学学费为例，其已经持续上涨20多年。资料表明，自1998年以来，美国私立大学的平均学费上涨168%，州外公立大学上涨了200%，州内公立大学更是高达243%，这表明了国家对教育投资的减少。据USNEWS最新调查数据显示，大多数排名高的学院（包括公立学院）的价格在2019/2020学年都有所上涨。排名最高的公立学校学杂费平均上涨了4%，私立学校学杂费则上涨了3%②。以不变价计算的美国高校平均学杂费已经从1970年的8625美元上升到2012年的20234美元，而联邦最高佩尔助学金占学费之比则从1975年的67%下降到2012年的27%，这表明净学费，即学费减去助学金的费用在不断走高。另有资料显示，高收入家庭净学费的增速远高于低收入家庭，收入的不平等也在教育不公平上得到了印证③。

然而，美国大学，特别是排名较高的大学并不缺少资金，这不仅是因为各州政府对其进行的资金援助，还因为基金会提供的多种基金以及校友捐献的基金。据统计，2016年哈佛大学受捐近12亿美元、斯坦福大学9.5亿美元、南卡莱罗那大学和约翰霍普金斯大学的受捐额也都超过了6.5亿美元。实际上，在自负盈亏的办学条件下，大学纷纷成立基金会进

---

① ［德］魏伯乐、［美］奥兰·扬、［瑞士］马塞厄斯·芬格主编：《罗马俱乐部报告：私有化的局限》，王小卫、周缨译，上海三联书店、上海人民出版社2006年版，第220页。

② Farran Powell and Emma Kerr, See the Average College Tuition in 2019-2020, https://www.usnews.com/education/best-colleges/paying-for-college/articles/paying-for-college-infographic.

③ 王景枝：《私有化趋势冲击美国高等教育公平》，《光明日报》2019年12月12日第14版。

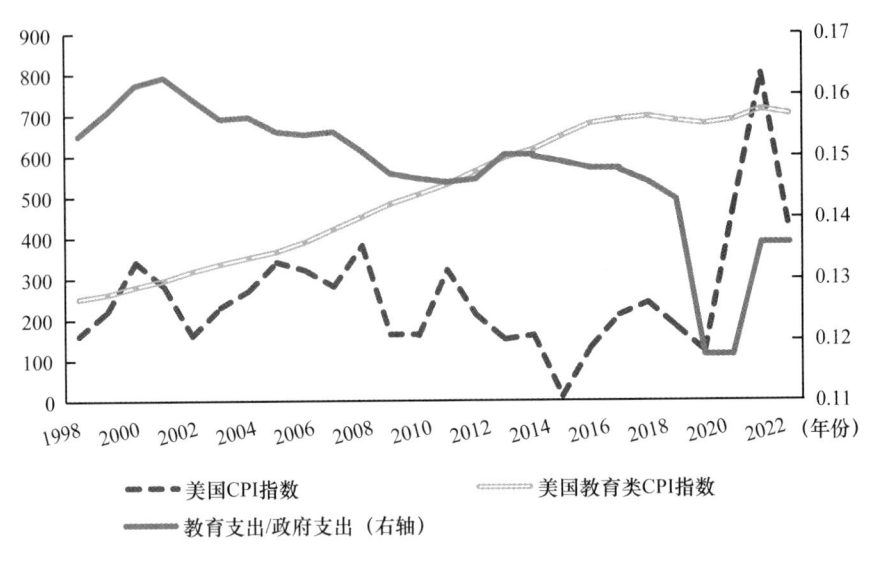

图 5-8　1998—2022 年美国政府支出中的教育支出水平

资料来源：美国经济分析局（BEA）、WIND 数据库。

行金融投资，因此大学的资产在很大程度上是金融化了的。资料显示，美国大学投资的资产包括房地产、股票、债券等多种风险等级的资产，在 2008 年前，大学基金由于主要投资在高风险的证券化资产上而损失惨重，之后其投资组合便进一步多样化了[①]。哈佛大学的金融资产报告表明，其投资的资产包括公募基金、私募基金、对冲基金、房地产、债券、自然资源等。其中，在 2019 财年，风险性较高的私募基金、对冲基金、房地产投资占比更是高达 61%[②]。无论投资盈亏与否，大学基金投资的结果都会加大学校间的竞争力度以及学校收入的金融化程度，其最终的风险仍然会由大学教育的消费者，即大学生及其家庭承担。面对高昂的学费，学生们不得不选择助学贷款，而助学贷款也正是这些大学基金会进行投资的一种资产而已。

---

① 曹辉、李茹莹：《美国大学基金会的资本输入、投资行为与治理方略》，《黑龙江高教研究》2016 年第 2 期。

② Harvard Management Company，Financial Report Fiscal Year 2019，https：//finance.harvard.edu/files/fad/files/fy19_harvard_financial_report.pdf.

三 消费信贷的产生与演进过程

劳动者就业薪酬的不稳定降低了劳动者的收入水平，而消费资料的金融化则又提升了劳动力的再生产成本，在二者的共同作用下，劳动者需要求助于金融部门的贷款来完成劳动力的再生产，从而刺激了消费信贷的增长。事实上，根据丹尼尔·贝尔[①]的分析，破除道德约束下的消费信贷正是当代社会的三大发明之一，另外两个是流水线作业下的大批量生产和市场化作用下的大规模消费。可见，尽管消费信贷不是金融化的产物，但在如今也已经作为金融化的重要组成部分而与之融为一体了。因此，为了准确认识金融化背景下的消费信贷及其对劳动力再生产的影响，有必要先对消费信贷的产生与演进过程进行梳理。

（一）现代消费信贷体系产生的两大支柱

现代消费信贷体系产生的一个重要支柱是特殊性放款机构的普遍发展。消费信贷可能是最为古老的信贷方式，其历史在西方可以追溯至古希腊和古罗马时期，而现代消费信贷的苗头则在19世纪初才逐渐出现。当时欧洲的底层工人家庭普遍受到资本家的剥削而无法完成劳动力的再生产，他们便开始依托于穷人的银行家——典当行来进行"贷款"融资，典当的内容从衣物、首饰到床上用品等，并不具有一般性。相对于最底层的工人而言，拿到相对高工资的技术工人不仅会去典当行，还会选择去小额放款机构进行贷款，因为后者虽然利息高但却能够借出更多的数额以满足整个家庭的日常消费。在这一过程中，放款机构考虑到自身资产的安全性，往往要求贷款人把动产或工资转让证明书作为抵押条件。尽管这些机构在一定程度上帮助工人阶级家庭维持了再生产，但其还是因为高利贷的属性而被政府严令禁止。然而，随着资本主义的发展，劳资对立越发严峻，在美国，为了弱化工人阶级的力量，政府逐渐转变了对工人小额贷款的态度，因为其发现只要工人能够完成自己的再生产就会减少与资产阶级的对抗。同时，小额信贷机构的发展促致小额信贷协会的出现，它们也向政府诉求着资产阶级的利益。在双重因素的作用下，美国政府于1916年颁布了《统一小额贷款法》（*Uniform Small Loan Law*），这一法律的颁布

[①] ［美］丹尼尔·贝尔：《资本主义文化矛盾》，赵一凡、蒲隆、任晓晋译，生活·读书·新知三联书店1989年版，第113—114页。

意味着特殊性放款机构得到了政府的法律认可，当代消费信贷体系的一个支柱也就初步建立了。

现代消费信贷体系产生的另一个支柱则是分期付款的出现。分期付款与上文涉及的典当贷款和小额放款机构的信贷形式都不相同，主要表现在资金流向与还款机制上。与典当贷款放弃在未来使用商品以换取当前收入不同，分期付款是放弃未来的收入以换取对当前商品的使用。与小额放款不同的是，分期付款要求按规定时间间隔同时偿还利息和本金直至贷款全部还清，而小额放款则大多是要求定期支付利息，最后才一次性支付全部本金。与资本主义生产力与生产关系的矛盾运动造成了特殊性小额放款机构的发展类似，分期付款的发展也依托于工业资本主义的发展，主要包括三个方面：一是生产力的扩张增加了耐用性消费品的平均范围；二是劳动力市场的发展颠覆了人们对于收入的观念，劳动收入不再是以年或季节的周期获得，而是以周或者月的周期获得；三是劳资关系的对立使得工人只能获得偿付利息的工资。事实上，随着资本主义生产方式的推进，以汽车为代表的大规模耐用性消费品被制造出来，而1915年，汽车销售商批量采用了分期付款的方式，其他耐用性消费品的销售商也开始纷纷效仿，标志着分期付款作为一种标准化的消费信贷方式被正式确立下来了。可以说，离开分期付款，汽车不可能迅速进入大众市场，而没有汽车的销售过程，分期付款也不会发展得如此迅猛。

（二）1970年前消费信贷的初步发展

通过考察现代消费信贷两大基础的确立过程可知，现代消费信贷的产生是与资本主义发展过程中劳动力的再生产紧密联系在一起的，是劳动者、资本家以及政府部门共同作用下的产物。首先，产业资本家为榨取更多的剩余价值而压低劳动者工资的行为产生了消费信贷的需求；其次，借贷资本家通过特殊性的典当贷款、小额高息贷款为劳动者提供劳动力再生产所需的资金产生了消费信贷的供给；最后，政府在法律上对消费信贷的肯定则使得其供求双方能够以合法的形式达成交易。实际上，随着现代消费信贷体系两大支柱的确立，消费信贷呈现了蓬勃发展之势。据统计，1919年，福特公司至少有65%的汽车是以现代消费信贷分期付款的方式进行的，而到1924年，就全美而言，这一数字已经达到75%。1926年，购买汽车的消费贷款占到50%，购买其他耐用品的贷款占到35%，购买零售日用品的消费贷款也占到15%①。如果说1929年之前，包括美国在内的西方国家在消费信贷的发展方面是旗鼓相当的，那么在"大萧条"和"新政"出现后，美国的消费信贷则出现了急速上涨，并最终成为整个西方世界消费信贷的引领者，而这主要归功于两个方面，一是美国政府的直接干预，二是商业银行的积极介入。

就前者而言，自1929年经济危机爆发以来，美国政府便致力于通过政府干预经济以应对危机，尽管胡佛总统的经济复苏计划大都以失败告终，但其建立的联邦住房贷款银行系统（Federal Home Loan Bank System）却是美国致力于扩大家庭借款权限的第一个大规模消费信贷计划。罗斯福总统上台后便很快在这一系统的基础上建立了联邦住房管理局（Federal Housing Authority），开启了以政府直接放贷为特征的"新政"。在政府的直接刺激下，美国创立了一种特殊种类的以住房为抵押的贷款，具有期限长（10—20年）、利率低（低于5%）、贷款价值比高（接近80%）的特征。在政府背书、还款成本和首付价格都很低的综合作用下，美国以住房抵押贷款为首的消费信贷快速发展，到1937年的短短3年间便产生了超过10亿美元的抵押贷款，新开工住房数量从1933年底的9.3万套上升到1940年初的53万套②。其中，1938年建立的联邦国民抵押贷款协会（FNMA），即"房利美"，更是进一步将贷款权限下放至全国的私营部门，通过建立全国性的二级市场增加了抵押贷款的流动性，进一步刺激了国民消费信贷的发展。就后者而言，商业银行在最初是反对从事消费信贷业务的。因为它们认为，"消费性"或"消耗性"的贷款是一种对自身资金的消耗，不能像贷款给企业的"生产性信贷"那样能够获取稳定的利息。但是，在政府的要求和大力背书，并在少量开展个人信贷业务的银行倒逼下，商业银行发行这种消费信贷似乎并没有引发过高风险，而且如果再不积极参与就会被其他商业银行抢占先机。据资料统计，发放给家庭部门的银行贷款比例从1922年的6%上升到1929年的9%，而到1939年已经超过20%，其中很大部分是住房抵押贷款。至此，在私人部门，商业银行取代了特殊性放款机构，成为规模最大的消费信贷机构。

---

① [美]莫妮卡·普拉萨德：《过剩之地：美式富足与贫困悖论》，余晖译，上海人民出版社2019年版，第263页。

② [美]伦德尔·卡尔德：《融资美国梦：消费信贷文化史》，严忠志译，世纪出版集团、上海人民出版社2007年版，第276页。

(三) 1970 年后消费信贷的金融化转型

与资本主义发展历程一致，消费信贷的演进过程也在 20 世纪 70 年代之后发生了变化，其中，最为明显的特征便是由原先的住房净资产抵押贷款和信用卡贷款变成了基于住房抵押贷款支持证券（MBS）的消费信贷。据统计，自 1989 年以来，美国有超过一半的消费信贷是由证券化资产引起的，而超过 62% 的信用卡贷款也是由于发行了基于消费者分期付款下的支持证券造成的[①]。可见，当前的消费信贷已经与金融化的发展融合在一起了，要了解 20 世纪 70 年代以来消费信贷的演进过程就需要厘清消费信贷金融化转型的逻辑，包括以下三个方面。

首先，先前的抵押贷款制度存在缺陷，在外部环境冲击下，商业银行亟须转型。事实上，1965 年之前，抵押贷款的主要参与者一直是政府支持下的储蓄贷款银行而非真正意义上的商业银行。这些银行从地方社区获得存款，然后再给本地区需要购买房屋的消费者提供抵押贷款，截至 20 世纪 80 年代，约 60% 的抵押贷款由储蓄贷款银行持有，而商业银行仅持有 20% 的市场份额[②]。尽管在政府的支持下，这一抵押贷款制度发挥了重要作用，但是却存在一个严重的缺陷，即必须有持续不断的大雇主予以存款支持，如果大雇主离开了银行所在的地区而要求取现时，银行就丧失了存款现金流，将来很难再去为社区其他人提供贷款，从而在面临局部风险时显得十分脆弱[③]。实际上，20 世纪 70 年代的两次石油危机恰好放大了这一缺陷，为了应对通货膨胀对自己的不利影响，大额存款者纷纷要求从储蓄贷款银行提现，后者遇到了前所未有的挑战。因此，70 年代之前抵押贷款制度的缺陷成为后来 MBS 消费信贷崛起的先决条件。

其次，政府的积极干预直接催生了抵押贷款的资产证券化。由于储蓄贷款银行受到了政府的支持，面对上述缺陷，政府也积极采用了一系列的手段予以应对，而在这一过程中促使了 MBS 的产生。如果追溯 MBS 的起

---

① [美] 克里斯托弗·布朗：《不平等、消费信用与储蓄之谜》，程皓译，社会科学文献出版社 2016 年版，第 90 页。

② Neil Fligstein and Adam Goldstein, "The Anatomy of the Mortgage Securitization Crisis", *Research in the Sociology of Organizations*, Vol. 30, PART A, 2010, pp. 29–70.

③ [美] 阿蒂夫·迈恩、阿米尔·苏菲：《房债：为什么会出现大衰退，如何避免重蹈覆辙》，何志强、邢增艺译，中信出版社 2015 年版，第 92 页。

源，可以发现其最初并不是由华尔街而是由联邦政府创造的。根据 Kendall①以及 Quinn②的分析，MBS 在 1965 年前后就已经处于政府部门的规划中。当时，约翰逊政府既想要解决"婴儿潮"一代的住房问题，又不想增加联邦预算赤字，几经规划后，政府决定重组联邦国民抵押贷款协会（FNMA），即"房利美"，将其作为一个类似于私人所有的政府赞助企业（Government-Sponsored enterprises, GSE）专门从事抵押贷款，同时，创立联邦住房抵押贷款公司（Federal Home Loan Mortgage Corporation），即"房地美"与其展开竞争。另外，再设立政府国民抵押贷款协会（Government National Mortgage Association），即"吉利美"来提供违约保险。这些 GSE 将全国各地吸收来的住房抵押贷款汇集到一个资产池里，并依托这个池子出售金融证券，这便是最初的住房抵押贷款支持证券（MBS）。资料显示，第一个现代的 MBSs 是由政府支持下的吉利美（Ginnie Mae）于 1970 年 4 月 24 日发行的③。

最后，金融化资本的发展加速了商业银行和非银行金融机构证券化业务的发展，实现了无政府支持的证券化消费信贷。随着 GSE 关于 MBS 业务的深入，越来越多的金融机构改变了传统的盈利观念，开始从事证券化业务。它们发现，在金融化资本的作用下，最为赚钱的已经不再是吸收存款并发放贷款，而是从事各种中介业务以收取费用。据统计，与收取费用相关的业务收入从 1980 年的 24% 上升到 1995 年的 35%，到 2003 年上升到 48%④。金融机构不仅转移了业务还更换了投资策略，它们不再借钱给客户，而是出售抵押贷款或是将其打包成 MBSs，然后出售 MBSs、持有 MBSs，因为每个中间过程都可以用其借的钱来赚取利润。此时，在金融化以及新自由主义的影响下，政府部门也纷纷放松对金融部门的管制：从 1982 年撤销 Q 条例，允许商业银行自由选择用于支付的存款利率；到 1986 年更新《税法》为 MBS 市场的扩张扫清道路；再到 1999 年撤销《格拉

---

① Leon T. Kendall, "Securitization: A New Era in American Finance", In Leon T. Kendall and Michael J. Fishman, *A Primer on Securitization*, MIT Press, 1998, pp. 1 – 17.

② Sarah Lehman Quinn, "Government Policy, Housing, and the Origins of Securitization, 1780 – 1968", PhD Thesis, University of California, 2009.

③ [奥]卡瑞恩·克诺尔·塞蒂娜、[英]亚历克斯·普瑞达主编：《牛津金融社会学手册》，艾云、罗龙秋、向静林译，社会科学文献出版社 2019 年版，第 361 页。

④ Robert DeYoung and Tara Rice, "How do Banks Make Money? A Variety of Business Strategies", *Economic Perspectives*, Vol. 28, No. 4, 2004, pp. 52 – 68.

斯-斯蒂格尔法案》，允许银行自由从事任何业务。最终，在金融化与新自由主义的作用下，居民的消费信贷已完全消融于MBSs中了，原本试图通过消费信贷来缓解消费资料金融化对自身再生产施压的劳动者又受到了消费信贷金融化的压力，劳动力再生产的质量再次遭受冲击。

第三节 消费信贷的发展现状、风险约束与演化稳定状态

本节首先阐述当前消费信贷的发展现状及其面临的风险问题，然后在消费信贷风险约束的基础上，结合前文企业的金融化逻辑和劳动者的不稳定薪酬构建一个劳动者与资本家关于消费信贷的演化博弈模型，并确定模型的演化稳定状态以及这一状态下劳动力再生产的质量。

一 消费信贷的发展现状

自20世纪初现代消费信贷体系建立以来，消费信贷的发展经历了两大历史阶段，而在不同的阶段，消费信贷采取了不同的形式并产生了不同的问题。因此，为了分析消费信贷的稳定状态，本书首先需要厘清当前消费信贷的主要形式及其面临的风险约束问题。

根据前文的分析，现代消费信贷产生于20世纪20年代，迸发于70年代。事实上，伴随消费信贷发展过程的是消费信贷结果形式的不断创新。在70年代之前，消费信贷先后经历了"专属性金融公司"贷款和政府支持类抵押贷款两种形式。就前者而言，主要是指通过大型非金融公司下的全资子公司发放贷款，其首要功能就是配合母公司销售业务所需要的批发和零售性金融业务。虽然这一形式主要发生在政府广泛参与消费信贷业务前的汽车、家用电器等制造类企业，但是在近代出现银行危机和经济危机时，以汽车金融服务公司为代表的专属性金融公司仍然起到了稳定消费者金融市场的作用[①]。就后者而言，在政府部门的支持下，消费者可以通过抵押其特定的资产来获得贷款，而这一过程则涉及关于消费信贷的两类创新即分期贷款和信用评估：分期贷款能够降低消费者在每个还款周期

---

① [美]克里斯托弗·布朗：《不平等，消费信用与储蓄之谜》，程皓译，社会科学文献出版社2016年版，第80—81页。

内的还款额度,减轻其在每个期限内的还款压力,但是随着期限的延长,抵押贷款的债务上限却会增加;信用评估能够实现对消费信贷市场的细分,根据借款者的不同信用评分提供不同风险和规模的消费信贷,从而扩大了有效信贷的规模,但其面临巨额的数据收集成本,只有同政府相联系的大型金融公司才有能力支付庞大的评估费用。

可见,在20世纪70年代前,消费信贷的发展在很大程度上是在政府支持下建立起来的。然而,在70年代之后,随着新自由主义金融化的推广,政府一方面减少了对消费信贷的直接干预,另一方面又通过成立准私人部门的政府赞助企业(GSE)来为私人部门的证券化消费信贷扫清障碍,使得消费信贷变得愈加证券化和金融化。特别是进入90年代后,在美国,房利美、房地美等GSE已经完全地私有化了,消费信贷正式获得了私人部门证券化的形式。因此,当前消费信贷采用的主要形式便是在房利美、房地美等私有化GSE支持下的住房抵押贷款形式以及与之相联系的证券化形式。

由于美联储在统计消费信贷时没有涉及住房抵押贷款,因此为了探讨二者的关系,本书将其一并放入图5-9中。由图5-9可知,自20世纪

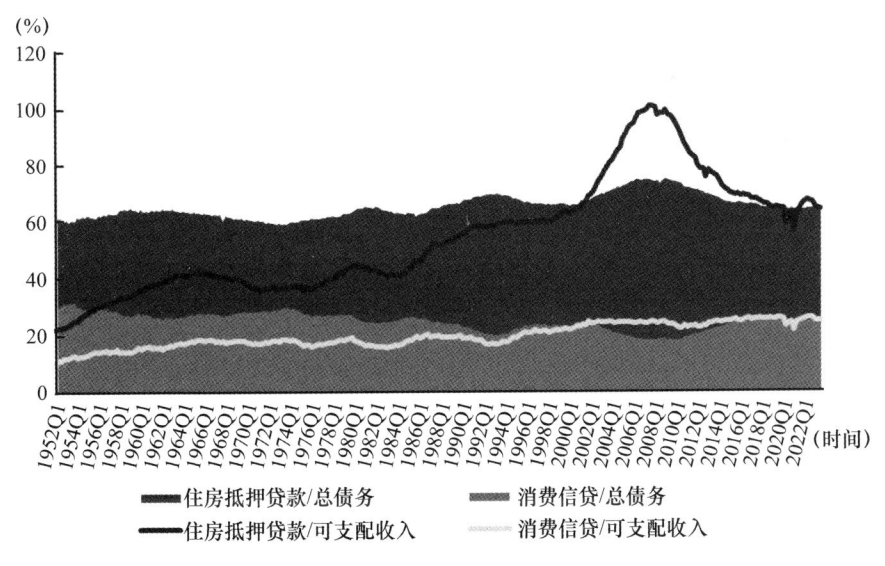

图5-9 美国家庭部门消费信贷与住房抵押贷款的多项占比

资料来源:美联储。

90年代以来，美国家庭部门消费信贷与可支配收入之比保持在20%—25%，而住房抵押贷款占比则在70%—100%波动，二者之和已经接近甚至超过了可支配收入的总额。但在结构数据上，住房抵押贷款占总债务的60%—70%，而日常的消费信贷则只有20%左右，可见住房抵押贷款在一定程度上挤出了消费信贷。

然而，如果综合家庭部门的资产端来分析，又会呈现另一种情况。如图5-10所示，在美国，金融资产是各类资产中占比最高的，净资产的增加在很大程度上归因于金融资产的提升。在非金融资产方面，尽管其在规模上不如金融资产，但自20世纪80年代以来的增长势头却十分迅猛。实际上，美联储是将房地产资产划归到非金融资产中，如果将房地产资产去除，那么非金融资产甚至呈现了缩小的趋势。可见，对于家庭部门资产影响最大的便是金融资产和房地产资产，后者不仅像上文分析的那样挤压消费还能够通过创造更多的资产来推动消费。事实上，如果将金融资产中最为重要的股权资产单独列出来与房地产资产进行比较，就能发现，即使对于金融资产，房地产也起到了十分重要的推动作用。如图5-11所示，20世纪50年代以来，在美国房地产资产在总资产中的份额长期高于股权资产所占的份额，其中，70—90年代初以及2001—2012年最为明显。可见，尽管将房地产归入了非金融资产，但从其所占份额远高于股权资产这一事实中能够看出，房地产对于金融资产也存在推动作用。图5-12进一步表明了这一点，如果没有可供抵押的耐用品、房地产等非金融资产，美国家庭部门的金融资产就失去了增长基础，这一点可以从国际金融危机期间非金融资产的下行趋势先于金融资产两年表现出来。

因此，20世纪70年代以来，美国家庭部门的消费大都是由房地产拉动的，消费信贷的主要形式也就自然是建立在房地产资产以及房地产抵押贷款的基础上了。

二 消费信贷的风险约束

消费信贷的发展受到了其风险增长的限制。如果单独列出住房部门，就能够发现当前美国住房抵押贷款的很大一部分来自证券化的债券。由图5-13可知，在美国，一方面，MBS的债券余额长期占到住房抵押贷款的80%以上，自2011年更是持续高于90%；另一方面，2010年之前，单位消费信贷所需要的MBS支持不断增多，极高值甚至接近400%，这表明

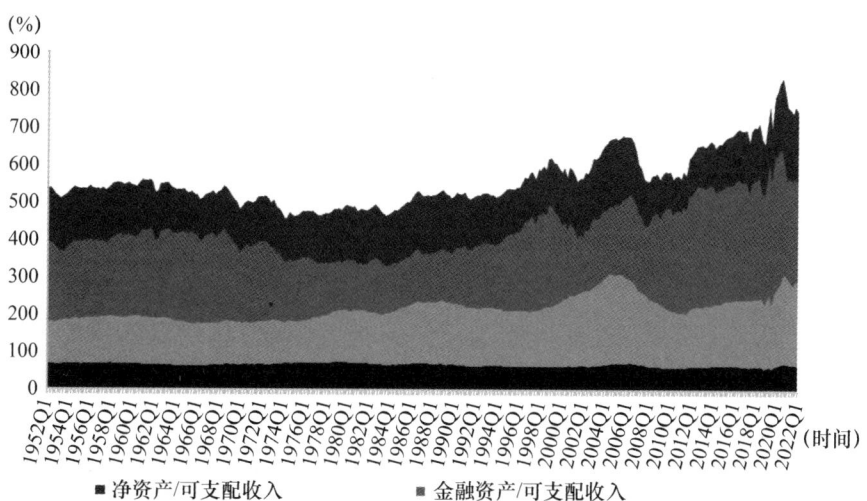

图 5-10　美国家庭部门各类资产占比

资料来源：美联储。

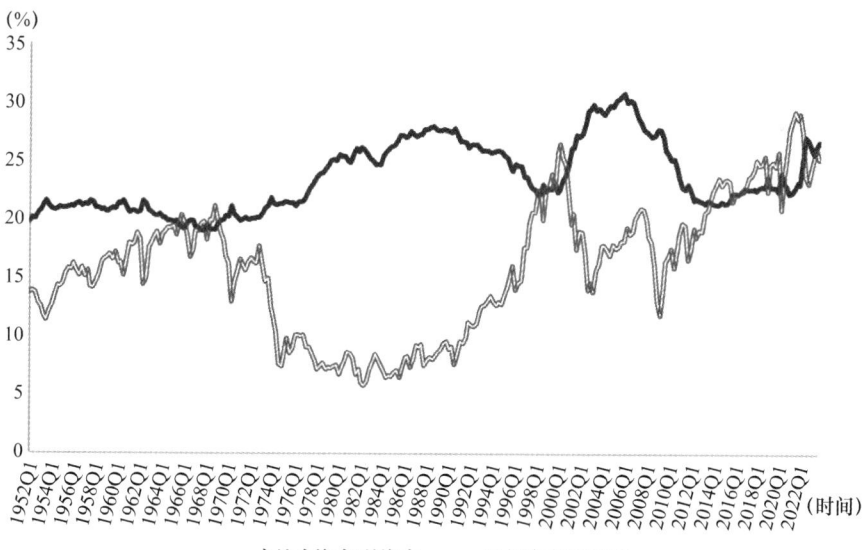

图 5-11　美国家庭部门房地产资产与股权资产占比

资料来源：美联储。

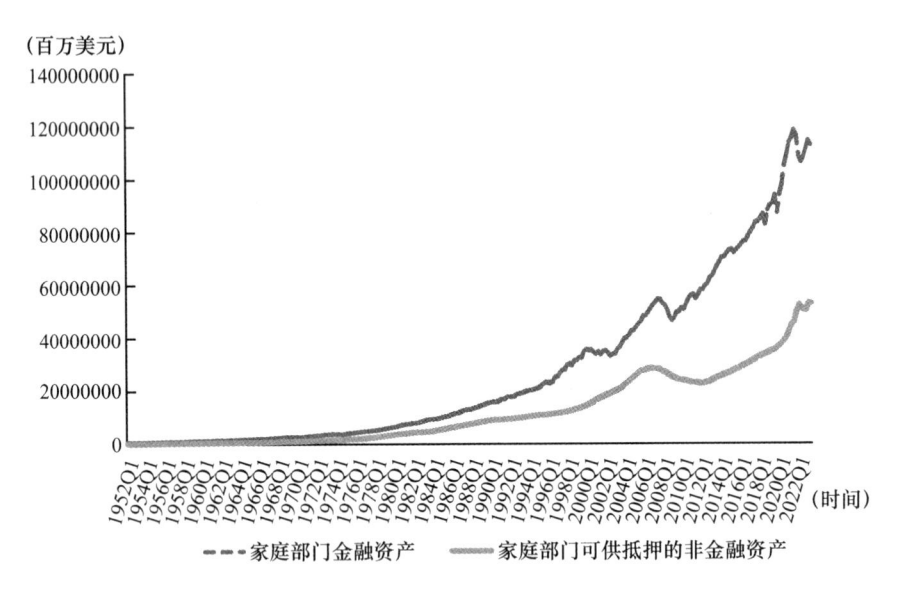

图 5-12　美国家庭部门金融资产与可供抵押的非金融资产

资料来源：美联储。

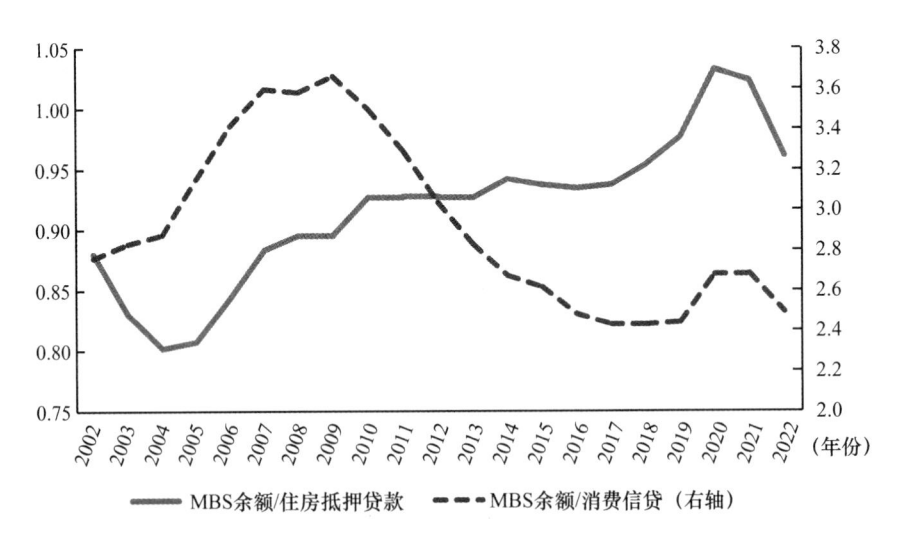

图 5-13　美国证券化债券占住房抵押贷款、消费信贷之比

资料来源：美联储、美国证券业协会。

每增加一单位消费信贷所需的 MBS 在增多，即 MBS 推动消费信贷过程中的泡沫化程度十分严重，尽管这一泡沫已经在 2010 年开始迅速走低，但至今仍然维持在 240%—260% 的水平。

因此，在资产证券化尤其是次级债券证券化的背景下，消费者借贷得到的资金在很大程度上都已经被过度金融化，从而具有极大的不稳定性。事实上，金融危机已经将这种不稳定性显现出来了。如图 5-14 所示，1996—2000 年，美国证券化债券的发行量总体低于消费信贷规模，而 2001—2007 年，远远超过消费信贷所承担的规模，最终，由于消费者无法偿还债务，层层打包的债务链条被打碎，金融危机随之爆发。

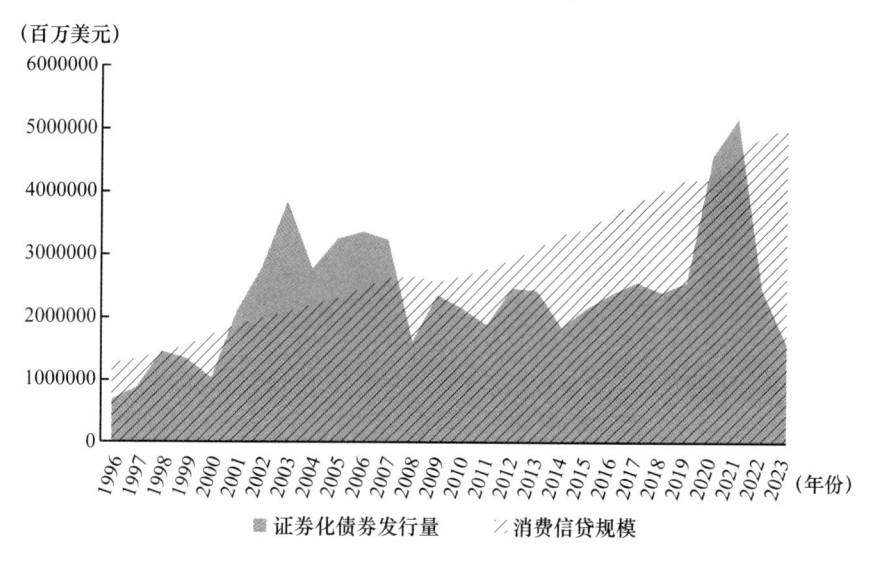

图 5-14 美国证券化债券发行量与消费信贷规模

资料来源：美联储、美国证券业协会。

诚然，在金融危机爆发后，证券化债券发行量已经低于了消费信贷规模，但消费信贷的持续上升仍然受到了金融化的推动，与 2001—2007 年不同的是，这次的主角不是金融机构，而是政府部门。事实上，美国自金融危机后便开始通过量化宽松（QE）等非常规货币政策予以应对，在这一过程中，中央银行通过购买国债的方法来向市场注入流动性，在国债规模迅速飙升的情况下，推动美国金融化的舵手也由金融部门转向政府部门。

根据图 5-15 可知，2004—2007 年，美国证券化债券余额的上升速度远超国债余额，而从 2008 年开始，在美国量化宽松政策的推动下，国债余额迅速上升，并在 2012 年超过了证券化债券余额，成为规模最大的债券。为了应对新冠疫情，2020 年以来美国政府继续加大国债发行规模，国债余额的上升速度再次加快。由于国债的大规模发行再次加重了美国的货币化，因此其便成为金融化的新舵手。显然，在这一过程中，居民消费信贷的金融化程度并没有减少，消费信贷的不稳定和风险性仍然存在。

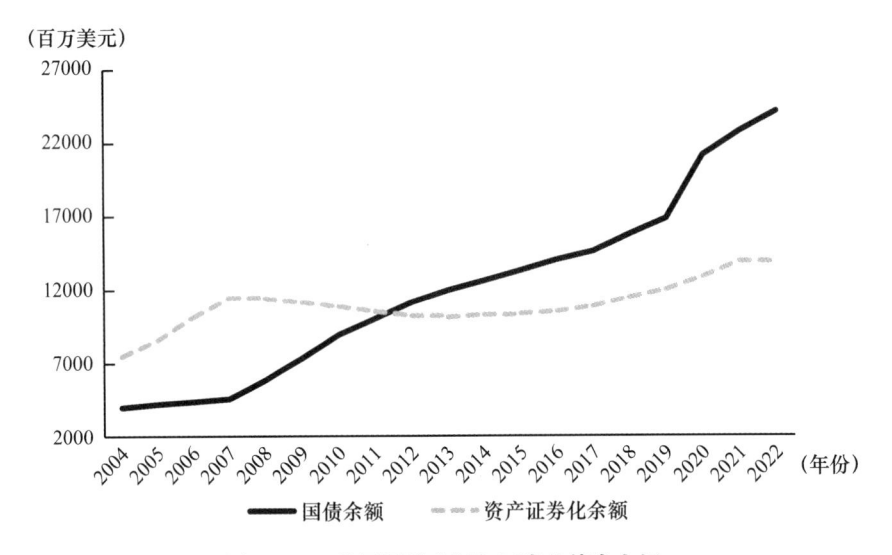

图 5-15　美国国债余额与证券化债券余额

资料来源：美联储、美国证券业协会。

可见，金融化的发展既能够推动消费信贷的增长，也能够增加其不稳定性和风险性。就前者而言，根据 Lazzarato① 的观点，金融化实际上是维持私人部门和公共部门巨大债务的机制。私人部门的消费信贷需要借助于可供抵押的资产，而上文分析表明这种资产主要就是住房。因此，在房地产金融化的作用下，住房价格的上涨能够为消费者提供更大规模的信贷。就后者而言，金融化对于消费信贷的风险也是非常明显的，这些风险会反过来限制消费信贷的规模。首先，房地产是一种重要的消费工具，金融化

---

① Maurizio Lazzarato, *The Making of the Indebted Man: An Essay on the Neoliberal Condition*, Los Angeles: Semiotex(e), 2012, p. 23.

在提升其价格的同时也提升了与之相关的消费资料的价格,而这会挤压消费信贷的水平。

其次,一旦消费信贷主要由证券化债券主导,那么其中的风险就会随之产生。实际上,本书涉及的资产证券化主要是指信贷资产的证券化,即把包括住房抵押贷款、汽车贷款、信用卡贷款以及其他流动性较差的资产进行结构重组形成资产池,并将其产生的对于未来现金流的收益权转为可供在金融市场上流通、交易的债券类证券的过程,之后,这些证券化后的债券可以经过进一步二次证券化,形成更为复杂的抵押担保证券(CMO)或者担保债务凭证(CDO)等金融衍生品。概括而言,资产证券化就是资产所有者将未来能够产生现金流的资产出售给特殊目的机构(SPV),SPV再将这些资产打包重组并以证券的方式销售给投资者的过程。如果说SPV的角色是由新型金融机构或者说货币资本家来扮演的,那么资产所有者则需要由资本主义企业或者说产业资本家来充当。就产业资本家而言,其已经生产的以及未来将要生产的商品,如耐用性消费品,可以通过资本市场而与金融资产挂钩,并利用传统金融工具转化为原生性的股票、债券等初始虚拟资本,或者通过一般的金融衍生工具转化为较复杂的期货、期权等虚拟资本的"平方",从而成为能够被证券化的"标的资产"。这些标的资产被企业出售给了SPV,后者在对标的资产结构重组后将其证券化为能够被任意拆分的、无差异的"资产包",并通过直接出售或再次证券化后间接出售给那些需要利用这些资产包进行投机套利以换取收益的个体和企业,从而加大了金融资产的风险脆弱性。就货币资本家而言,以商业银行为代表的金融机构便将原先"放贷并持有"的放款模式转变为"放款并出售"的模式,由于这一过程将贷款打包成了证券而剥离出资产负债表,因此,金融机构便不再关心借款者的信用评分情况,降低了对借款者的审查和监督动机,毕竟所有的贷款都会被打包到证券池子中,而证券池子的发起人为了让池子的风险看上去小一些就会对其进行系统性低估[1]。

最后,证券化债券的风险在统计意义也被刻意缩小了。众所周知,风险评估师和金融家们在计算证券池子里的风险时都是假定债券的违约概率

---

[1] [美]阿蒂夫·迈恩、阿米尔·苏菲:《房债:为什么会出现大衰退,如何避免重蹈覆辙》,何志强、邢增艺译,中信出版社2015年版,第97页。

在统计学上是相互独立的,这就能够保证证券化的债券可以被无限打包而不增加风险。但是,在现实生活中,违约并不具有完全的独立性,一种抵押贷款的违约很有可能会影响到其他抵押贷款的违约率,在这种情况下,池子里绝大多数债券都不再是安全的,基于资产池子的消费信贷也会因此受到限制。在以上三种风险的约束下,劳动者的消费信贷需要维持在什么样的水平才能够顺利实现自身劳动力的再生产呢?本节余下部分将通过引入演化博弈模型来展开分析。

三 劳资演化博弈条件下消费信贷的稳定状态

为了确定经济社会中消费信贷能够达到的稳定状态,我们需要构建劳动者和资本家关于消费信贷行为或策略的理论模型。然而,由于新古典经济学以及其对应的新古典金融学过于强调私人特性和充分理性,因此其存在假定过度和偏离现实的可能。在这种情况下,需要引入能够接受系统特性和有限理性存在的演化博弈理论来分析劳资双方关于消费信贷的博弈情况。

(一) 消费信贷演化博弈模型的构建

演化博弈模型关注博弈参与者特定策略类型占据其群体比例的动态变化。如果博弈参与者采用一种策略的频率或比例为 p,获得的支付或收益为 u_1;不参与的频率是 $1-p$,获得的支付或收益为 u_2,那么其采用策略的动态变化就可以表示为 $\dfrac{dp}{dt} = p(u_1 - \bar{u}) = p(1-p)(u_1 - u_2)$,其中,$\bar{u}$ 为采用两种策略的平均收益。事实上,$F(p) = \dfrac{dp}{dt}$ 刻画了博弈参与者的动态复制过程,令 $F(p) = 0$,即可求得参与者从事该策略的动态稳定状态,据此可得出演化稳定策略(Evolutionarily Stable Strategy,ESS)。其中,ESS 为演化博弈理论的核心概念,如果选定的一个策略是 ESS,那么就必须存在一个正向的侵入障碍,使得当突变策略的频率低于该状态时,选定的策略能够比突变策略获得更高的收益[1]。

---

[1] [英] 约翰·梅纳德·史密斯:《演化与博弈论》,潘春阳译,复旦大学出版社 2008 年版,第 55—58 页。

为了构建劳资双方关于消费信贷的演化博弈模型，本书做出如下假定。

假定 1　经济中仅存在两个阶级，劳动者和资本家①。劳动者可供选择的策略为参与消费信贷、不参与消费信贷，资本家可供选择的策略为从事消费信贷业务、不从事消费信贷业务。

假定 2　劳动者和资本家在经济社会中的地位是不对等的，在特定的经济社会中，劳动者和资本家之间的博弈是一种非对称博弈。

假定 3　劳资双方的策略过程都是基于有限理性进行的，每个个体都可以根据其所在阶级其他成员的策略结合自己的适应性进行选择和调整策略。

假定 4　劳动者参与消费信贷的比例为 x，不参与的比例为 $1-x$；资本家从事消费信贷业务的比例为 y，不从事消费信贷业务的比例为 $1-y$。

本书用劳动者和资本家选择策略后获得的净收益作为其博弈的收益函数，得到表 5-3 的博弈收益矩阵。

表 5-3　劳资双方关于消费信贷非对称博弈的收益矩阵

		资本家	
		从事消费信贷业务	不从事消费信贷业务
劳动者	参与消费信贷	$e_1 W_1 + (1-\beta)(1-r) f_1 C,$ $r\lambda R_1 + f_1(1-\lambda) R_1 - e_1 W_1$	$e_2 W_2 - \beta C,$ $f_2 R_2 - (1-\beta)(1-r) f_1 C - e_2 W_2$
	不参与消费信贷	$e_1 W_1, f_1(1-\lambda) R_1 - e_1 W_1$	$e_2 W_2, f_2 R_2 - e_2 W_2$

其中，e_1、e_2，W_1、W_2，f_1、f_2 以及 R_1、R_2 分别表示资本家在从事消费信贷业务和不从事消费信贷业务时的就业率、名义工资水平、金融化程

---

① 在金融化的条件下，假定一切资本家均可选择性地从事信贷业务或信贷投资。

度①以及资本家的总收入。λ 为资本家的总收入中用于消费信贷的部分，r 为消费信贷的利率，C 为劳动者能够提供的抵押资产的价格，β 为劳动者在参与消费信贷时抵押资产的折旧率。

表 5-3 说明，在劳动者参与消费信贷的情况下，如果资本家从事信贷业务，那么劳动者的收益等于可获得的工资收入 e_1W_1 与抵押消费资料的净资产收入 $(1-\beta)(1-r)f_1C$ 之和，即 $e_1W_1 + (1-\beta)(1-r)f_1C$；资本家的收益为提供消费信贷的利息 $r\lambda R_1$ 与非消费信贷的金融化收入 $f_1(1-\lambda)R_1$ 之和，减去工资成本 e_1W_1，即 $r\lambda R_1 + f_1(1-\lambda)R_1 - e_1W_1$。如果资本家不从事消费信贷业务，那么劳动者的收入就是其可获得的工资收入减去潜在的消费资料折旧成本，即 $e_2W_2 - \beta C$；资本家的收入就是金融化收入 f_2R_2 减去工资成本 e_2W_2，再减去潜在的可获得的利息收入 $(1-\beta)(1-r)f_1C$，表示为 $f_2R_2 - (1-\beta)(1-r)f_1C - e_2W_2$。

在劳动者不参与消费信贷的情况下，如果资本家从事消费信贷业务，劳动者的收入仅为可获得的工资收入 e_1W_1，资本家的收入则为非消费信贷的金融化收入 $f_1(1-\lambda)R_1$ 减去工资，即 $f_1(1-\lambda)R_1 - e_1W_1$。如果资本家不从事消费信贷业务，那么劳动者收入仅为可获得的工资收入 e_2W_2，资本家收入为 $f_2R_2 - e_2W_2$。

(二) 消费信贷演化博弈的动态过程

一方面，推导劳动者参与消费信贷的复制动态方程。首先，劳动者参与消费信贷时，其收益 U_{11} 可表示为：

$$U_{11} = y[e_1W_1 + (1-\beta)(1-r)f_1C] + (1-y)(e_2W_2 - \beta C)$$

其次，劳动者不参与消费信贷时，其收益 U_{12} 可表示为：

$$U_{12} = ye_1W_1 + (1-y)(e_2W_2)$$

劳动者的预期平均收益 U_1 可表示为：

$$U_1 = xU_{11} + (1-x)U_{12}$$

因此，劳动者参与消费信贷的复制动态方程为：

$$F(x) = \frac{dx}{dt} = x(U_{11} - U_1) = x(1-x)(U_{11} - U_{12})$$

整理得到：

$$F(x) = x(1-x)\{yC[1-(2\beta+r)+\beta r] - \beta C\}$$

---

① 可近似地视为商品价格持续地偏离其价值的程度，用 1 表示价格收敛于价值，显然 $f > 1$。

第五章 消费资料的金融化与消费信贷的演进过程   171

令 $F(x)=0$，得到 $x_1^*=0$，$x_2^*=1$，$y^*=\dfrac{\beta}{1-(2\beta+r)+\beta r}$，这表明，当资本家中有 $\dfrac{\beta}{1-(2\beta+r)+\beta r}$ 的人从事消费信贷业务时，劳动者是否参与消费信贷不影响其净收益水平，此时，无论劳动者中参与消费信贷的比重如何变化都是稳定状态。现考察两种一般情况。

第一，当 $y<y^*$ 时，由于 $F'(x)|_{x=0}<0$，$F'(x)|_{x=1}>0$，因此，$x=0$ 为劳动者的 ESS，这表明，当资本家从事消费信贷业务的比例低于上述临界点时，劳动者只有不参与消费信贷才能形成稳定的状态，如图 5-16（a）所示。

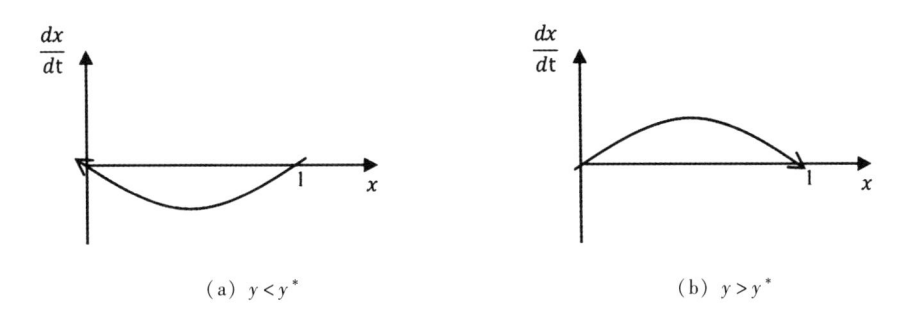

(a) $y<y^*$ (b) $y>y^*$

图 5-16 劳动者参与消费信贷的复制动态

第二，当 $y>y^*$ 时，由于 $F'(x)|_{x=0}>0$，$F'(x)|_{x=1}<0$，因此，$x=1$ 为劳动者的 ESS，这表明，当资本家从事消费信贷业务的比例超过上述临界点时，即使劳动者积极参与消费信贷也会形成稳定的状态，如图 5-16（b）所示。

另一方面，同理可以推导资本家从事消费信贷业务的复制动态方程。首先，资本家从事消费信贷时，其收益 U_{21} 可表示为：
$$U_{21}=x[r\lambda R_1+f_1(1-\lambda)R_1-e_1W_1]+(1-x)[f_1(1-\lambda)R_1-e_1W_1]$$
$$=xr\lambda R_1+f_1(1-\lambda)R_1-e_1W_1$$

其次，资本家不从事消费信贷时，其收益 U_{22} 可表示为：
$$U_{22}=x[f_2R_2-(1-\beta)(1-r)f_1C-e_2W_2]+(1-x)(f_2R_2-e_2W_2)$$
$$=-x(1-\beta)(1-r)f_1C+f_2R_2-e_2W_2$$

资本家的预期平均收益 U_2 可表示为：
$$U_2=yU_{21}+(1-y)U_{22}$$

因此，资本家参与消费信贷的复制动态方程为：

$$F(y) = \frac{dy}{dt} = y(U_{21} - U_2) = y(1-y)(U_{21} - U_{22})$$

为简化分析，本书假定资本家从事消费信贷业务前后的金融化收入水平和劳动者的工资水平不变，即 $f_1R_1 = f_2R_2$，$e_1W_1 = e_2W_2$，特别是，有 $f_1 = f_2 = f$，$R_1 = R_2 = R$，进一步整理可得：

$$F(y) = y(1-y)\{x[r\lambda R + (1-\beta)(1-r)fC] - f\lambda R\}$$

令 $F(y) = 0$，得到 $y_1^* = 0$，$y_2^* = 1$，$x^* = \dfrac{r\lambda R + (1-\beta)(1-r)fC}{f\lambda R} = \dfrac{r}{f} + \dfrac{(1-\beta)(1-r)C}{\lambda R}$，这表明，当劳动者中有 $\dfrac{r\lambda R + (1-\beta)(1-r)fC}{f\lambda R}$ 的人愿意参与消费信贷时，资本家是否从事消费信贷业务不影响其净收益水平，此时，无论资本家从事消费信贷业务的比重如何变化都是稳定状态。现考察两种一般情况。

第一，当 $x < x^*$ 时，由于 $F'(y)|_{y=0} < 0$，$F'(y)|_{y=1} > 0$，因此，$y = 0$ 为劳动者的 ESS，这表明，当劳动者参与消费信贷的比例低于上述临界点时，资本家只有不从事消费信贷业务才能形成稳定的状态，如图 5-17（a）所示。

第二，当 $x > x^*$ 时，由于 $F'(y)|_{y=0} > 0$，$F'(y)|_{y=1} < 0$，因此，$y = 1$ 为劳动者的 ESS，这表明，当劳动者选择参与消费信贷业务的比例超过上述临界点时，资本家需要积极从事消费信贷业务才会形成稳定的状态，如图 5-17（b）所示。

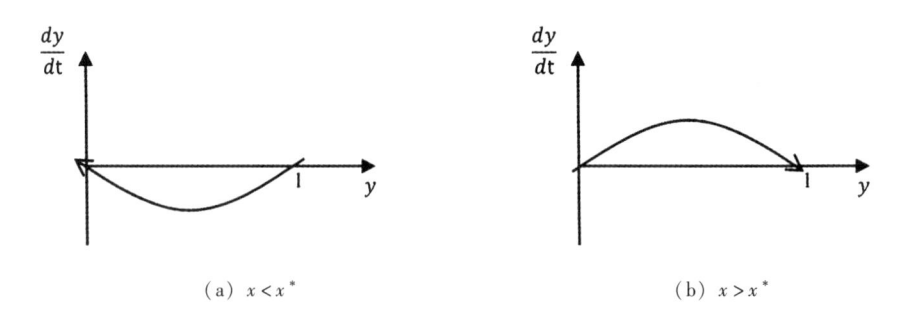

(a) $x < x^*$

(b) $x > x^*$

图 5-17　资本家从事消费信贷业务的复制动态

(三) 消费信贷的演化稳定状态

综合上述分析，经济社会中消费信贷行为的复制动态系统可以表示为：

$$F(x) = \frac{dx}{dt} = x(1-x)\{yC[1-(2\beta+r)+\beta r] - \beta C\}$$

$$F(y) = \frac{dy}{dt} = y(1-y)\{x[r\lambda R + (1-\beta)(1-r)fC] - f\lambda R\}$$

分别令 $F(x)=0$，$F(y)=0$，可以得出该动态系统的五个平衡点，即 $E_1(0,0)$，$E_2(0,1)$，$E_3(1,0)$，$E_4(1,1)$，$E_5\left(\dfrac{r\lambda R + (1-\beta)(1-r)fC}{f\lambda R}, \dfrac{\beta}{1-(2\beta+r)+\beta r}\right)$。

借鉴 Friedman[①] 的方法，本书通过构建复制动态系统的雅克比矩阵来进行系统的局部稳定性分析。

令矩阵 J 表示动态复制系统的雅克比矩阵，则有：

$$J = \begin{bmatrix} \frac{\partial F(x)}{\partial x} & \frac{\partial F(x)}{\partial y} \\ \frac{\partial F(y)}{\partial x} & \frac{\partial F(y)}{\partial y} \end{bmatrix} =$$

$$\begin{bmatrix} C(1-2x)\{y[1-(2\beta+r)+\beta r] - \beta C\} & Cx(1-x)[1-(2\beta+r)+\beta r] \\ y(1-y)[r\lambda R + (1-\beta)(1-r)fC] & (1-2y)\{x[r\lambda R + (1-\beta)(1-r)fC] - f\lambda R\} \end{bmatrix}$$

将上述五个平衡点代入雅克比矩阵，可以得到各个平衡点的雅克比矩阵及其稳定情况。

第一，就 $E_1(0,0)$ 而言：

$$J_{(0,0)} = \begin{bmatrix} -\beta C & 0 \\ 0 & -f\lambda R \end{bmatrix}$$

不难看出，雅克比矩阵的行列式 $DetJ_{(0,0)} = \beta C f\lambda R > 0$，雅克比矩阵的迹 $TrJ_{(0,0)} = -\beta C - f\lambda R < 0$，因此，$E_1(0,0)$ 是 ESS，不需要任何条件。

第二，就 $E_2(0,1)$ 而言：

$$J_{(0,1)} = \begin{bmatrix} C(1-3\beta-r+\beta r) & 0 \\ 0 & f\lambda R \end{bmatrix}$$

---

① Daniel Friedman, "Evolutionary Games in Economics", *Econometric*, Vol. 59, No. 3, 1991, pp. 637–666.

雅克比矩阵的行列式 $DetJ_{(0,1)} = Cf\lambda R(1-3\beta-r+\beta r)$，雅克比矩阵的迹 $TrJ_{(0,1)} = C(1-3\beta-r+\beta r) + f\lambda R$。考虑 $1-3\beta-r+\beta r = 0$ 的情况，可以得到 $r^* = \frac{1-3\beta}{1-\beta} = 1 - \frac{2\beta}{1-\beta}$。当 $r < r^* = 1 - \frac{2\beta}{1-\beta}$ 时，$DetJ_{(0,1)} > 0$，$TrJ_{(0,1)} > 0$，$E_2(0,1)$ 是不稳定点。此时，正的利息率需要有 $\frac{2\beta}{1-\beta} < 1$，即 $\beta < \frac{1}{3}$。换言之，需要抵押资产的折旧率小于 $\frac{1}{3}$。

第三，就 $E_3(1,0)$ 而言：

$$J_{(1,0)} = \begin{bmatrix} \beta C & 0 \\ 0 & (r-f)\lambda R + (1-\beta)(1-r)fC \end{bmatrix}$$

雅克比矩阵的行列式 $DetJ_{(1,0)} = \beta C[(r-f)\lambda R + (1-\beta)(1-r)fC]$，雅克比矩阵的迹 $TrJ_{(1,0)} = \beta C + [(r-f)\lambda R + (1-\beta)(1-r)fC]$。考虑 $(r-f)\lambda R + (1-\beta)(1-r)fC = 0$ 的情况，可以得到 $r^{**} = \frac{(1-\beta)fC - f\lambda R}{(1-\beta)fC - \lambda R} = 1 - \frac{f-1}{\varepsilon(1-\beta)-1}$，其中，$\varepsilon = \frac{fC}{\lambda R}$，$\varepsilon(1-\beta)$ 表示资本家单位消费信贷业务所需要的金融化抵押资产的支持程度。当 $r < r^{**}$ 时，$DetJ_{(1,0)} > 0$，$TrJ_{(1,0)} > 0$，$E_2(1,0)$ 是不稳定点。此时，正的利息率需要 $(1-\beta)fC - f\lambda R > 0$，即 $(1-\beta)C > \lambda R$。换言之，需要可供抵押的资产价格高于资本家的消费信贷业务投入价格。

第四，就 $E_4(1,1)$ 而言：

$$J_{(1,1)} = \begin{bmatrix} -C(1-3\beta-r+\beta r) & 0 \\ 0 & -(r-f)\lambda r - (1-\beta)(1-r)fC \end{bmatrix}$$

雅克比矩阵的行列式 $DetJ_{(1,1)} = C(1-3\beta-r+\beta r)[(r-f)\lambda r - (1-\beta)(1-r)fC]$，雅克比矩阵的迹 $TrJ_{(1,1)} = -C(1-3\beta-r+\beta r) - (r-f)\lambda r - (1-\beta)(1-r)fC$。同时考虑 $1-3\beta-r+\beta r = 0$ 和 $(r-f)\lambda r - (1-\beta)(1-r)fC = 0$，可以发现当且仅当 $r < \min\{r^*, r^{**}\}$ 时，即 $r < \min\left\{1 - \frac{2\beta}{1-\beta}, 1 - \frac{f-1}{\varepsilon(1-\beta)-1}\right\}$ 时，有 $DetJ_{(1,1)} > 0$，$TrJ_{(1,1)} < 0$，$E_4(1,1)$ 为 ESS。

第五，就 $E_5\left(\frac{r\lambda R + (1-\beta)(1-r)fC}{f\lambda R}, \frac{\beta}{1-(2\beta+r)+\beta r}\right)$ 而言，其雅克比矩阵的迹为 0，行列式符号方向不确定，这说明该点为鞍点。

五个均衡点的局部稳定性及其条件反映在表 5-4 上。根据表 5-4 中的稳定条件，可以判断出稳定条件与两个消费信贷利率 r^* 与 r^{**} 的大小相关，具体可以分为 3 个状态空间。由于可供抵押的资产价格总是高于资本家的消费信贷业务投入价格，从而，资本家单位消费信贷业务所需要的金融化抵押资产的支持程度 $\varepsilon(1-\beta)$ 会不断上升，特别是，当 $\varepsilon(1-\beta) > 1+\dfrac{(1-\beta)(f-1)}{2\beta}$ 时便有 $r^* < r^{**}$。此时，当 $r < r^*$ 时，$E_4(1,1)$ 便同 $E_1(0,0)$ 一样，均为 ESS，$E_5\left(\dfrac{r\lambda R+(1-\beta)(1-r)fC}{f\lambda R},\dfrac{\beta}{1-(2\beta+r)+\beta r}\right)$ 为鞍点，以此为中心的演化相位图如图 5-18 所示。

表 5-4　　　　　　　　　消费信贷的局部稳定性

局部均衡点	$DetJ$ 符号	TrJ 符号	局部稳定性	条件
$E_1(0,0)$	+	−	ESS	任意条件
$E_2(0,1)$	+	+	不稳定	$r < r^* = 1-\dfrac{2\beta}{1-\beta}$
	−	+/−	鞍点	$r > r^*$
$E_3(1,0)$	+	+	不稳定	$r < r^{**} = 1-\dfrac{f-1}{\varepsilon(1-\beta)-1}$
	−	+/−	鞍点	$r > r^{**}$
$E_4(1,1)$	+	−	ESS	$r < \min\{r^*, r^{**}\}$
$E_5\left(\dfrac{r\lambda R+(1-\beta)(1-r)fC}{f\lambda R},\dfrac{\beta}{1-(2\beta+r)+\beta r}\right)$	+/−	0	鞍点	任意条件

尽管图 5-18 中 E_5 不是 ESS，但却会影响两类 ESS 的吸引域。具体而言，一方面，在可供抵押的资产价格高于资本家的消费信贷业务投入价格的条件下，E_5 的横坐标总是存在变大，即水平右移的可能；另一方面，通过计算可知，在抵押品折旧率不高于 1/3 的情况下，抵押品折旧率越低，E_5 的纵坐标越大，即垂直上移。因此，作为鞍点的 E_5 会落在相位图中右上角的位置。在这种情况下，ESS 点 $E_1(0,0)$ 的吸引域，即四边形 $E_1E_3E_5E_2$ 的面积就会扩大，而 ESS 点 $E_4(1,1)$ 的吸引域，即四边形

$E_4E_3E_5E_2$ 的面积就会变小。

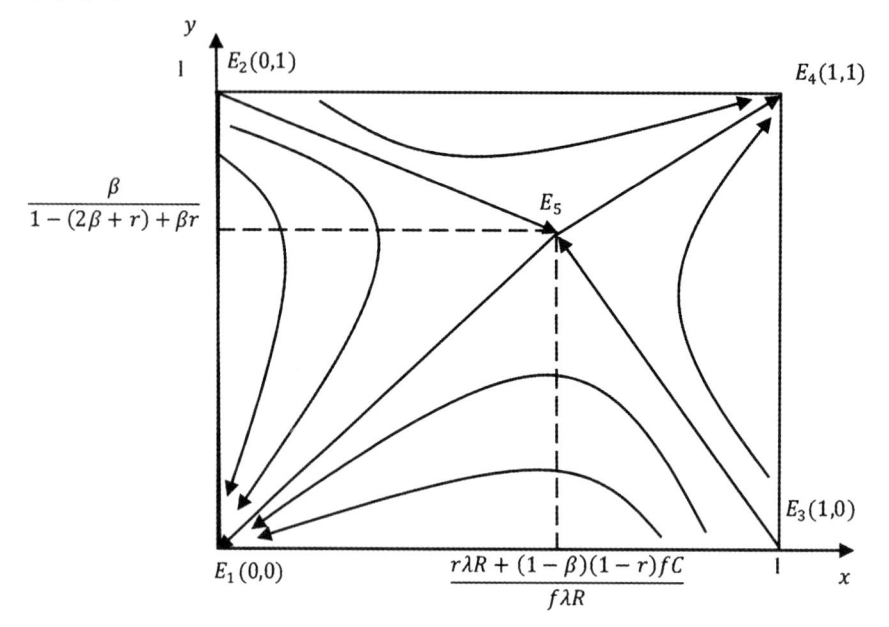

图 5-18 劳资消费信贷博弈的演化相位

因此，只要给定劳动者和资本家参与消费信贷的概率 (x, y)，其便会以更大的可能性演化到 E_1 $(0,0)$ 点，即都不从事消费信贷的情况。这说明，在当前劳动者通过消费资料抵押进行消费信贷以及信贷利率低于临界值的情况下，随着抵押品金融化程度的不断上升和金融化条件下抵押品折旧率的不断下行，消费信贷会被逐渐抑制，系统的演化稳定状态会大概率趋向于不使用消费信贷，此时，社会整体的金融化现象会下降，劳动力再生产回归传统上无须消费信贷的水平。但是，当抵押品金融化程度不足、折旧率较大时，劳资双方都会朝向参与消费信贷的方向演化，劳动力再生产的状况几乎完全依赖于消费信贷的水平。

四 消费信贷金融化加深劳动力再生产困境

实际上，近 40 年来消费信贷的不断增多正是劳动力再生产最终运行结果的金融化表现。值得注意的是，这种表现中蕴含的是更多的矛盾而不是实质的均衡。具体而言，上述演化博弈模型表明，金融化条件下的消费信贷很难达到稳定的状态，而这种不稳定会进一步加深劳动力再生产所面临的困境。

一方面，如果想要消除金融化资本家对于劳动力商品价值的直接剥削，就需要劳资双方都朝向不从事消费信贷的方向演进，从而需要双方参与消费信贷的概率组合 (x, y) 落入四边形 $E_1E_3E_5E_2$ 的区域内。然而，在这个区域中，x 与 y 大都存在着此消彼长的关系。如果劳动者选择消费信贷的概率很高而资本家提供消费信贷的概率较小时，即 $x \geq y$，那么资本家的垄断程度将会加大，劳动力价值被压缩的程度也将提升；如果劳动者选择消费信贷的概率很低而资本家提供的消费信贷概率较高时，即 $x \leq y$，那么资本家或者自行承担消费信贷亏损所产生的成本，或者通过增加劳动强度、延长工作日等其他方式将其转嫁给劳动者，从而再次加深劳动力再生产的实现困难。

另一方面，如果劳资双方参与消费信贷的概率组合 (x, y) 落入四边形 $E_4E_3E_5E_2$ 的区域内，那么其最终会演化为双方全面参与消费信贷的状态。然而，演化博弈模型表明，在朝向 ESS 点 E_4 $(1, 1)$ 演化的过程中，抵押品的折旧率会增加、抵押品的金融化程度也将下行，在这种情况下，金融化资本家的消费信贷业务势必会脱离抵押资产的金融化而寻求新的生息基础。那么，这种新型的脱离抵押品基础的消费信贷又是什么呢？

事实上，随着大数据技术和平台经济的发展，一种依靠个人消费能力和现金流状况而从事消费信贷的现象已经逐渐普及起来，金融化资本家们可以通过识别劳动者的劳动能力来为其计算消费信贷额度，从而实现脱离抵押品的消费信贷业务。近年来各大手机 App 平台上的消费信贷业务正是在上述情况下开展的，平台企业可以通过对使用其平台的消费者进行大数据处理来为其提供消费信贷，即使没有任何抵押品的用户也可以获得信贷额度。在这种情况下，消费信贷业务侵入了日常生活的各个角落，劳动者已经无法摆脱金融化资本家对其劳动力价值的攫取环节，劳动力再生产的金融化程度被再次加深。由于越来越多的劳动力价值被金融化资本家抽取，劳动力再生产的顺利实现变得愈加困难。

第六章

全球视角下的金融化与劳动力再生产

在经济全球化的当代,对于特定国家而言,金融化作用下的劳动力再生产不再是一个完全孤立的问题,而是受到全球资本流动影响的开放性问题。事实上,在阐述金融化与金融化资本的形成逻辑时,本书就已经涉及货币资本在全球资源配置领域的循环流动。然而,为了探究全球化背景下金融化对于特定国家劳动力再生产的影响,本书还需厘清国际资本流动所塑造的一种新型的金融化,即非核心国家的从属性金融化问题,其同核心国家的金融化相互联系,并对全球范围的劳动力再生产造成影响。鉴于此,本章首先讨论资本全球循环作用下的从属性金融化①,然后分析这类金融化与传统金融化的联系以及其对于核心国家、非核心国家劳动力再生产造成的影响,最后通过计量模型对上述影响进行经验分析。

第一节 资本全球循环及其支配下的从属性金融化

已有文献在从全球角度探究金融化时主要侧重于分析发展中国家的金融化问题。根据 Bortz 和 Kaltenbrunner② 的分析,发展中国家所出现的金融化现象并不完全等同于"盎格鲁-撒克逊经济体"股东价值导向下的

---

① 本章关于从属性金融化研究的部分内容已公开发表。参见黄泽清、陈享光《从属性金融化的政治经济学研究》,《教学与研究》2022 年第 4 期。

② Pablo G. Bortz and Annina Kaltenbrunner, "The International Dimension of Financialization in Developing and Emerging Economies", *Development and Change*, Vol. 49, No. 2, 2018, pp. 375 – 393.

金融化逻辑，不是金融过度发展的结果，而是一种从属于发达国家跨境资本流动的金融化现象。事实上，"从属性金融化"的概念更适用于描述发展中国家的金融化，其理论的首创者 Powel 就指出，由于外围国家在宏观经济发展、部门结构转型等方面受到核心国家的"帝国性联系"后呈现出了独特的从属性质，因此这些国家所出现的金融化现象应被称为"从属性金融化"[①]。他认为，这一问题需要从帝国主义驱动性、政府与阶级关系、金融与企业关系以及美元霸权几个角度进行分析。事实上，无论是帝国主义驱动性、政府性质还是企业与金融的关系，其背后都离不开资本积累与资本循环的逻辑。依附理论和世界体系理论表明，随着国际资本在不同国家之间的积累和循环，各国的资本关系是不对等的，外围国家在生产性资本的全球积累循环中具有依附于核心国家的特征，而随着产业资本在全球范围的循环，这种从属性特征势必会传递到借贷货币资本和虚拟资本等生息资本的循环中去，造成外围国家对发达国家在金融上的依附作用，从而形成一种从属于核心国家金融化转型的从属性金融化。一旦这种从属性的金融化形成后，其又会反过来维系和加深核心国家的金融化水平，同时强化非核心国家在生产、金融等方面的从属性。正如 Reis 和 Oliveira[②] 指出的，从属性金融化是拉丁美洲国家对西方发达国家经济依附的最新阶段。因此，本节将在分析资本全球循环逻辑的基础上探究非核心国家的从属性金融化问题。

一 资本全球循环的理论逻辑

资本主义全球化过程的历史顺序与资本主义形成时资本形态的历史顺序是一致的。根据马克思的分析，资本的最初要素是通过商业资本的形式出现在早期经济社会中的，而随着这一资本形态的进一步发展，高利贷资本，或者说资本主义前的生息资本便出现了。借鉴马克思的分析思路，法国政治经济学家帕罗瓦斯（Palloix）指出了资本全球化的历史顺序：商品资本的循环是资本国际化的第一阶段，表现为世界贸易；货币资本循环是

---

① Jeff Powel, "Subordinate Financialization: A Study of Mexico and its Non-Financial Corporations", PhD Thesis, SOAS, University of London, 2013.

② Nadine Reis and Felipe Antunes de Oliveira, "Peripheral Financialization and the Transformation of Dependency: A View from Latin America", *Review of International Political Economy*, Vol. 30, No. 2, 2023, pp. 511–534.

第二个阶段，表现为证券投资等资本的海外投资过程；第三个阶段就是生产性资本循环，表现为20世纪60年代以来跨国公司的大规模增长①。米沙莱（Michalet）采纳了上述观点，认为只有从马克思定义的"资本循环"入手，才能使得国际间的贸易交换、国际生产投资以及国际金融资本流动统一于一个整体的分析逻辑之中。沙奈（Chesnais）对于这种分析方式给予了肯定。他进一步指出，要分析这三种资本形式在全球循环中的关系，就应该从生产性资本的运动出发，因为它决定着价值的和财富的创造活动②。因此，本部分将从资本积累的全球性和不同资本形态之间的关系这两个层面来梳理资本全球循环的理论逻辑，而各类资本的全球循环对于金融化的影响则将在余下部分进行探究。

就资本积累的全球性而言有两个层面。一方面，它是出于资本的天性，即资本追求价值增殖的必然要求。根据哈维③的分析，资本积累的逻辑与国家领土控制的逻辑会发生冲突，尽管有时后者会受到重视，但在很多情况下都是资本逻辑居于支配地位。究其原因，在于为了使得积累能够持续不断地进行下去，资本就需要冲破一切地理空间上的限制，包括领土限制。而为了实现资本积累的无限增长从而维持自身权力的增长与统治，领土逻辑就需要突破固定空间的限制，致使帝国主义出现。另一方面，资本积累的全球性还是资产阶级实现有效需求的必然选择。由于资本提供了 $C+V+M$ 的供给却只产生了 $V+M$ 的需求，因此资本主义天生就存在需求不足的问题。在这种情况下，为了实现剩余价值，除工人和资本家以外的第三消费者的出现就是有必要的，那就是通过帝国主义的力量来向非资本主义世界扩张，后者是资本及其积累的直接生存条件④。

在全球性资本循环中不同资本形态的联系方面。正如本书第三章分析的那样，生产资本、商品资本以及货币资本都是产业资本不可或缺的重要组成部分，且在产业资本的循环过程中大量的货币剩余会游离出来。在产

---

① [美] 威廉·I.罗宾逊：《全球资本主义论：跨国世界中的生产、阶级与国家》，高明秀译，社会科学文献出版社2009年版，第19页。
② [法] 弗朗索瓦·沙奈：《资本全球化》，齐建华译，中央编译出版社2001年版，第52—53页。
③ [美] 大卫·哈维：《新帝国主义》，初立忠、沈晓雷译，社会科学文献出版社2009年版，第29—31页。
④ [德] 罗莎·卢森堡：《资本积累论》，彭尘舜、吴纪先译，生活·读书·新知三联书店1959年版，第289页。

业资本主导资本积累的情况下，这些游离出来的货币资本最终都会以借贷资本和虚拟资本的形式回流到产业资本主导的循环周转中，从而使得其能够在一定限度内正常积累。但是，游离出来的资本也有可能不再回流，且这一情况随着资本主义的发展而愈加严峻。特别是，当生息形式的货币资本突破地方性产业资本的束缚而发展为全球性循环的时候，原先的资本循环公式 $G-W\cdots P\cdots W'-G'$ 就出现了两种新的全球性资本循环。一方面，由于国际贸易使得流通环节的 $G-W$ 和 $W'-G'$ 已经具备了全球性，而生产环节的 P 仍然保持着地方性，因此就会出现全球性和地方性的冲突，例如美国企业在欧洲市场的利润不再流回美国，而是留在欧洲形成了欧洲美元，由于其流动性较强且不受美国法律限制，因此容易对美国国民经济产生不利的影响。为了应对这一问题，生产过程也必须突破地方的束缚，实现由生产地方性向生产全球化的转变，而这一转变又会加强流通中货币资本循环的相对独立性。因为货币资本的运动使得产业资本面临如下选择：要么进一步加强与货币资本的深层次渗透，要么完全服从于货币资本的要求，这使得货币资本成为脱离产业资本的完全自主的力量①。另一方面，货币资本的循环在脱离产业资本循环后，直接表现为借贷货币资本形式和虚拟资本形式的生息性货币资本循环，前者与生产过程相互勾结并经常表现为古老的"高利贷资本"形式；后者则完全脱离生产，表现为一种"捷径式"的资本增殖 $G-G'$。

在生息资本全球循环主导产业资本的条件下，核心国家的金融化便产生了，它使得核心国家企业新增的价值和收入有很大一部分来自其向非核心国家攫取的国际超额利润以及掠夺的全球劳动力价值，从而影响并控制了非核心国家资本积累的进程。因此，产业资本的全球循环、生息资本的全球循环以及二者相结合所形成的金融化的资本循环会加大核心国家对于外围国家的控制力度，从而进一步实现核心国家资本的有效积累，在这种情况下，非核心国家从属于核心国家产业资本、借贷货币资本以及虚拟资本全球循环下的从属性金融化逻辑也就愈加清晰了。

二 产业资本全球循环支配下的从属性金融化

产业资本的全球循环是随着生产方式由福特制向后福特制生产方式的

---

① [法] 弗朗索瓦·沙奈：《资本全球化》，齐建华译，中央编译出版社 2001 年版，第 216—219 页。

转型而出现的。前述章节的分析表明，福特主义过于注重对劳工工资、社会福利以及公共支出的"再分配逻辑"，限制了资本无限积累的前景。在这种情况下，被限制在发达国家内部的产业资本循环日益要求获得全球循环的形式，它们以跨国公司为载体，通过开展全球业务来实现产业资本的全球循环，从而塑造出了一种全球"总体性"的新型资本主义霸权[①]。随着发展中国家不断深入到全球生产网络（GPN）内部，其在生产端的从属性也会传递到金融端，并促进从属性金融化的发展。而由于生产端的从属性主要表现为承包那些由发达国家外包出去的全球生产网络低端产品的制造过程以及中高端产品的组装过程，因此，要分析产业资本循环支配下的从属性金融化就需要分析资本主义企业的外包策略。

事实上，自20世纪80年代以来，核心国家企业的生产外包主要包括两种形式，一是外商直接投资（FDI）的外包，二是长臂式外包（Arm's-Length Outsourcing）。后者就是指GPN作用下的核心企业的横向一体化，它使得核心企业对参与外包的供应商不具有所有权，但却可以通过多种方式进行控制性管理，使其服从于核心企业的利益；而前者则又包括两种方式，一种是创投FDI或绿地FDI（Greenfield FDI），即一般意义上的创建投资，另一种是并购型FDI（M&A FDI）。值得注意的是，并购型FDI不仅发生在核心国家企业对外围国家企业的并购，更容易出现在不同发达国家之间，而一旦发达国家的企业实现了并购，就会进一步推进长臂式外包，从而通过将非核心部门向发展中国家的转移来加速本国产业资本的全球积累和全球循环[②]。发达国家的这种"双重长臂外包"所产生的超额利润并没有流回国内，更不会作为绿地投资来帮助发展中国家从事生产，而是用于国内股票回购和国际金融投机，从而获取高额的投机性利润，这不仅维持了核心国家的金融化更是通过刺激发展中国家金融市场的畸形发展而使其陷入了从属性金融化的境地。

一般而言，发展中国家大都采用出口刺激需求的发展战略来融入GPN，并利用廉价的劳动力、原材料从事中低端产品以及部分高端产品的中低端加工环节的生产活动。对于替代性较强、同质化程度较高的中低端

[①] 胡大平、张亮等：《资本主义理解史（第五卷）：西方马克思主义的资本主义批判理论》，凤凰出版传媒集团、江苏人民出版社2009年版，第380—384页。

[②] John Smith, *Imperialism in the Twenty-First Century: Globalization, Super-Exploitation, and Capitalism's Final Crisis*, NY: NYU Press, 2016, pp. 91-93.

产品而言，低廉的出口价格是其最为重要的竞争力，而后者又直接取决于相对稳定且较为低廉的外汇成本。为了维持汇率的稳定，多数发展中国家采用了积累外汇储备并集中管理外汇的措施。随着外汇资产的增多，中央银行的资产负债表存在被动扩大的风险，放大处于负债端的基础货币投放量，从而造成货币超发的现象。此时，为了应对通货膨胀，这类国家往往会采取冲销策略来对冲超发的货币。这些措施成功开展的关键在于一个"大政府"对于金融市场的管控。尽管在"大政府"冲销政策的作用下，基础货币的流动性能够得到抑制，但是商业银行的流动性却因其资产规模的增大而得到了提升，商业银行迫切需要将其资产放贷出去以获得收益，从而造成了广义货币的增多。即使政府试图通过金融监管措施予以应对，商业银行也可以通过将资产转移至资产负债表外等措施来规避监管，从而导致了表外业务的增多和影子银行的出现。

商业银行的货币资本和借贷货币资本的从属性金融化势必会影响到虚拟资本。发展中国家要想通过出口获利来刺激总需求，就不仅需要稳定的汇率，更需要低廉的劳动力。在发展中国家承包发达国家外围业务的过程中，其廉价劳动力往往是通过"向底线竞争"的策略得以实现的。具体而言，面对其他同处于全球生产网络低端国家的竞争，发展中国家会通过压低劳动者工资、社会福利和其他社会再生产相关的方面来降低劳动力成本，从而压低出口产品的价格以维持出口产品的竞争优势。然而，一旦工资以及社会福利被压低至劳动力价值以下，劳动力的再生产就难以进行。这时，资本市场便会开展相关业务来为劳动力的再生产提供融资活动。随着发展中国家在全球生产网络的不断深入，家庭金融的发展将会持续进行，最终导致私人养老基金的扩张、投资基金的增多以及房地产信贷渠道的拓宽。因此，发展中国家的资本市场需要通过发展家庭金融来为劳动者融资，这一方面降低了劳动者的工资水平，提升了出口产品的国际竞争力；另一方面加深了劳动力再生产以及日常生活的金融化程度，人们不得不通过个人财务融资的方式来实现自身的再生产，从而使得发展中国家从属性金融化的现象愈加严峻[1]。

因此，产业资本的全球循环使得发展中国家出现了广义货币激增、影

---

[1] Lena Rethel, "Financialisation and the Malaysian Political Economy", *Globalization*, Vol. 7, No. 4, 2010, pp. 489–506.

子银行诞生以及家庭信贷增多的现象，从而造成了从属于发达国家金融化资本积累而不是服务于本国实体经济需要的从属性金融发展或金融化。这种从属性的金融化又会反过来进一步巩固其在全球生产网络的从属地位，并进一步强化上述逻辑。尽管发展中国家的部分企业确实因参与全球生产而获得了大量利润，但是，在金融全球化的条件下，出于规避全球性金融风险、提升短期股东价值的考虑，这些企业大都将利润用于短期金融投资而不是长期生产投资，再次加强了发展中国家的从属性、金融化程度。

三　生息性货币资本全球循环支配下的从属性金融化

货币资本，特别是信用货币形式的货币资本同时包含着借贷货币资本和虚拟资本两种资本形式。不难理解，借贷货币资本是具有生息性的货币资本，但是货币资本又如何具备了虚拟资本的性质呢？根据古特曼[①]的分析，如果不把生息性货币资本理解为一种借贷资本，而是直接理解为一种能够生息的"资本借贷方式"，那么就容易理解货币也具有虚拟资本的形式了。另外，在西方学界，主流的货币银行理论暗含着货币资本的虚拟资本性质，因为货币完全可以根据已经存在的存款创造出"新"的货币；后凯恩斯主义的现代货币理论（MMT）更是直接指明了货币资本的虚拟性，因为根据这一理论，"新"货币的创造完全来自社会的贷款意愿和央行资产负债表的会计处理。可见，不论是哪种理论，在当前的信用货币制度下，货币资本的很大一部分都是在银行体系内从"虚无"中创造出来的，从而天生地带有虚拟性。因此，分析生息性货币资本全球循环对于从属性金融化的支配作用不能忽视货币资本自身的全球循环。

（一）货币资本全球循环对从属性金融化的影响

整体意义上的货币资本或者货币的全球循环在最开始表现为金属货币在世界范围内的普遍流通，其中最为明显的标志便是金本位制的建立。金本位制为全球贸易也就是商业资本的全球循环提供了一个完美的自律机制，它试图通过建立一个整合的全球市场来降低政府相对于国际贸易的重要性。但根据波兰尼的分析，金本位制存在国际贸易稳定和国内货币稳定难以同时调和的问题。自19世纪70年代世界各国普遍采用金本位制开

[①] ［法］罗贝尔·古特曼：《国际金融资本的变化》，载［法］弗朗索瓦·沙奈等《金融全球化》，齐建华、胡振良译，中央编译出版社2006年版，66—67页。

始,政府在国际贸易竞争中的重要性不仅没有降低,反而进一步得到了强化,并最终导致两次世界大战的爆发①。事实上,两次世界大战的前后都伴随着金本位制的崩溃和重建:"一战"结束后各国重建了金本位制,但随着"大萧条"的爆发而相继被追求国内货币稳定的英国(1931年)和美国(1933年)废除;"二战"结束后,为了不重蹈"一战"后英国的覆辙,摆在经济实力最强的美国政府面前的就是这样一个问题,即如何使得象征着国内商品流通的信用货币同象征着国际商品流通的商品货币实现一种可操作性的调和,换言之,需要寻求一种既能够有利于国内资本积累又能够反映全球商品资本循环的货币资本全球循环机制。事实上,"布雷顿森林体系"及其相配套的国际货币基金组织和世界银行恰恰在一定程度上实现了这一点:作为一种机制,它们为盟国提供了制度化的手段,既能够维持盟国对美国产品的需求,从而服务于全球商业资本的全球循环,又能够保障美国在国际关系中的核心地位,还能够将自由放任的国际制度回归到先前被其放弃的金汇兑本位制上来②。实际上,布雷顿森林体系已经确立了美元作为世界货币的地位并开启了"准"美元本位制,而当布雷顿森林体系解体后,美元更是通过绑定石油能源等方式在国际货币体系中占有了绝对的权力,其他国家,特别是发展中国家的货币金融则处于从属性的位置。具体而言,一方面,对美元储备的增多是当前发展中国家在国际货币秩序下呈现从属性特征的普遍标志③。外向型企业需要借助国际金融市场进行融资,且这一过程主要发生在使用美元外汇结算的离岸金融市场。因此,当发展中国家试图通过维持低汇率来增加出口从而刺激国内需求时,就会面临企业需要尽可能提升本国汇率水平以减轻外汇成本的矛盾,这种外汇水平的"二律背反"现象表明,无论国际汇率如何波动,这类国家都将承受风险并产生金融外部脆弱性,从而容易导致本国出现从属性金融化的现象。另一方面,国际外汇市场是金融投机最为火爆的领

---

① [英]卡尔·波兰尼:《巨变:当代政治与经济的起源》,黄树民译,社会科学文献出版社2017年版,第64—77页。
② [美]迈克尔·赫德森:《金融帝国:美国金融霸权的来源和基础》,嵇飞、林小芳等译,中央编译出版社2008年版,第320—322页。
③ Bruno Bonizzi, "Institutional Investors' Allocation to Emerging Markets: A Panel Approach to Asset Demand", *Journal of International Financial Markets, Institutions & Money*, Vol. 47, No. 5, 2017, pp. 47–64.

域，信用货币的虚拟资本表现在这里达到了最高水平①。由于处于国际货币体系高点的核心国家往往具有维持低利率的"嚣张特权"，而低等级的发展中国家则需要被迫提高利率以维持需求水平，因此，随着大量短期投机资本流入非核心国家的外汇市场、证券市场以及衍生品市场并从事套利活动，该国家金融体系的泡沫就会相应地增多，从而从属性的金融化程度进一步加深，并且这一程度会随着发展中国家的货币在国际货币体系中从属地位的变动而变动②。

（二）借贷货币资本全球循环对从属性金融化的影响

在美元主导的现代国际货币体系正式形成之前，流通到国际市场的美元货币资本便不再回流至美国国内，而是试图通过存入外汇市场来逃避布雷顿森林体系下的央行监管，形成了所谓"欧元市场"。这一过程被学者们视为金融全球化的第一个阶段，也是跨国资本从民族国家体系的制度约束中"解放"出来的第一步③。而在布雷顿森林体系解体和浮动汇率制度建立后，这些货币资本便形成了对非核心国家发放信贷的借贷货币资本，它们同美元货币资本主导下的IMF、世界银行等金融利益集团一起在学术上和政治经济上向发展中国家推行金融自由化意识形态。事实上，这种金融自由化的理论是同20世纪80年代初新自由主义的盛行以及发达国家公共赤字的上升紧密相关的。发达国家因福特制生产方式下的福利政策和两次石油危机的冲击而出现了公共债务负担，为了解决这一问题就需要依靠私有资本，特别是自由流动的国际资本来购买本国债券。在美国国债大量发行以及美元霸权的推动下，各国政府都被要求取消对利率、贷款和资本流动的限制以提升金融自由化程度，而这一过程不仅加速了借贷货币资本的全球循环还加速了新兴市场国家的金融化进程④。为了进一步加强借贷

---

① ［法］罗贝尔·古特曼：《国际金融资本的变化》，载［法］弗朗索瓦·沙奈等《金融全球化》，齐建华、胡振良译，中央编译出版社2006年版，第66—67页。

② Annina Kaltenbrunner and Juan Pablo Painceira, "Developing Countries' Changing Nature of Financial Integration and New Forms of External Vulnerability: The Brazilian Experience", *Cambridge Journal of Economics*, Vol. 39, No. 5, 2015, pp. 1281 – 1306.

③ William I. Robinson, *Into the Tempest: Essays on the New Global Capitalism*, Chicago: Haymarket Books, 2018, pp. 82 – 83.

④ ［法］多米尼克·普利翁：《国际金融的不平稳与不稳定性：自由主义政策应负的责任》，载［法］弗朗索瓦·沙奈等《金融全球化》，齐建华、胡振良译，中央编译出版社2006年版，第100—103页。

货币资本的全球循环，核心国家同金融利益集团针对发展中国家的赤字问题提出了所谓"结构调整计划"，而在这一计划背后则是发展中国家普遍高企的对外债务以及随之出现的一系列债务偿还机制。据统计，1970—2013年，发展中国家的外债占GDP的比例从不足33%增加至130%以上①。特别是，IMF给出的数据也表明，在2008年国际金融危机后的近10年内，发展中国家外部资产的占比和外部债务的占比分别超过了57%和71%，而如果扣除限制国际资本流动的国家，那么这一比例将会更高。值得注意的是，大量的外资并没有被投入到生产领域，因为发展中国家生产的依附性和工业的非完备性使得其生产领域不具备"投资"价值，外资进入的目的便是获取短期金融利润而不是分散长期生产风险，其必然会导致发展中国家金融市场的持续动荡和外部脆弱性的不断增多，从而进一步加深其经济的金融化程度②。智利、巴西等部分拉美国家经济金融化的外部依赖性就是始于工业化的不完整发展，当国际资本大量涌入后，实体部门由于总体规模不足、结构发展不平衡而无法对其进行完全吸收。在这种情况下，国际资本依靠发展中国家在国际金融市场中的从属性地位进行疯狂的短期套利活动，不仅催生了金融资产泡沫、加速了经济的金融化进程，还在此基础上恶化了发展中国家的收入分配状况并冲击了社会的稳定性③。

（三）虚拟资本全球循环对从属性金融化的影响

国际清算银行（BIS）在20世纪末给出了一个数据，国际外汇市场的平均日交易额超过1.5万亿美元。这个天文数字令人费解，因为即使将直接投资、证券投资、债务融资等各项资本项目交易额加总，也很难达到每天1.5万亿美元国际货币资本在外汇市场的流通水平，所有国际资本一年的交易总和都不足国际外汇市场2个月的交易量④。那么余下的天文交

---

① Pablo G. Bortz and Annina Kaltenbrunner, "The International Dimension of Financialization in Developing and Emerging Economies", *Development and Change*, Vol. 49, No. 2, 2018, pp. 375 – 393.

② Bruno Bonizzi, Annina Kaltenbrunner and Jeff Powell, "Subordinate Financialization in Emerging Capitalist Economies", Greenwich Papers in Political Economy, No. GPERC69, 2019.

③ 黄泽清、陈享光：《国际资本流动与我国各收入群体收入份额的变动——基于帕尔玛比值的分析》，《经济学动态》2018年第8期。

④ ［日］高田太久吉：《金融全球化十大热点问题》，孙仲涛、宋颖译，中共中央党校出版社2005年版，第8页。

易量是如何产生的呢？事实上，这需要归功于对冲基金交易、套利交易、外汇掉期交易等一系列虚拟资本的全球循环。本书第四章的分析表明，20世纪80年代以来，核心国家爆发了所谓股东价值革命，在这一过程中，为了尽快地提升股东价值，核心国家的企业开始从事证券化的虚拟资本投资。然而，企业并不满足于本国内部投资，而是积极寻求对广大发展中国家开展虚拟资本投资以获取更多金融利润的机会，而其中利润最高的便是对公共部门的虚拟资本投资。事实上，为了对发展中国家资产庞大的公共部门开展虚拟资本投资，核心国家以公共部门缺乏效率为由要求发展中国家对公共部门进行私有化，然后通过虚拟资本吸收和控制这些行业的垄断租金，并进一步将其证券化、金融化，从而加剧发展中国家以及整个世界的金融化水平。其中，最为典型的就是对资源导向型国家的土地和自然资源的私有化过程，在这一过程中，农民与土地资源分离开来，从而与资本主义的一般资本积累方式相比更具有掠夺性，形成了一种新型的掠夺式积累方式。随着这种积累方式的持续推进，资源导向型国家不仅逐渐丧失了经济发展的主动权，其经济的金融化现象也在不断加剧：刚果（布）丧失了油田的开采权、津巴布韦超过70%的良田被廉价"购买"，国际资本成为非洲领土上的独立王国[①]。与此相对应的是这些国家货币化程度的持续走高和金融市场中频繁的投机交易。

第二节 两种金融化的关系及其共同 影响下的劳动力再生产

尽管在逻辑上有所区别，但非核心国家的从属性金融化并不与核心发达国家的传统性金融化完全割裂。事实上，在全球视角下两种金融化具有互相支撑、彼此强化的作用，而且在两种金融化的相互联系下，不同国家的劳动力再生产也会面临新的问题。鉴于此，本节将在梳理两种金融化关系的基础上分析其对于劳动力再生产的影响。

---

① 江晓美：《长矛与步枪：非洲金融热战》，中国科学技术出版社2011年版，第41—52页。

一　两种金融化的联系与区别

(一) 两种金融化的联系

一方面，在金融全球化层面。无论是股东价值导向下的金融化还是从属于核心国家货币资本循环的从属性金融化，其都是生息性货币资本脱离产业资本循环后产生的。虽然前者侧重于核心国家内部的货币资本循环而后者侧重于非核心国家外部的货币资本循环，但是在资本全球循环的背景下，二者已经成为一个有机整体：如果没有核心国家货币资本的全球性循环，非核心国家的从属性金融化自然就失去了源头；而如果没有从属性金融化，核心国家的借贷货币资本和虚拟资本在流入非核心国家后也就不会获得短期金融利润，从而也就会使得本国的金融化程度受到抑制。

另一方面，在生产全球化层面。首先，股东价值导向下的金融化可以通过强化既有的生产网络格局来维持非核心国家的从属性金融化进程。前述章节的分析表明，股东价值逻辑能够鼓励企业从事跨境并购等"类固定资本投资"，而并购后的企业将再次通过"长臂式管理"将价值链低端的制造环节外包给非核心国家。实践表明，上述过程进展得十分迅速，OECD报告显示，跨境并购在20世纪80年代平均每年规模还不足60亿美元，到90年代初的时候就达到850亿美元，而到2000年则超过1.2万亿美元；同时，跨境并购的数量也从1980年的14个，上升到1990年的516个以及2000年初的近1万个[①]。当这些跨境并购的企业增大"长臂式外包"战略时，全球生产网络的格局将会继续固化，非核心国家的从属性金融化也将继续维持。不仅如此，股东价值导向的金融化还可以通过影响非核心国家企业利润的流向来加速其从属性金融化进程。在股东价值最大化的导向下，非核心国家企业因融入GPN而获得的利润又会用于短期金融投资而不是长期生产投资，这既是为了规避潜在的全球性金融风险，又是为了通过金融市场迅速实现短期股东价值的最大化。其次，核心国家股东价值导向下的金融化也要通过非核心国家的从属性金融化来维持。事实上，发达国家大型企业的外包政策成为支撑其降低固定资本和劳动力成本的关键因素，企业通过外包策略使得核心国家内部信用等级较低的次级

---

① [美] 威廉·I. 罗宾逊：《全球资本主义论：跨国世界中的生产、阶级与国家》，高明秀译，社会科学文献出版社2009年版，第73—74页。

债务也被允许纳入到资本主义生产过程以实现短期股东价值的最大化。同时，企业外包所产生的利润可以不再投资于生产领域，而是通过企业并购、股票回购以及支付高股息等方式提升股价，从而实现短期内的股东价值最大化①。因此，核心国家企业的生产外包策略不仅会导致非核心国家的从属性金融化，还会与核心国家股东价值导向下的金融化紧密相关②。

（二）两种金融化的区别

由于股东价值导向下的金融化与从属性的金融化分别是针对核心国家与非核心国家而言的，因此，二者的区别也主要体现在金融对于不同国家的影响上。实际上，股东价值导向下的金融化是在发达国家金融发展程度较高、金融深化显著的情况下出现的，而从属性金融化的出现则伴随着发展中国家金融抑制、金融发展不足的现象。这表明，特定国家的金融发展与该国的金融化进程存在异质的相关关系，两类金融化的区别可以通过其与金融发展的关系来分析。

根据 Gurley 和 Shaw③ 以及 Goldsmith④ 等的研究，发展中国家普遍存在着"金融抑制"的现象，实体经济由于难以进行融资而无法实现增长，此时只有通过实施市场化、自由化等金融深化策略，增加金融机构数量、提升金融资产的多样化水平才能实现金融和经济的发展。事实上，股东价值导向下的金融化正是在金融化资本形成后，金融部门的过度发展造成的。在产业资本和金融资本主导的时代，金融发展的目的是促进产业资本的积累和实体经济的增长，而在金融化资本主导的时代，金融发展或金融化的目的则是为了最大化股东的价值，而股东价值的最大化并不一定伴随着实体经济的扩张。在生息资本脱离产业资本束缚并形成金融化资本的背景下，原先游离出来的货币资本不再以创造剩余价值为目的，而是尽可能地通过增大金融资产和股东资产的数值来再分配已有的剩余价值和未来的剩余价值索取权。因此，在这种情况下发展金融市场，无异于"负薪救

---

① Tristan Auvray and Joel Rabinovich, "The Financialisation-offshoring Nexus and the Capital accumulation of US Non-financial Firms", *Cambridge Journal of Economics*, bey058, 2019.

② Cédric Durand and Maxime Gueuder, "The Investment-profit Nexus in an Era of Financialisation and Globalization: A Marxist Perspective", CEPN Working Papers, 2016 – 01.

③ John G. Gurley and Edward S. Shaw, "Financial Aspects of Economic Development", *American Economic Review*, Vol. 45, No. 4, 1955, pp. 515 – 538.

④ Raymond W. Goldsmith, *Financial Structure and Development*, New Haven: Yale University Press, 1969, pp. 346 – 359.

火"，从而形成了股东价值导向下的金融化。

与股东价值导向下的金融化不同，从属性金融化的出现并不需要本国已经发展到金融化资本主导的阶段。事实上，在20世纪70年代之前，货币资本和产业资本的全球循环尚未形成，非核心国家的资本积累仍然是以产业资本或金融资本为主导形式，此时，服务于金融化资本积累的经济金融化并不会出现在这类国家中。然而，随着资本主义全球化的推进，非核心国家的资本积累受到了核心国家资本全球循环的影响，在这种情况下，非核心国家的资本积累便不仅仅取决于本国的产业资本或金融资本，而是取决于核心国家的金融化资本与本国产业资本之间的竞争、博弈。由于在全球生产和金融层面具有主导性，核心国家的金融化资本大概率会主导非核心国家的资本积累。因此，从属于核心国家金融化资本积累的本国资本会陷入一种从属性金融化的发展趋势，这种趋势不仅不会受限于本国金融发展的程度，反而会对本国的金融发展造成不利的影响，并最终出现一种非核心国家金融发展的"悖论"：如果继续开展市场化的金融发展就有可能进一步压低实体经济的回报率，从而加快从属性金融化的进程；而如果采取措施抑制金融发展程度又有可能因国内资金配置效率的降低而被迫允许国际资本的自由流入，同样也加快了从属性金融化的进程。

二 非核心国家的劳动力再生产问题

在全球化背景下，非核心国家的从属性金融化使得劳动力的再生产出现了新的问题。首先，货币资本全球循环支配下的从属性金融化加速了非核心国家公共产品的私有化和金融化进程，从而使得劳动力再生产的成本进一步加大。本书第五章论证了国家对公共产品的支持有助于调控劳动力再生产的成本，然而，核心国家的货币资本流至非核心国家后便开始将非核心国家的公共产品进行私有化和金融化以获取高额租金，这就使得耐用性消费资料的价格上升从而带动劳动力再生产的成本快速上升。根据赫德森[1]的分析，发达国家要求发展中国家私有化其公共部门，本质上就是看中了公共部门的垄断利润，私有化的本质就是寻租。核心国家通过军事压迫、政治交易以及金融霸权强制将发展中国家的基础设施、土地、自然资

---

[1] ［美］迈克尔·赫德森：《金融帝国：美国金融霸权的来源和基础》，嵇飞、林小芳等译，中央编译出版社2008年版，第836页。

源等公共产品私有化，然后利用虚拟资本等金融力量掠夺其财产的所有权，继而获取大量利润，而这些金融利润又通过进一步的证券化形成虚拟资本的"平方"并被打包售卖到发展中国家，加深了发展中国家公共部门的金融化程度。随着公共产品的私有化和金融化，再生产劳动力所需的大多数耐用性消费资料的价格也会随之上涨，最终造成劳动力再生产成本的加大。

其次，产业资本全球循环支配下的从属性金融化使得国际资本、国内垄断资本和地方官僚资本的"三方联盟"迅速形成，其可以通过收购、兼并国内中小企业而挤出大量的劳动力，就业和薪酬的不稳定性被进一步放大。事实上，由于一部分生产资料不是由私人资本家控制，而是由政府或政府保护下的企业控制，因此将地方官僚集团视为一种资本，即官僚资本是合理的。在封闭条件下，官僚资本与国内垄断资本会达成某种联盟。因为一方面，这种联盟可以通过设立特定的制度以给予垄断企业生产经营上的特许权或排他权，从而获得更多的垄断租金；另一方面，官僚资本的所有者或者官僚资本家们也可以借助于国内垄断资本的力量获取更高的垄断收入或灰色的"权力收入"。然而，在开放的条件下，上述过程发生了变化。随着核心国家产业资本因资本全球循环而在非核心国家的不断积累，它们势必会通过竞争、博弈以及寻租的方式与非核心国家的垄断资本和官僚资本形成一种新型的三方联盟，从而形成"三元权力资本"。在上述过程中，国际资本阶层的超额垄断收入会同国内垄断资本和地方官僚资本一道，抽取中低收入群体的收入，以保证三者都能"分到一杯羹"，此时，国民收入的差距自然就被拉大了①。实际上，作为产业资本全球循环主要载体的跨国公司在三方联盟的建立上起到了重要的作用，因为它不仅是核心国家资本国际循环的具体表现形式还在东道国组织建立这一循环下的新型资本联盟。根据跨国公司的经典定义，跨国公司是指"有权力在多于一个国家内协调和控制生产运行的企业，即使它并不拥有它们"，这表明跨国企业对于东道国企业拥有控制权但并不一定有所有权，跨国企业可以通过兼并、收购、外包、本地化市场销售等措施来挤压东道国的企业。

---

① 黄泽清、陈享光：《国际资本流动与我国各收入群体收入份额的变动——基于帕尔玛比值的分析》，《经济学动态》2018年第8期。

跨国公司理论的重要奠基人斯蒂芬·海默（Stephen Hymer）在其生前的最后一篇文章中指出，拥有和控制海外分支机构的跨国垄断寡头能够在发展中国家分化出一种工作在最底层且不断流动着的过剩人口，并通过"分而治之"的方式降低全球劳工力量①。事实上，本章前一部分已经论述，生产网络低端的非核心国家本身就会主动采取"底线竞争"的措施来压低劳动者工资以刺激出口来维持经济增长。而当跨国公司主导下的"三方联盟"成立后，核心国家的资本便通过与"国家资产阶级"、地方官僚资本的联合来支配非核心国家的资本积累，从而形成了一个新型的跨国资本阶层②。这个跨国的资本阶层会在非核心国家主动压低劳动者工资的基础上利用并购和外包的控制力量进一步强化非核心国家劳动者薪酬和工作时间上的不稳定性，最终通过降低工人的议价能力来挤压劳动力成本：只要对工人还有讨价还价的能力，他们便会获得更低的工资和津贴③。

最后，在全球化的背景下，金融化能够加速形成一种带有原始积累性质的弹性积累方式，这种积累方式促使一批新的与国际资本积累相关的城市和农村中劳动者后备军不断壮大，进而形成新一轮的"过剩劳工"。实际上，在当前资本主义全球化和经济金融化的共同作用下，核心国家在投资于非核心国家农村部门和资源部门的过程中既可以推动其"长臂式管理"的弹性积累方式，又能够推动该地区的原始积累，从而形成一种弹性掠夺的积累方式。实际上，尽管马克思将原始积累限制在上古某个时点或某段资本主义历史前期，但按照卢森堡的分析，如果资本主义没有参与新一轮的、主要通过帝国主义暴力手段进行的原始积累，那么资本主义应该在很早以前就消失了④。虽然这一论断在学界存在争议，但这种原始积累的方式的确依然存在着，只不过是以一种更具有掠夺性、隐蔽的方式进行着，包括对非核心国家知识产权、公共资源、历史文化等多方面的原始

---

① 转引自［美］J. B. 福斯特、R. W. 麦克斯切尼、R. J. 约恩纳《全球劳动后备军与新帝国主义》，张慧鹏译，《国外理论动态》2012 年第 6 期。
② ［英］莱斯利·斯克莱尔：《资本主义全球化及其替代方案》，梁光严等译，社会科学文献出版社 2012 年版，第 193 页。
③ ［美］丹尼·罗德瑞克：《全球化走得太远了吗？》，熊贤良、何蓉译，北京出版社 2000 年版，第 5 页。
④ ［美］大卫·哈维：《跟大卫·哈维读〈资本论〉》（第一卷），刘英译，上海世纪出版股份有限公司、上海译文出版社 2013 年版，第 329 页。

掠夺①。以土地资源的原始掠夺为例，国际资本不仅将依托于土地的广大农民视为可供商品化的劳动力，更是看中了土地上所蕴含的丰富资源。国际资本的流入使得当地的土地与农民出现了分离，形成了可供商品化的土地资源和新的产业后备军。由于国际资本投资土地资源后便将其私有化和金融化，因此新增的劳动力不仅在很大程度上远离了生产资料而且还没有被作为雇佣劳动力而纳入资本主义生产过程，他们唯一的作用就是用来间接地制造失业、压低工资、破坏和分散人民群体②。在这种情况下，大量流离失所的劳动者成为难民而过着流亡的生活。根据联合国难民署的统计，截至2011年底，在境内流离失所者总数超过了1550万人，而其中非洲就有700多万人，成为受影响最为严重的区域③。

三 核心国家的劳动力再生产问题

在资本全球化和金融化的共同作用下，核心国家的劳动力再生产也会出现新的问题，主要包括两个方面。一方面，资本全球循环会造成无偿劳动者的劳动力商品化，并通过进一步分割劳动力市场来加深劳动对金融的隶属。随着资本全球化的深入，核心国家企业开始采用外包的方式进行"组织瘦身"以降低成本，在这种情况下，从事核心企业边缘业务的劳动者便会被大概率裁撤掉。由于这些被裁撤的员工很难再去适应新的弹性劳动，因此他们自身的再生产就会依托于其家庭的其他成员。这时，从事家庭生计劳动、女性劳动以及强制劳动等无偿劳动的劳动者便不得不承担起整个家庭的再生产问题，他们将自身的劳动力商品化以从事非正式化的劳动，并借助于金融化工具投身于金融市场以希望再生产自身。实践表明，与资本全球化和全球生产网络相联系的"非正式化劳动过程"已经是资本主义的一种新的表现：20 世纪 80 年代以来，非正式化的劳动已经进入到了西欧和北美的核心国家了。随着全球化和金融化的深入，无偿劳动者的劳动被进一步分割成不同的劳动过程，并纷纷纳入了商品化进程。具体

---

① [美] 大卫·哈维：《世界的逻辑》，周大昕译，中信出版社 2017 年版，第 309—314 页。
② [美] 威廉·I. 罗宾逊：《全球资本主义论：跨国世界中的生产、阶级与国家》，高明秀译，社会科学文献出版社 2009 年版，第 136—137 页。
③ [美] 萨斯基娅·萨森：《驱逐：全球经济中的野蛮性与复杂性》，何森译，凤凰出版传媒股份有限公司、江苏凤凰教育出版社 2016 年版，第 54 页。

而言，包括如下五种劳动：正式的经典劳动、非正式的工资劳动、家务与照顾类劳动、奴隶式的强制劳动以及无保障的个体户劳动①。尽管这五种劳动之间存在相互转换的可能，但随着劳动过程的深度分化，从事每一种劳动的劳动者都不得不隶属于金融市场来再生产出自己的劳动力，这便是当前新型资本主义中"负债累累的非正规雇佣劳动"对于"不断膨胀的金融市场"的实际隶属②。事实上，资本全球化时代的金融化是以国际资本间的并购和横向一体化为基础的，后者的结果便是一种"没有积聚的资本集中过程"，而为了保持经济稳定，就需要前者通过金融化进行刺激。尽管这一过程能够在一定程度上抵消经济停滞，但却会强化劳动对金融的实际隶属。

另一方面，全球化和金融化加速了全球范围内的移民现象，产生了非法移民问题，而这些非法移民不仅自己无法获得正常的生活资料，还会进一步被资产阶级用来对抗本国劳动者，降低所有劳动者的工资。实际上，自20世纪60年代末以来，全球边缘地区的移民劳工便纷纷涌入核心国家的劳动力市场，他们愿意接受不稳定的低工资，因为这仍然要比其本国收入高。然而，由于劳动是受雇于资本的，对于劳动的管控有助于国家在特定的领土内加强资本积累的进程，因此，与资本相比，劳动者更容易受到国家权力的管控。在美国，随着移民，特别是非法移民的不断增多，加利福尼亚州在1994年颁布了"187号提案"，要求公立学校禁止招收未取得合法居住权的移民的子女，并禁止这些人享受医疗保健等社会公共服务。实际上，该提案一方面限制移民获得正常的生活资料以从事再生产，另一方面却对非法移民的流入持默许的态度，其最终结果便是使得核心国家的企业能够毫不费力地雇用最为廉价且极易受控制、受剥削的劳动者。不仅如此，随着非法移民的工资和工作条件被压低，全社会工人的工资和工作条件随之降低了③。在这种情况下，底层大众与地位日益不稳的中产阶层

---

① ［荷］安德烈亚·科姆洛希：《工作关系与劳动关系》，载［德］于尔根·科卡、［荷］马塞尔·范德林登主编《资本主义：全球化时代的反思》，于留振译，商务印书馆2018年版，第58页。

② ［美］理查德·贝福雷、约瑟夫·哈利维：《马格多夫－斯威齐和明斯基论劳动对金融的实际隶属》，张雪琴译、王生升校，载《清华政治经济学报》第2卷，社会科学文献出版社2014年版。

③ Raúl Hinojosa, Peter Schey, "The Faulty Logic of the Anti-Immigration Rhetoric", *NACLA Report on the Americas*, Vol. 29, No. 4, 1995, pp. 18–23.

便开始走向右翼民粹主义,他们反对外来移民、反对金融资本主义、反对全球化。即使出现了类似于"法国黄马甲运动"的左翼思潮,也会被右翼政治家们利用,从而成为一种失去组织的无政府主义。上述两种思潮最终都造成了一种"逆全球化"的浪潮:根据英国经济政策研究中心2017年发布的《全球贸易预警》可知,2008年国际金融危机至2017年6月10年间,美国共实施了近1200项贸易保护主义措施[①]。然而,这些逆全球化的措施只是反对普遍意义上的抽象的全球化,并没有反对"资本主义的全球化",其最终只会造成民粹主义盛行和劳动者工资、工作条件不稳定的双重现象,核心国家劳动者的再生产仍然困难重重。

第三节 资本全球流动对劳动力再生产影响的计量分析

前一节分析表明,产业资本和生息性货币资本全球循环在一定程度上改变了金融化的形成逻辑,从而进一步影响到了劳动力再生产过程。因此,为了从整体上确定全球资本循环支配下的金融化对于劳动力再生产的影响程度,本节将通过构建计量模型展开实证分析。为了方便模型的构建,本节做出以下设定。第一,本书研究主题为金融化对于劳动力再生产的影响,但全球视角下的金融化指标是一个较难衡量的指标,考虑到前文理论分析是从产业资本全球循环和生息性货币资本全球循环来阐述全球性金融化问题的,因此本节使用全球资本流动来替代全球性金融化水平,分析其对于不同国家劳动力再生产的影响。第二,尽管核心发达国家的劳动力再生产也受到了资本全球循环的影响,但是与资本主动流出的核心国家相比,受到全球资本被动冲击的非核心国家才是本书关注的重点,因此本节仅探究全球资本循环对于非核心国家劳动力再生产的影响。第三,尽管全球资本流动支配下的从属性金融化包括产业资本循环和生息资本循环两种支配方式,但在现实中二者是一个综合体,共同塑造了非核心国家的从属性金融化,因此本节将两种支配方式同时纳入模型进行分析。第四,前述章节分析表明劳动力再生产包括劳动者收入和消费资料成本两个方面,

---

① 袁堂卫、张志泉:《逆全球化、再全球化的马克思主义分析》,《马克思主义研究》2019年第9期。

而前者是劳动力再生产的主体成分，更容易受到资本流动的冲击，因此本节主要探讨劳动者收入的变动。

综合上述设定，本节将首先以全球整体数据为出发点，通过构建简单的OLS模型从总体上判别全球资本流动对于劳动者收入的影响；其次利用代表性非核心国家的数据构建面板模型，详细考察全球资本流动对于非核心国家劳动者收入的影响；最后对上述模型进行稳健性检验并进一步完善分析过程。

一 变量选取与模型设定

根据前文的理论分析，国际资本流动包括产业资本流动和生息性货币资本流动两方面。能够反映前者的指标包括外商直接投资净额（FDI）和外汇储备规模（FR）等，反映后者的指标则包括短期外债规模（SFD）和长期外债规模（LFD）。由于汇率水平（EX）既能通过刺激出口反映到产业资本流动上又能通过刺激外汇市场反映到货币资本流动上，因此也需纳入模型中；总外债存量（FD）作为一国对外债务的总额也应纳入模型。另外，在控制变量的选取上，本书分别考虑了规模和价格两个层面，前者包括衡量经济规模的国内生产总值（GDP）和衡量货币规模的广义货币供应量（M2），后者则主要是衡量国内通货膨胀水平的消费者价格指数（CPI）。由于本模型已经涉及衡量国际货币价格水平的汇率指标，因此国内的货币价格水平利率不再计入模型。综上所述，本节的变量选取如表6-1所示。

表6-1 国际资本流动影响劳动者收入的变量选取

变量类型	一级指标	二级指标	英文缩写
被解释变量	劳动者收入水平	人均收入增速	INCOME
核心解释变量	产业资本的国际流动	外商直接投资净额	FDI
		外汇储备规模	FR
		汇率水平	EX
	借贷货币资本的国际流动	短期外债规模	SFD
		长期外债规模	LFD
		总外债存量	FD

变量类型	一级指标	二级指标	英文缩写
控制变量	规模水平	国内生产总值	GDP
		广义货币供应量	M2
	价格水平	消费者价格指数	CPI

本节模型设定的思路如下。首先，建立普通最小二乘回归模型（Ordinary Least Square Model，OLS Model），从整体上把握国际资本流动对于劳动者收入的影响。其次，利用世界银行、国际货币组织以及国际清算银行给出的代表性国家数据，建立固定效应面板模型（FE Panel Model），考察国际资本流动指标对于非核心国家劳动者收入的影响。最后，建立动态面板模型（Dynamic Panel Model），降低模型的内生性，提升回归结果的有效性。具体设定情况如下。

首先是 OLS 模型，考虑到全球整体数据的可得性，本书分别计量了全球整体 FDI、FR 以及 FD 及其不同组合对于全球劳动者平均收入增速 INCOME 的影响，包含如下七个模型：

OLS Model 1：$INCOME_t = \alpha_0 + \alpha_1 FDI_t + \alpha Z_t + \varepsilon_t$

OLS Model 2：$INCOME_t = \beta_0 + \beta_1 FR_t + \beta Z_t + \varepsilon_t$

OLS Model 3：$INCOME_t = \gamma_0 + \gamma_1 FD_t + \gamma Z_t + \varepsilon_t$

OLS Model 4：$INCOME_t = \delta_0 + \delta_1 FDI_t + \delta_2 FR_t + \delta Z_t + \varepsilon_t$

OLS Model 5：$INCOME_t = \zeta_0 + \zeta_1 FDI_t + \zeta_2 FD_t + \zeta Z_t + \varepsilon_t$

OLS Model 6：$INCOME_t = \eta_0 + \eta_1 FR_t + \eta_2 FD_t + \eta Z_t + \varepsilon_t$

OLS Model 7：$INCOME_t = \theta_0 + \theta_1 FDI_t + \theta_2 FR_t + \theta_3 FD_t + \theta Z_t + \varepsilon_t$

其中，$Z_t = (GDP_t, CPI_t)$，$\alpha = (\alpha_2, \alpha_3)$，$\beta = (\beta_2, \beta_3)$，$\gamma = (\gamma_2, \gamma_3)$，$\delta = (\delta_3, \delta_4)$，$\zeta = (\zeta_3, \zeta_4)$，$\eta = (\eta_3, \eta_4)$，$\theta = (\theta_4, \theta_5)$。

其次是考察国家结构数据的固定效应面板模型。在面板数据线性回归模型中，如果对于不同的截面或不同的时间序列，只有模型的截距项是不同的，而模型的斜率系数是相同的，则称此模型为固定效应模型。固定效应模型主要包括个体固定效应模型、时间固定效应模型以及个体和时间双固定效应模型。个体固定效应模型是指对于不同的时间序列只有截距项不同的模型。从时间和个体上看，面板数据回归模型的解释变量对被解释变量的边际影响均是相同的，而且除了模型的解释变量，影响被解释变量的其他所有的确定性变量的效应只随个体变化而不随时间变化。用公式表示为：

$$y_{it} = \alpha_i + \sum_{k=1}^{K} \beta_k x_{it,k} + u_{it}$$

固定模型中的"固定"只是指不随截距或不随时间序列的变化而变化，其潜在假定只是未观测到的个体异质性与模型中的自变量是相关的。在现实生活中，这种未观测到的异质性常常用来反映个体特征。由于世界各国具有不同的经济发展情况和文化观念，因此，在分析国际层面资本流动对劳动者收入的影响问题时，可能会存在不随时间而变化的遗漏变量，在这种情况下，需要考虑固定效应面板模型。基于此，本书分析了世界各国的产业资本 FDI、FR、EX 和借贷货币资本 FD、LFD、SFD 对于 INCOME 的影响，包含如下 9 个固定效应模型：

FE Model 1：$INCOME_{i,t} = \alpha_0 + \alpha_1 FDI_{i,t} + \alpha_2 FD_{i,t} + \alpha X_{i,t} + \varepsilon_{i,t}$

FE Model 2：$INCOME_{i,t} = \beta_0 + \beta_1 FDI_{i,t} + \beta_2 LFD_{i,t} + \beta X_{i,t} + \varepsilon_{i,t}$

FE Model 3：$INCOME_{i,t} = \gamma_0 + \gamma_1 FDI_{i,t} + \gamma_2 SFD_{i,t} + \gamma X_{i,t} + \varepsilon_{i,t}$

FE Model 4：$INCOME_{i,t} = \delta_0 + \delta_1 FR_{i,t} + \delta_2 FD_{i,t} + \delta X_{i,t} + \varepsilon_{i,t}$

FE Model 5：$INCOME_{i,t} = \zeta_0 + \zeta_1 FR_{i,t} + \zeta_2 LFD_{i,t} + \zeta X_{i,t} + \varepsilon_{i,t}$

FE Model 6：$INCOME_{i,t} = \eta_0 + \eta_1 FR_{i,t} + \eta_2 SFD_{i,t} + \eta X_{i,t} + \varepsilon_{i,t}$

FE Model 7：$INCOME_{i,t} = \theta_0 + \theta_1 EX_{i,t} + \theta_2 FD_{i,t} + \theta X_{i,t} + \varepsilon_{i,t}$

FE Model 8：$INCOME_{i,t} = \lambda_0 + \lambda_1 EX_{i,t} + \lambda_2 LFD_{i,t} + \lambda X_{i,t} + \varepsilon_{i,t}$

FE Model 9：$INCOME_{i,t} = \omega_0 + \omega_1 EX_{i,t} + \omega_2 SFD_{i,t} + \omega X_{i,t} + \varepsilon_{i,t}$

其中，$X_{i,t} = (GDP_{i,t}, M2_{i,t}, CPI_{i,t})$，$\alpha = (\alpha_3, \alpha_4, \alpha_5)$，$\beta = (\beta_3, \beta_4, \beta_5)$，$\gamma = (\gamma_3, \gamma_4, \gamma_5)$，$\delta = (\delta_3, \delta_4, \delta_5)$，$\zeta = (\zeta_3, \zeta_4, \zeta_5)$，$\eta = (\eta_3, \eta_4, \eta_5)$，$\theta = (\theta_3, \theta_4, \theta_5)$，$\lambda = (\lambda_3, \lambda_4, \lambda_5)$，$\omega = (\omega_3, \omega_4, \omega_5)$。

最后是降低内生性问题而采用的动态面板 GMM 模型。由于劳动者的当期收入在一定程度上与其前期收入存在着联系，因此，上述静态的固定效应模型便存在着内生性问题。这时，就需要将被解释变量的滞后项作为解释变量，纳入模型中，建立动态的面板模型。在这种情况下，世界各国的产业资本 FDI、FR、EX 和借贷货币资本 FD、LFD、SFD 对于 INCOME 的影响包含如下 9 个包含被解释变量 p 阶滞后项的 GMM 模型。

GMM Model 1：

$$INCOME_{i,t} = \alpha' \sum_{p=1}^{T} INCOME_{i,t-p} + \alpha_0 + \alpha_1 FDI_{i,t} + \alpha_2 FD_{i,t} + \alpha X_{i,t} + \varepsilon_{i,t}$$

GMM Model 2：

$$INCOME_{i,t} = \beta' \sum_{p=1}^{T} INCOME_{i,t-p} + \beta_0 + \beta_1 FDI_{i,t} + \beta_2 LFD_{i,t} + \beta X_{i,t} + \varepsilon_{i,t}$$

GMM Model 3：

$$INCOME_{i,t} = \gamma' \sum_{p=1}^{T} INCOME_{i,t-p} + \gamma_0 + \gamma_1 FDI_{i,t} + \gamma_2 SFD_{i,t} + \gamma X_{i,t} + \varepsilon_{i,t}$$

GMM Model 4：

$$INCOME_{i,t} = \delta' \sum_{p=1}^{T} INCOME_{i,t-p} + \delta_0 + \delta_1 FR_{i,t} + \delta_2 FD_{i,t} + \delta X_{i,t} + \varepsilon_{i,t}$$

GMM Model 5：

$$INCOME_{i,t} = \zeta' \sum_{p=1}^{T} INCOME_{i,t-p} + \zeta_0 + \zeta_1 FR_{i,t} + \zeta_2 LFD_{i,t} + \zeta X_{i,t} + \varepsilon_{i,t}$$

GMM Model 6：

$$INCOME_{i,t} = \eta' \sum_{p=1}^{T} INCOME_{i,t-p} + \eta_0 + \eta_1 FR_{i,t} + \eta_2 SFD_{i,t} + \eta X_{i,t} + \varepsilon_{i,t}$$

GMM Model 7：

$$INCOME_{i,t} = \theta' \sum_{p=1}^{T} INCOME_{i,t-p} + \theta_0 + \theta_1 EX_{i,t} + \theta_2 FD_{i,t} + \theta X_{i,t} + \varepsilon_{i,t}$$

GMM Model 8：

$$INCOME_{i,t} = \lambda' \sum_{p=1}^{T} INCOME_{i,t-p} + \lambda_0 + \lambda_1 EX_{i,t} + \lambda_2 LFD_{i,t} + \lambda X_{i,t} + \varepsilon_{i,t}$$

GMM Model 9：

$$INCOME_{i,t} = \omega' \sum_{p=1}^{T} INCOME_{i,t-p} + \omega_0 + \omega_1 EX_{i,t} + \omega_2 SFD_{i,t} + \omega X_{i,t} + \varepsilon_{i,t}$$

其中，$\alpha' = (\alpha'_1, \alpha'_2, \cdots, \alpha'_p)$，$\beta' = (\beta'_1, \beta'_2, \cdots, \beta'_p)$，$\gamma' =$

$(\gamma'_1, \gamma'_2, \cdots, \gamma'_p)$, $\delta' = (\delta'_1, \delta'_2, \cdots, \delta'_p)$, $\zeta' = (\zeta'_1, \zeta'_2, \cdots, \zeta'_p)$, $\eta' = (\eta'_1, \eta'_2, \cdots, \eta'_p)$, $\theta' = (\theta'_1, \theta'_2, \cdots, \theta'_p)$, $\lambda' = (\lambda'_1, \lambda'_2, \cdots, \lambda'_p)$, $\omega' = (\omega'_1, \omega'_2, \cdots, \omega'_p)$。$X_{i,t}$、$\alpha$、$\beta$、$\gamma$、$\delta$、$\zeta$、$\eta$、$\theta$、$\lambda$、$\omega$同固定效应模型。

二 基本模型的回归情况

在模型回归之前,需要对各数据的基本情况进行简要介绍。考虑到回归的有效性,本书对于除平均收入增长率(INCOME)以外的所有变量均进行了对数化处理,其基本情况如表6-2所示。

表6-2　　　　　　　　各变量的基本情况

变量名	观测数	平均值	标准差	最小值	最大值
COUNTRY	6566	67.5	38.68434	1	134
YEAR	6566	1994	14.14321	1970	2018
INCOME	3821	2.338792	5.443729	-46.2837	107.7719
LNFDI	4924	19.29892	2.889983	2.302585	27.32179
LNFR	4993	21.19482	2.378168	13.28801	28.98147
LNFD	3939	21.86778	2.324765	9.740969	28.30017
LNSFD	3629	19.46915	3.110425	1.757858	27.84569
LNLFD	3938	21.71883	2.287949	9.21034	27.32134
LNEX	5504	1.897192	4.379063	-27.1182	22.62881
LNGDP	4759	1.39554	0.864831	-6.20036	4.488161
LNCPI	4685	1.879365	1.319468	-4.79074	10.07631
LNM2	4403	2.731738	1.024504	-3.59407	8.849216

本节样本选取的数据为1970—2018年共49年的数据,代表性国家为134个,这134个国家是综合了世界银行数据库、IMF数据库以及国际清算银行BIS数据库后确定的具有数据可得性的代表性国家。其中,为了减少核心国家劳动者收入对于研究的干扰,本书从样本中剔除了七国集团(G7),包括美国、日本、德国、英国、法国、意大利、加拿大。由于解释变量均做了对数化处理,因此,变量的标准差较为适中,

整体数据表现平稳，可以进行计量回归，包括 OLS 模型、FE 模型以及 GMM 模型。

（一）OLS 模型的回归结果

为了从总体上把握国际资本流动对于平均收入的影响，本书先对其进行 OLS 模型回归。产业资本流动的指标仍然是外商直接投资净额与外汇储备规模，货币资本流动指标则可以选取全球外汇水平或全球外债规模，但由于后两者均不存在全球性数据，因此，考虑到整体数据的可得性，本书将美元指数（USDX）作为国际货币资本流动的代理变量，即替代原先的国际货币资本流动变量 FD 来纳入模型。七种 OLS 模型的整体回归情况如表 6 - 3 所示，其中，所有的解释变量均做了差分处理，从而使得数据平稳，模型有效性提升。

表 6 - 3　　　　　　　　七种 OLS 模型的回归情况

变量名	OLS 模型 1	OLS 模型 2	OLS 模型 3	OLS 模型 4	OLS 模型 5	OLS 模型 6	OLS 模型 7
DFDI	2.008 *** (0.607)	—	—	1.894 *** (0.567)	1.813 *** (0.601)	—	1.897 *** (0.593)
DFR	—	7.536 * (3.758)	—	5.248 * (2.943)	—	7.223 (4.176)	5.302 (3.250)
DUSDX	—	—	-5.454 ** (2.629)	—	-4.075 * (2.393)	-0.887 (4.288)	0.164 (3.297)
DGDP	0.295 *** (0.106)	0.363 *** (0.107)	0.429 *** (0.104)	0.221 ** (0.0919)	0.291 *** (0.103)	0.361 *** (0.111)	0.221 ** (0.0957)
DCPI	0.216 ** (0.0898)	0.346 *** (0.101)	0.186 * (0.101)	0.286 *** (0.0788)	0.174 * (0.0907)	0.336 ** (0.116)	0.288 *** (0.0901)
Constant	1.298 *** (0.159)	0.917 * (0.429)	1.630 *** (0.174)	1.074 *** (0.330)	1.421 *** (0.170)	0.947 * (0.468)	1.069 ** (0.360)
R^2	0.592	0.764	0.517	0.873	0.627	0.764	0.873

注：括号内为标准误；*、**、*** 分别表示模型系数在 10%、5%、1% 水平上显著。

由表 6 - 3 显示的结果可知，产业资本的国际流动和货币资本的国际流动对于劳动者的平均收入产生了不同的影响。首先，从单变量 OLS 模型可以看出，FDI 对于平均收入的冲击在 1% 的显著水平上产生了正向影响，FR 也在 10% 的显著水平上正向影响平均收入，而 USDX 则在 5% 的显著水平上负向影响平均收入。其次，如果考察两个变量之间的共同作用，可以发现，在模型 4、模型 5 以及模型 6 中，产业资本流动总是表现出较为显著的正向冲击，而货币资本流动也基本呈现出显著的负向冲击。最后，模型 7 对所有变量进行了整体回归，发现只有 FDI 显著正向影响着劳动者收入。可见，OLS 回归结构在总体上呈现出了如下情形。一方面，不同形式的国际资本流动对于平均收入的影响具有明显的异质性，产业资本影响方向为正，货币资本影响方向为负。另一方面，在产业资本内部，外商直接投资的影响要比外汇储备的影响更为明显。然而，由于 OLS 模型需要变量满足的条件较为苛刻，上述回归结果存在有偏性，因此，为了进一步提升结果的有效性，需要对结构数据展开面板分析。

（二）FE 模型的回归结果

通过固定效应模型回归结果（见表 6-4）可知，控制变量在总体上符合模型预期，即 GDP 和 M2 对于平均收入的影响为正，而 CPI 则为负向影响。在核心解释变量方面。首先，FDI 不再像 OLS 模型那样显著影响 INCOME，而且，在模型 2 中，出现了 FDI 对于 INCOME 的负向影响。其次，FR 的显著性水平要高于 FDI，且同样存在对 INCOME 的负向影响，即模型 5。再次，EX 系数整体为正，但并不显著。这表明，汇率的下行会提升劳动者收入增长率。实际上，前文理论分析表明，非核心国家融入全球生产网络会通过两种方式，一是维持低汇率，二是降低劳动者工资。可见对于非核心国家来说，在全球产业资本的冲击下，汇率与劳动者收入具有一定的替代性，汇率高则劳动者收入就会被压低，汇率低则会允许提升部分劳动者收入。因此，固定效应模型呈现的降低汇率会提升劳动者收入的结果与前文的理论分析是一致的。最后，三大货币资本变量对于收入的影响呈现出了异质性，外债总量 FD 以及短期外债 SFD 对于 INCOME 基本上呈现出较为一致的负向冲击，而长期债务 LFD 则会在 5% 以上的显著水平上提升劳动者收入。这也与前文理论分析相一致。众所周知，核心国家对于非核心国家的短期投资大都是定位于非生产领域，其目的是获取短期利润，这一过程不利于非核心国家的劳动者收入，而如果投资于长期生产性领域，则会在一定程度上刺激东道国劳动者的收入水平。因此，通过 FD 对于 INCOME 的影响数值为负可知，核心国家的债权投资仍然是以短期获利性为主，不利于非核心国家的收入水平，这一结论与前文论述一致。

表 6-4　九种固定效应模型的回归情况

变量名	FE 模型 1	FE 模型 2	FE 模型 3	FE 模型 4	FE 模型 5	FE 模型 6	FE 模型 7	FE 模型 8	FE 模型 9
LNFDI	0.0995* (0.0580)	-0.0300 (0.0565)	0.0675 (0.0522)	—	—	—	—	—	—
LNFR	—	—	—	0.190** (0.0905)	-0.0676 (0.0857)	0.152** (0.0731)	—	—	—
LNEX	—	—	—	—	—	—	0.0500 (0.0418)	0.0112 (0.0417)	0.0445 (0.0407)
LNFD	-0.202* (0.117)	—	—	-0.180 (0.135)	—	—	-0.0583 (0.0918)	—	—
LNLFD	—	0.265** (0.113)	—	—	0.382*** (0.128)	—	—	0.229** (0.0908)	—
LNSFD	—	—	-0.0208 (0.0516)	—	—	-0.0459 (0.0569)	—	—	0.00949 (0.0472)
LNGDP	3.156*** (0.113)	3.216*** (0.113)	3.180*** (0.116)	3.176*** (0.123)	3.265*** (0.122)	3.158*** (0.124)	3.237*** (0.110)	3.265*** (0.110)	3.250*** (0.114)
LNM2	0.111 (0.117)	0.187 (0.117)	0.114 (0.118)	0.214* (0.127)	0.275** (0.127)	0.203 (0.128)	0.143 (0.113)	0.195* (0.113)	0.132 (0.115)

续表

变量名	FE 模型 1	FE 模型 2	FE 模型 3	FE 模型 4	FE 模型 5	FE 模型 6	FE 模型 7	FE 模型 8	FE 模型 9
LNCPI	-0.148 (0.0956)	-0.105 (0.0957)	-0.0995 (0.0977)	-0.173 (0.107)	-0.171 (0.106)	-0.136 (0.109)	-0.148 (0.0927)	-0.100 (0.0927)	-0.116 (0.0945)
Constant	1.580 (2.376)	-6.917*** (2.324)	-2.127 (1.337)	-1.275 (2.366)	-8.883*** (2.322)	-3.688** (1.685)	-0.184 (2.181)	-6.855*** (2.144)	-1.735 (1.082)
R^2	0.363	0.364	0.355	0.344	0.348	0.336	0.366	0.368	0.359

注：括号内为标准误；*、**、***分别表示模型系数在10%、5%、1%水平上显著。

上述结论表明，模型整体的实证结果与理论一致，但不同资本影响的异质性仍然存在：一方面，货币资本流动对于非核心国家收入产生了不利影响，其主要传递渠道是短期外债；另一方面，产业资本流动对于非核心国家收入的影响方向仍不明确，外商直接投资与外汇储备会正向刺激收入，而汇率水平与收入则呈现了此消彼长的走势。因此，有必要引入新的模型对其进一步探讨。事实上，尽管固定效应模型在一定程度上提升了模型回归的有效性，但是模型仍然可能存在内生性问题，因为劳动者的当期收入不仅取决于外部因素，还取决于前期的收入水平。在被解释变量的滞后项纳入模型的情况下，如果按照一般的估计方法对模型进行估计就会使得结果有偏且非一致。鉴于此，本书将采用动态面板广义矩估计（GMM）对其进行估计，该方法可以通过恰当使用工具变量的方法解决内生性问题，得到比其他估计方法更为有效的参数估计量。

（三）GMM 模型的回归结果

表 6-5 给出了 9 种 GMM 模型的回归结果，由表 6-5 可知，非核心国家的收入水平在 1% 的显著水平上受到了前期收入水平的负向影响，前期收入越高意味着当期收入会降低，可见，动态面板 GMM 模型通过将 INCOME 的滞后项放入解释变量中而在很大程度上降低了原先静态面板模型的内生性问题。与前述模型相比，GMM 模型主要呈现了两个特点。第一，国际资本流动对收入影响的异质性仍然存在，产业资本对收入影响方向不明，货币资本负向影响收入水平。但与 FE 模型不同的是，在 GMM 模型中，所有的外债结构均会负向影响收入水平，且系数的绝对值远高于 FE 模型。这表明，去除部分内生性后，外债对于非生产性国家收入的拖累更加明显了。第二，尽管产业资本影响方向不明，但汇率与收入的负向关系得到了进一步印证，GMM 模型 7、模型 8 和模型 9 中的汇率水平与收入的反向关系已经达到 5% 的显著水平，即有 95% 的把握表明汇率与劳动者收入的替代关系，再次验证了前文关于非核心国家通过降低汇率或降低劳动者收入来融入全球生产网络的理论分析。

因此，三类模型在很大程度上验证了前文关于国际资本流动支配下的金融化影响非核心国家劳动者收入的理论内容。目前面临的关键问题是如何解释产业资本流动内部的异质性问题，即外商直接投资与外汇储备都会正向刺激收入水平而与出口相关的汇率水平则会负向影响收入水平。对于这一问题，本书一方面尝试通过对上述模型进行稳健性检验来论证，另一

表 6-5 九种 GMM 模型的回归情况

变量名	GMM 模型 1	GMM 模型 2	GMM 模型 3	GMM 模型 4	GMM 模型 5	GMM 模型 6	GMM 模型 7	GMM 模型 8	GMM 模型 9
L.INCOME	-0.0914***(0.0229)	-0.0931***(0.0230)	-0.0903***(0.0242)	-0.0949***(0.0223)	-0.0962***(0.0222)	-0.0904***(0.0234)	-0.0882***(0.0212)	-0.0904***(0.0212)	-0.0825***(0.0224)
L2.INCOME	-0.0264(0.0218)	-0.0273(0.0218)	-0.0352(0.0226)	-0.0134(0.0209)	-0.0152(0.0209)	-0.0173(0.0217)	-0.0191(0.0206)	-0.0216(0.0205)	-0.0232(0.0215)
LNFR	0.410*(0.211)	0.437**(0.207)	0.315(0.197)	—	—	—	—	—	—
LNFDI	—	—	—	0.157(0.103)	0.160(0.103)	0.0472(0.104)	—	—	—
LNEX	-0.555*(0.307)	—	—	—	—	—	0.596**(0.302)	0.619**(0.305)	0.494*(0.299)
LNFD	—	-0.659**(0.310)	—	-0.683**(0.297)	—	—	-0.413(0.266)	—	—
LNLFD	—	—	—	—	-0.780***(0.300)	—	—	-0.542**(0.273)	—
LNSFD	—	—	-0.118(0.131)	—	—	-0.0237(0.126)	—	—	-0.0232(0.126)
LNGDP	2.790***(0.144)	2.775***(0.144)	2.792***(0.147)	2.658***(0.134)	2.641***(0.134)	2.650***(0.138)	2.835***(0.136)	2.834***(0.136)	2.826***(0.141)

续表

变量名	GMM 模型 1	GMM 模型 2	GMM 模型 3	GMM 模型 4	GMM 模型 5	GMM 模型 6	GMM 模型 7	GMM 模型 8	GMM 模型 9
LNM2	0.129 (0.159)	0.138 (0.158)	0.155 (0.163)	0.173 (0.150)	0.176 (0.149)	0.163 (0.155)	0.155 (0.148)	0.169 (0.148)	0.191 (0.153)
LNCPI	−0.129 (0.146)	−0.134 (0.145)	−0.101 (0.151)	−0.131 (0.131)	−0.140 (0.131)	−0.0113 (0.138)	−0.148 (0.132)	−0.149 (0.132)	−0.0772 (0.138)
Constant	3.632 (6.083)	5.318 (6.232)	−4.814 (4.447)	12.33* (6.515)	14.39** (6.574)	−0.939 (3.106)	7.042 (6.007)	9.793 (6.095)	−1.852 (2.782)
AR (1) 检验	0.055	0.031	0.042	0.051	0.029	0.013	0.039	0.017	0.047
AR (2) 检验	0.252	0.537	0.672	0.245	0.164	0.192	0.256	0.291	0.375
Sagan 检验	0.214	0.134	0.095	0.283	0.087	0.542	0.631	0.621	0.084

注：括号内为标准误差；*、**、*** 分别表示在 10%、5%、1% 水平上显著；AR (1)、AR (2) 检验和 Sargan 检验结果表明，模型不存在工具变量过度识别的问题，且模型回归结果中也不存在显著的残差 2 阶序列相关问题，GMM 回归中的工具变量选取是合理的。Sargan 检验输出结果为 P 值；AR (2) 与 Sargan 检验和回归结果有效，GMM 回归中的工具变量选取是合理的。

方面则通过选择特定国家的具体情形来展开进一步的分析。

三 稳健性检验与进一步的分析

（一）模型的稳健性检验

事实上，上述差分 GMM 模型仍然面临内生性问题，因为其残差的动态变化没有被考虑进来，而如果将残差的动态变化纳入模型，就需要建立系统 GMM 模型（System GMM Model），系统 GMM 的优点是通过将残差动态化来进一步提高估计效率。表 6-6 展示了上述九种 GMM 模型利用系统 GMM 方法（Sys-GMM）进行回归的结果。

由表 6-6 及表 6-5 可知，系统 GMM 与前文的差分 GMM 模型在回归结果上并没有本质性的区别。不同点是系统 GMM 的标准误要普遍低于差分 GMM，这表明系统 GMM 的有效性更高。然而，随着有效性的提升，模型各系数的显著性水平却在降低，而且由于工具变量使用的增多，部分模型存在过度识别的可能，从而出现了 Sargan 检验的结果无法在 5% 显著水平上接受的情形。另外，系统 GMM 模型还表明，产业资本影响的异质性仍然存在：FDI 和 FR 仍然正向影响收入，而 EX 负向影响收入。那么，该如何解释这一现象呢？事实上，就实践发展而言，货币资本的全球流动对于所有国家都具有冲击性。即使一国对国际资本流动进行了严厉管控，跨境资本也一样可以通过经常账户的盈余以及外汇储备增多的方式流入国内[1]。与此同时，资本管制也经常会因为国内外投资者不断创新出的新型管制规避路径而变得低效，大量的短期资本还是会通过"热钱"的方式秘密流入国内[2]。因此，对于流动性极强的货币资本而言，世界各国所表现出的异质性就会减少。然而，在产业资本全球流动方面，不同非核心国家对于国际资本和国内经济的控制力度在很大程度上决定了其是通过稳定低汇率还是维持低工资来融入全球生产网络：前者更加突出对国际资本掌控的决心，后者则更加突出对国内经济形势掌控的决心。在这种情况下，要分析产业资本流动对于收入影响的异质性问题，就应该以典型的受到产

---

[1] Noemi Levy Orlik, "Financialisation in Unsuccessful Neo-Mercantilist Economies External Capital Inflows, Financial Gains and Income Inequality", *Limes +*, Vol. XI, No. 3, 2014, pp. 147-175.

[2] Eswar Prasad, Thomas Rumbaugh and Qing Wang, "Putting the Cart before the Horse? Capital Account Liberalization and Exchange Rate Flexibility in China", *China & World Economy*, Vol. 13, No. 4, 2005, pp. 3-20.

表6-6 系统GMM模型的回归情况

变量名	Sys-GMM 模型1	Sys-GMM 模型2	Sys-GMM 模型3	Sys-GMM 模型4	Sys-GMM 模型5	Sys-GMM 模型6	Sys-GMM 模型7	Sys-GMM 模型8	Sys-GMM 模型9
L.INCOME	0.00994 (0.0490)	-0.0154 (0.0620)	0.0217 (0.0436)	-0.00231 (0.0330)	-0.0449 (0.0632)	0.0140 (0.0355)	0.0192 (0.0417)	-0.0209 (0.0643)	0.00316 (0.0408)
L2.INCOME	0.0722 (0.0576)	0.0890 (0.0810)	0.0517 (0.0681)	0.0798* (0.0434)	0.141* (0.0795)	0.0905** (0.0365)	0.0648* (0.0376)	0.107 (0.0790)	0.00754 (0.0406)
LNFR	0.412** (0.197)	0.426 (0.303)	0.302 (0.189)	—	—	—	—	—	—
LNFDI	—	—	—	0.158 (0.110)	0.314** (0.151)	0.146 (0.100)	—	—	—
LNEX	—	—	—	0.176 (0.238)	—	—	—	—	—
LNFD	-0.406* (0.225)	—	—	—	—	—	0.00346 (0.0916)	-0.0319 (0.0731)	0.0369 (0.159)
LNLFD	—	-0.497* (0.268)	—	—	-0.295 (0.251)	—	0.128 (0.157)	0.0782 (0.179)	—
LNSFD	—	—	-0.0459 (0.0973)	—	—	0.0563 (0.105)	—	—	0.150 (0.0905)

续表

变量名	Sys-GMM 模型 1	Sys-GMM 模型 2	Sys-GMM 模型 3	Sys-GMM 模型 4	Sys-GMM 模型 5	Sys-GMM 模型 6	Sys-GMM 模型 7	Sys-GMM 模型 8	Sys-GMM 模型 9
LNGDP	2.896*** (0.226)	2.948*** (0.205)	3.036*** (0.261)	2.875*** (0.203)	2.785*** (0.208)	2.811*** (0.209)	3.022*** (0.201)	3.051*** (0.223)	3.020*** (0.224)
LNM2	0.289 (0.175)	0.296* (0.172)	0.286* (0.153)	0.238* (0.124)	0.190 (0.147)	0.228* (0.131)	0.259* (0.140)	0.260* (0.138)	0.277** (0.123)
LNCPI	−0.155 (0.116)	−0.167 (0.106)	−0.143 (0.121)	−0.0787 (0.0936)	−0.0429 (0.0862)	−0.0949 (0.102)	−0.167 (0.104)	−0.117 (0.0998)	−0.126 (0.131)
Constant	−1.005 (2.888)	0.682 (3.203)	−7.274 (4.463)	−8.617** (4.178)	−0.790 (3.851)	−5.375** (2.249)	−4.568 (3.779)	−3.392 (4.120)	−4.775** (2.258)
AR (1) 检验	0.075	0.081	0.072	0.061	0.079	0.073	0.069	0.077	0.067
AR (2) 检验	0.452	0.594	0.364	0.438	0.769	0.435	0.384	0.662	0.273
Sargan 检验	0.103	0.215	0.136	0.084	0.378	0.639	0.082	0.098	0.074

注：括号内为标准误差；*、**、***分别表示在10%、5%、1%水平上显著；AR（1）、AR（2）检验和Sargan检验结果表明，模型不存在工具变量过度识别的问题，且模型回归结果中也不存在显著的残差2阶序列相关问题，GMM回归中的工具变量选取是合理的。

业资本流动影响的国家为例展开具体分析。

(二) 关于模型的进一步分析

由于上文分析表明亚洲是受产业资本国际流动影响最为明显的地区，而改革开放以来，特别是加入世界贸易组织以来的中国所受到的产业资本流动冲击又是亚洲地区中较为明显的，因此，本书将以中国为例，进一步完善国际产业资本流动对于劳动者收入影响的实证分析过程。

由于一般的时间序列模型难以给出变量间的当期关系，使得变量间当期的相关性会隐藏在误差项中而无法解释。因此，为了更为有效地分析产业资本的国际流动对中国劳动者收入水平的影响，本书将采用结构向量自回归（SVAR）模型，利用结构式方程解决当期信息的问题。考虑无约束限制的 VAR (p) 模型，其简化式方程为：

$$\Phi(L) y_t = e_t$$

其中，$\Phi(L) = I - \Phi_1 L - \Phi_2 L2 - \cdots - \Phi_p Lp$，$L$ 为滞后算子，y_t 是 $n \times 1$ 维向量，e_t 是 $n \times 1$ 维结构扰动向量。假定 e_t 序列不相关，$var(e_t) = \Lambda$，其中 Λ 是一个对角元素为结构扰动项方差的对角矩阵。由于简化式方程只是将变量间的当期关系隐含在误差项中而没有直接给出，因此简化式 VAR 模型往往不能很好地刻画现实中经济变量的关系。在这种情况下，需要将其扩展为结构 VAR 模型（SVAR）。

p 阶结构向量自回归模型 SVAR (p) 可表示为：

$$C(L) y_t = u_t$$

其中，$C(L) = C_0 - \Gamma_1 L - \Gamma_2 L2 - \cdots - \Gamma_P Lp$，$L$ 为滞后算子，结构式扰动项 u_t 是简化式随机扰动项 e_t 的线性组合，满足 $u_t = C_0 e_t$。C_0 是主对角元素为 1 的矩阵，特别是，如果 C_0 是下三角矩阵，则 SVAR 模型被称为递归的 SVAR 模型。

根据前述分析，本书需要建立两个 SVAR 模型，分别探究国际产业资本流动对中国汇率水平以及工资水平的冲击作用。模型一包含广义货币 M2、外汇储备 FR、经常账户差额 CAB 和汇率水平 EX 等变量，模型二包含广义货币 M2、外汇储备 FR、经常账户差额 CAB 和工资水平 WAGE 等变量。为了符合理论分析的传导机制并方便模型识别，本书采用递归识别法，模型的冲击传导分别如下。

模型一为 M2→FR→CAB→EX，具体的递归传导设置如下：

$$\begin{bmatrix} 1 & 0 & 0 & 0 \\ a_{21} & 1 & 0 & 0 \\ a_{31} & a_{32} & 1 & 0 \\ a_{41} & a_{42} & a_{43} & 1 \end{bmatrix} \begin{bmatrix} eM2_t \\ eFR_t \\ eCAB_t \\ eEX_t \end{bmatrix} = \begin{bmatrix} b_{11} & 0 & 0 & 0 \\ 0 & b_{22} & 0 & 0 \\ 0 & 0 & b_{33} & 0 \\ 0 & 0 & 0 & b_{44} \end{bmatrix} \begin{bmatrix} uM2_t \\ uFR_t \\ uCAB_t \\ uEX_t \end{bmatrix}$$

模型二为 M2→FR→CAB→WAGE，具体的递归传导设置如下：

$$\begin{bmatrix} 1 & 0 & 0 & 0 \\ a_{21} & 1 & 0 & 0 \\ a_{31} & a_{32} & 1 & 0 \\ a_{41} & a_{42} & a_{43} & 1 \end{bmatrix} \begin{bmatrix} eM2_t \\ eFR_t \\ eCAB_t \\ eWAGE_t \end{bmatrix} = \begin{bmatrix} b_{11} & 0 & 0 & 0 \\ 0 & b_{22} & 0 & 0 \\ 0 & 0 & b_{33} & 0 \\ 0 & 0 & 0 & b_{44} \end{bmatrix} \begin{bmatrix} uM2_t \\ uFR_t \\ uCAB_t \\ uWAGE_t \end{bmatrix}$$

以上变量的数据均来自中国人民银行的季度数据。在模型估计之前，本书对各时间序列变量进行了 ADF 单位根检验，其中，非平稳序列在经过一阶差分处理后成为平稳序列。同时，本书利用 AIC 和 HQIC 准则对各 SVAR 模型的滞后期进行判断，并保证所有模型 AR 值的倒数皆映在单位圆之内。在此之后，本书对其进行了脉冲响应分析，即在其他情况不变的前提下，考虑单位误差项的变化对整体系统的动态冲击。两类模型的脉冲响应如图 6-1 所示。

由图 6-1 的左列可知，国际产业资本对于汇率呈现出负向冲击：由于 EX 为直接标价法，EX 的下降表明人民币升值，因此，FR 中蕴含的国际产业资本对中国的冲击提升了汇率水平。而图 6-1 右列则表明，FR 中蕴含的国际产业资本对中国的冲击降低了工资水平：冲击在第一年内的负向影响最高，之后逐季回升，最后稳定在 10% 左右的负向冲击水平上。可见，中国的汇率与工资也呈现出了此消彼长的现象，而且以外汇储备为主要代表的国际产业资本代理变量对中国的劳动者收入造成了持续稳定的负向影响。这就能够解释前文出现的产业资本冲击的异质性。因为绝大多数政府对于本国经济的掌控力度较低，即经济外向性十分严重，面对国际产业资本的冲击，劳动者工资上涨，但很快会因为工资成本的加剧而被其他低成本国家淘汰出全球生产网络，其最终结果仍然是工资的不稳定和长期下行。而以中国为代表的部分政府领导能力较强的国家则能够通过在稳汇率和降工资之间做出抉择，选择适当的措施应对国际产业资本的冲击，尽管其最终也会对收入产生不利影响，但却能在一定程度上维持工资的相对稳定性，从而在整体上降低了金融化国际资本对中国劳动者收入水平的负向冲击。

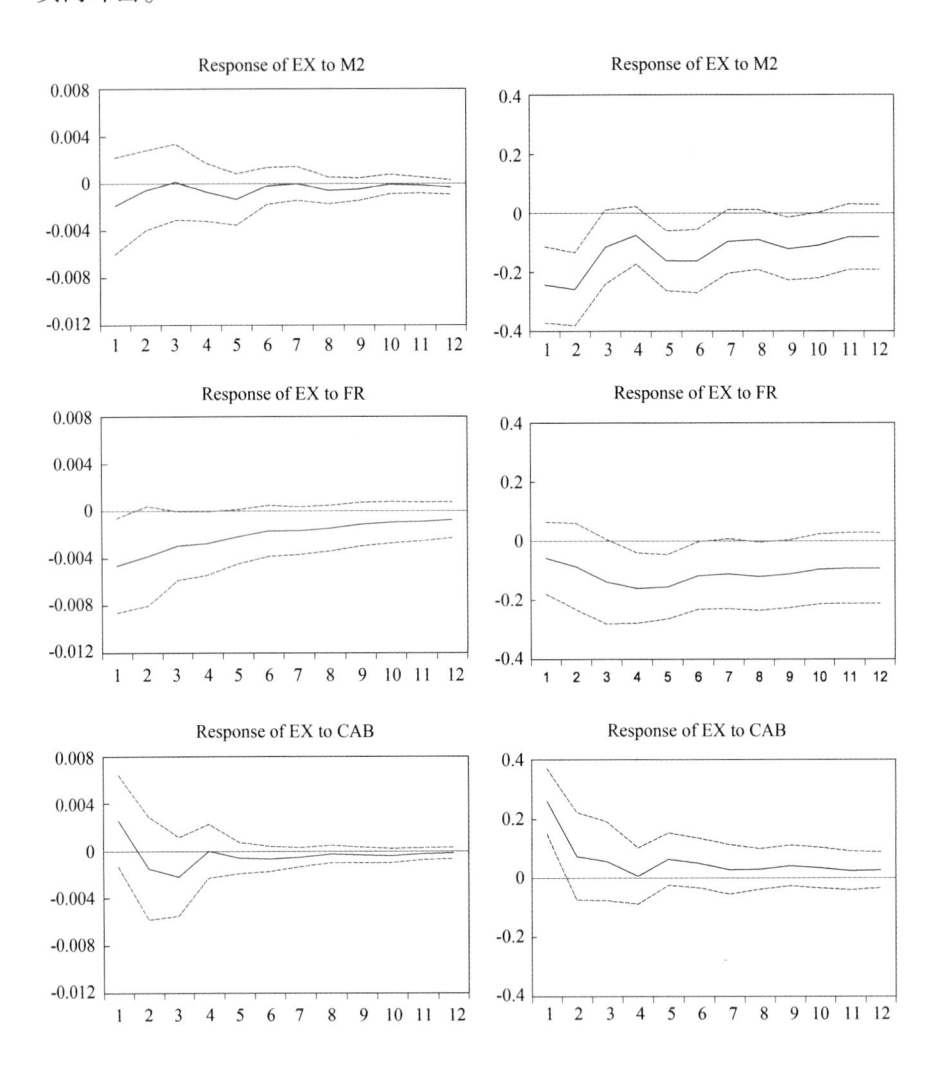

图 6-1　国际产业资本对汇率（左列）和工资（右列）的脉冲响应

第七章

结论与政策建议

本书首先结合资本主义不同历史阶段的劳动力再生产过程和金融化资本的形成逻辑梳理了金融化背景下劳动力再生产的新特征与理论分析新框架；然后根据这一分析框架，分别探讨了金融化对于劳动力再生产收入方面和费用方面的影响，前者包括劳动力商品的金融化与可变资本的补偿问题，后者包括消费资料的金融化与消费信贷问题；最后结合资本全球循环探究了全球化视角下的金融化与劳动力再生产问题。根据上述行文逻辑，本书的主要结论和政策建议如下。

第一节 主要结论

第一，金融化条件下劳动力再生产的分析框架涉及两个过程，并与资本在七个领域的循环相联系。一方面，劳动力商品循环 $A-G-W_{labor}$ 中的两阶段都会受到金融化的影响。在劳动力与资本的交换阶段 $A-G$，金融化能够使得劳动者面临不稳定就业和不稳定薪酬的问题，从而使得可变资本的补偿陷入困境。金融化背景下出现的新帝国主义掠夺式积累、不稳定劳工、生存条件恶化以及工作日碎片化等劳动力再生产新特征便是由金融化对 $A-G$ 过程的影响导致的。在劳动者用工资购买生活资料的阶段 $G-W_{labor}$，金融化使劳动再生产面临公共部门私有化与消费资料金融化的问题，促致劳动力再生产所需消费资料费用上升。金融化背景下出现的公共部门私有化、消费资料成本上升、消费信贷增多以及收入的虚拟化等劳动力再生产新特征便是由于金融化对 $G-W_{labor}$ 的影响。另一方面，金融化条件下的劳动力再生产涉及不同类型的资本在 7 大领域的循环问题，包括劳动力商品领域、产业资本循环领域、传统的"国家—金融"联合领域、金融化资本扩张领域、金融化条件下的新型"国家—金融"联合领域、固定资本生产流通领域以及消费资料生产流通领域。其中，金融化资本的扩张会形成新型"国家—金融"联合领域，游离出产业资本循环的生息资本在该领域内自我循环，不仅会通过延长固定资本价值丧失的时间而造成劳动者就业和工资的不稳定，还会通过抬升消费资料费用来增加劳动力再生产成本。因此，在金融化的条件下，劳动者必须通过消费信贷、财产融资来再生产出自身的劳动能力。

第二，劳动力商品的金融化是金融化资本家利用金融化资本分割劳动力价值、压低其交换价值的过程，这一过程使得劳动力不再完全是劳动者的商品，而是部分地成为资本家的商品资本。劳动力商品的金融化使得劳动力在被出卖给产业资本家之前，其价值就已经被分割为了两个部分，一个是维持自身生存——仅仅是生存——的消费资料的价值，另一个是偿还给借贷资本家的利息。在这种情况下，劳动力运动的起点不再是商品，而是信贷，是用于购买消费资料而向生息资本家进行的消费信贷。一旦劳动力的价值被分割为生存消费和利息，那么借贷资本家或者生息资本家就占有了劳动力价值的部分所有权，当劳动力被投入到生产过程并创造出剩余价值时，这些借贷资本家便有权利分割到与之相对应的部分剩余价值，这种剩余价值的分割逻辑与马克思意义上的分割逻辑是不一样的：后者强调的是产业资本家与生息资本家关于剩余价值的直接竞争，前者则强调的是两种资本家关于获取劳动力，即剩余价值创造者方面的竞争。企业股东价值逻辑改变了产业资本家的企业经营方式，为了同生息资本家在劳动力商品的争夺上直接竞争，产业资本家选择既能够增加金融业务又能够扩大劳动强度的方式，由于这一方式带来了劳动力交换价值的下行和信贷业务的增多，因此劳动力商品的金融化进程也在加快。

第三，金融化带来的股东价值逻辑强化了企业运行的短视性，企业投资已经高度金融化了，金融化的企业对于员工采用了多种裁员措施，造成了劳动者薪酬收入的不稳定下行和结构性分化。在理论层面，股东价值导向下的"委托—代理"理论强调了企业短期运营的重要性，与这种短期运营相一致的是"准时生产制"的当代资本主义新特征，不仅企业生产销售方面成为"准时生产制"，而且企业对于部门员工的雇佣策略也服从"准时生产制"了：非核心部门的"多余"工人被"及时地"排除出雇佣体系，从而陷入不稳定就业的困境；核心部门的工人工资被"及时地"控制在维持其基本生活水平的位置（甚至更低）。在实践层面，首先，企业固定资本投资过程已经被金融化了，出现了一种新型的"类固定资本投资"方式，即企业并购，其核心思想就是将企业商品化后拆分上市，并通过变卖被收购公司的股票以获取高额收入，从而实现了被收购企业的资本化和虚拟化，加速企业的金融化过程。其次，企业流动资本的投资过程也已经被金融化了，在股东价值的影响下，企业的流动资本投资大都投资于对自身股票的回购上，美国企业不再通过派发股息的方式，而是通过回购股票以提升股价的方式来扩大股东价值。最后，金融企业能够从入职培训、分楼层办公、分化管理层等多个方面对员工灌输"工作不稳定"的理念来进行主动裁员，非金融企业则可以通过企业并购后裁员以及财务会计变更后裁员等措施来实现裁员过程。其最终造成了劳动者薪酬的结构性分化，原先的工资薪酬被分割为工资、绩效奖金和股票期权等多个部分，与工资的阶段性下滑相比，绩效奖金与股票期权的重要性不断提升。

第四，消费资料不同组成结构的金融化提升了劳动力再生产所需消费资料的价格和费用。劳动力再生产所需要的消费资料可以根据其价值毁灭或价值转移的周期不同划分为日常使用的一般性消费资料和长期使用的耐用性消费资料，还可以根据生产资料分为劳动工具和劳动对象的方式将消费资料划分为消费对象，即消费品，以及消费工具，即连接消费者与消费对象的消费场所。在理论层面，综合两种结构划分可以发现，消费资料的金融化分为四种情况，即一般性消费对象的金融化、一般性消费工具的金融化、耐用性消费对象的金融化、耐用性消费工具的金融化。同时，结合消费过程中的生产、交易以及使用的环节可知，一般性消费对象的金融化主要涉及其交易过程的金融化，如大宗商品期货交易的金融化；一般性消费工具的金融化包括其交易过程的金融化和使用过程的金融化，前者主要指销售者借贷购买消费工具，后者则主要指销售者基于消费工具私有性的抵押过程；耐用性消费对象的金融化表现为其交易过程的金融化和使用过程的金融化，前者主要涉及消费信贷过程，后者主要指消费者资产占有后的金融化过程；耐用性消费工具的金融化主要涉及其生产过程中的金融化问题，即其生产过程中低自有资金后的金融化。在实践层面，就消费工具而言，医院、学校等都与土地以及房地产价格的金融化密切相关，随着其价格的上涨，消费工具的费用也在增加；就耐用性消费对象而言，美国医疗服务和教育服务都出现了金融化转型，它们并没有致力于让更多的消费者获得医疗和教育方面的服务，而是按照金融化所要求的股东价值最大化逻辑来发展自己，其最终后果必然是极少数大股东收益增多、绝大多数普通股东收益相对下降以及整体医疗和教育费用的持续走高。

第五，在劳动力再生产收入下行、成本上升的情况下，金融化作用下的消费信贷得到了迅速发展，围绕消费信贷的风险约束，劳资双方虽然能够通过演化博弈的方式来确定消费信贷的稳定状态和最终演化结果，但金融化条件下的消费信贷很难达到稳定的状态，且这种不稳定会进一步加深劳动力再生产所面临的困境。一方面，20世纪70年代后，消费信贷经历了金融化转型，其由原先的住房净资产抵押贷款和信用卡贷款变成了基于住房抵押贷款支持证券（MBS）的消费信贷，造成这一转型主要原因包括前期抵押贷款的制度缺陷、政府积极干预下催生的抵押贷款资产证券化以及金融化资本推动下的商业银行和非银行金融机构证券化业务的发展等。另一方面，虽然金融化推动下消费信贷的增长能够在一定程度上维持劳动力再生产水平，但是却存在不稳定和风险性，主要包括金融化提高住房等耐用性消费资料价格挤压一般性消费水平、证券化支持债券主导下的消费信贷存在信用风险以及金融分析师从统计意义上刻意缩小于证券化支持债券的违约风险等。因此，围绕着上述风险，劳资双方开展了演化博弈。博弈结果表明，在消费信贷利率低于临界值的情况下，随着抵押品金融化程度的不断上升和金融化条件下抵押品折旧率的不断下行，消费信贷会被逐渐抑制，系统的演化稳定状态会大概率趋向于不使用消费信贷，劳动力再生产回归传统上无须消费信贷的水平。但是，当抵押品金融化程度不足、折旧率较大时，劳资双方会朝向都参与消费信贷的方向演化，劳动力再生产几乎完全依赖于消费信贷的水平。前者会因为劳资双方消费信贷概率的错位而不利于劳动力再生产，后者则会通过催化出脱离抵押品融资的平台类消费信贷来加深劳动力再生产的实现困难。

第六，资本全球循环支配着一种新型的金融化，即非核心国家从属性金融化的逻辑，它与核心国家的金融化逻辑相联系，对于两类国家的劳动力再生产造成了新的影响。全球生产网络的形成和国际资本的全球扩张促成了产业资本的全球循环和相对独立的货币资本、借贷货币资本以及虚拟资本的全球循环，并在此基础上形成金融化资本的全球循环。其中，借贷货币资本的全球循环会通过向发展中国家推行金融自由化意识形态和发放外债的方式来支配从属性金融化；虚拟资本的全球循环会通过私有化发展中国家的公共部门并对其进行金融化投资的方式来支配从属性金融化；产业资本全球循环使得核心国家得以利用"双重长臂外包"战略来维持自身的金融化并通过刺激发展中国家金融市场的畸形发展来支配其从属性金融化。这种从属性的金融化不需要本国经济发展到金融化资本阶段，在金融发展不足、金融化深化程度较低的情况下也会存在从属性金融化现象，因此其是对股东价值导向下金融化的逻辑补充。在二者的相互作用下，在非核心国家劳动力再生产方面：一是公共产品的私有化和金融化进程加快，劳动力再生产成本加大；二是国际资本、国内垄断资本以及地方官僚资本形成的联盟通过收购、兼并国内中小企业而挤出大量的劳动力，就业和薪酬的不稳定性被进一步放大；三是与国际资本积累相关的劳动者后备军扩大，进而形成新一轮的"过剩劳工"，从而增加就业不稳定性。在核心国家劳动力再生产方面：一是资本全球循环会造成无偿劳动者的劳动力商品化，并通过进一步分割劳动力市场来加深劳动对金融的隶属；二是加速了非法移民现象，他们不仅自己无法获得正常的生活资料，还会进一步被资产阶级用来对抗本国劳动者，降低所有劳动者的工资水平。

第二节 政策建议

第一，对于企业的股东价值导向型发展进行监管与防控。首先，在思想理论层面向企业及学术研究机构普及股东价值最大化背后的逻辑缺陷，强调企业的所有者不仅仅是股东，特别是大股东，更是包括工人、管理层等所有参与企业运营的人员。其次，在企业实践层面对其进行监管。对于申请并购的企业进行有效的审查，对于以提升股价为目的的股票回购进行严厉的打压，对于企业季度报表进行多次审查和抽查，防止企业通过舞弊的方式提升股价。

第二，允许金融企业开展合法适当的消费信贷业务，严格控制民间高利贷和非正规消费信贷行为。一方面，要充分认知消费信贷过程中存在的风险，对于基于资产证券化条件下的消费信贷业务进行有效的审查以尽可能降低其风险。另一方面，规范消费信贷的相关法律流程，对于民间非法高利贷和其他形式的消费信贷行为进行合理的管制。

第三，政府部门应充分积极提供公共产品和公共服务，同时加强对于国内外资本市场宏观审慎政策的执行。首先，劳动力再生产离不开公共部门的支持，政府需要积极地提供公共服务，防止公共品的私有化、金融化，有效降低耐用性消费资料的价格。其次，积极审慎管理国内资本市场，可以通过增设金融投资税等方式来防止金融部门利用信息、社会关系不对称的便利吸取劳动力价值。最后，对国际资本市场进行宏观调控，在审慎管理国际资本流动的基础上推进资本项目的适度开放，防止外资套利出逃。

第四，成立战略性国家投资体系，从增量上调节劳动力再生产。若想持续性改善收入分配和劳动力再生产的状况，仅靠政府转移支付的方式进行存量调整是不够的，还需要对涉及国计民生的领域进行有效的增量改革。具体而言，成立战略性国家投资体系以及相适应的投资工具，对生态环境、能源资源、教育医疗以及其他社会保障和民生方面进行投资，通过投资产生的基金收益来定向维护和提升各类收入群体的劳动力再生产质量。在这一过程中，强大的货币、强大的中央银行、强大的金融机构、强大的国际金融中心、强大的金融监管、强大的金融人才队伍等金融强国的关键核心要素将随着劳动力再生产质量的提升得到进一步巩固和发展。

参考文献

一 经典著作

《马克思恩格斯全集》(第30卷),人民出版社1995年版。
《马克思恩格斯全集》(第31卷),人民出版社1998年版。
《马克思恩格斯全集》(第32卷),人民出版社1998年版。
《马克思恩格斯全集》(第38卷),人民出版社2019年版。
《马克思恩格斯选集》(第1卷),人民出版社2012年版。
[德]马克思:《资本论》(第1—3卷),人民出版社2004年版。
《列宁全集》(第27卷),人民出版社1990年版。
习近平:《高举中国特色社会主义伟大旗帜 为全面建设社会主义现代化国家而团结奋斗——在中国共产党第二十次全国代表大会上的报告》,人民出版社2022年版。

二 中文专著

陈其人:《卢森堡资本积累理论研究》,东方出版中心2009年版。
陈享光:《储蓄投资金融政治经济学》,中国人民大学出版社2015年版。
崔风茹、刘桂镗:《后危机时代跨国公司全球生产网络研究——以西门子和华为公司为例》,社会科学文献出版社2016年版。
胡大平、张亮等:《资本主义理解史(第五卷):西方马克思主义的资本主义批判理论》,凤凰出版传媒集团、江苏人民出版社2009年版。
黄世忠:《会计数字游戏:美国十大财务舞弊案例剖析》,中国财政经济出版社2003年版。
江晓美:《长矛与步枪:非洲金融热战》,中国科学技术出版社2011年版。
李辉:《反消费主义》,高等教育出版社2016年版。

刘方喜：《审美生产主义——消费时代马克思美学的经济哲学重构》，社会科学文献出版社 2013 年版。

刘刚等：《后福特制：当代资本主义经济新的发展阶段》，中国财政经济出版社 2010 年版。

宋宪萍：《后福特制生产方式下的流通组织理论研究》，经济管理出版社 2013 年版。

谢富胜：《控制和效率：资本主义劳动过程理论与当代实践》，中国环境科学出版社 2012 年版。

叶凯：《物的意识形态：消费文化研究》，吉林文史出版社 2018 年版。

郑也夫：《后物欲时代的来临》，中信出版社 2014 年版。

三 中文译著

［奥］卡瑞恩·克诺尔·塞蒂娜、［英］亚历克斯·普瑞达主编：《牛津金融社会学手册》，艾云、罗龙秋、向静林译，社会科学文献出版社 2019 年版。

［奥］鲁道夫·希法亭：《金融资本》，李琼译，华夏出版社 2017 年版。

［丹］奥勒·比约格：《赚钱：金融哲学和货币本质》，梁岩、刘璇译，中国友谊出版公司 2018 年版。

［德］拉卡里斯奇、［丹］英格罗帕克：《消费的生态经济学》，苏芳译校，中国社会科学出版社 2017 年版。

［德］罗莎·卢森堡：《资本积累论》，彭尘舜、吴纪先译，生活·读书·新知三联书店 1959 年版。

［德］魏伯乐、［美］奥兰·扬、［瑞士］马塞厄斯·芬格主编：《罗马俱乐部报告：私有化的局限》，王小卫、周缨译，上海三联书店、上海人民出版社 2006 年版。

［德］乌尔里希·贝克：《风险社会：新的现代性之路》，张文杰、何博闻译，译林出版社 2018 年版。

［法］热拉尔·杜梅尼尔、多米尼克·莱维：《新自由主义与第二个金融霸权时期》，丁为民、王熙摘译，载刘元琪主编《资本主义经济金融化与国际金融危机》，经济科学出版社 2009 年版。

［法］多米尼克·戴泽：《消费》，邓芸译，商务印书馆 2015 年版。

［法］多米尼克·普利翁：《国际金融的不平稳与不稳定性：自由主义政

策应负的责任》，载［法］弗朗索瓦·沙奈等《金融全球化》，齐建华、胡振良译，中央编译出版社 2006 年版。

［法］弗朗索瓦·沙奈：《资本全球化》，齐建华译，中央编译出版社 2001 年版。

［法］弗洛朗丝·雅尼－卡特里斯：《总体绩效：资本主义新精神》，周晓飞译，中国经济出版社 2018 年版。

［法］罗贝尔·古特曼：《国际金融资本的变化》，载［法］弗朗索瓦·沙奈等《金融全球化》，齐建华、胡振良译，中央编译出版社 2006 年版。

［法］让·鲍德里亚：《生产之镜》，仰海峰译，中央编译出版社 2005 年版。

［法］让·鲍德里亚：《消费社会》（第四版），刘成富、全志钢译，南京大学出版社 2014 年版。

［荷］安德烈亚·科姆洛希：《工作关系与劳动关系》，载［德］于尔根·科卡、［荷］马塞尔·范德林登主编《资本主义：全球化时代的反思》，于留振译，商务印书馆 2018 年版。

［津巴布韦］普罗斯珀·B. 马通迪、［挪威］谢尔·海威尼维克、［瑞典］阿塔基尔特·贝耶内：《生物燃料、土地掠夺和非洲的粮食安全》，孙志娜译，民主与建设出版社 2015 年版。

［美］阿道夫·A. 伯利、加德纳·C. 米恩斯：《现代公司与私有财产》，甘华鸣、罗锐韧、蔡如海译，商务印书馆 2005 年版。

［美］阿蒂夫·迈恩、阿米尔·苏菲：《房债：为什么会出现大衰退，如何避免重蹈覆辙》，何志强、邢增艺译，中信出版社 2015 年版。

［美］巴鲁克·列夫、谷丰：《会计的没落与复兴》，方军雄译，北京大学出版社 2018 年版。

［美］保罗·罗伯茨：《冲动的社会：为什么我们越来越短视，世界越来越极端》，鲁冬旭、任思思、冯宇译，中信出版社 2017 年版。

［美］查尔斯·波里尔、迈克尔·鲍尔、威廉·豪泽：《华尔街疯狂瘦身法》，梁嫄译，东方出版社 2009 年版。

［美］大卫·哈维：《跟大卫·哈维读〈资本论〉》（第一卷），刘英译，上海世纪出版股份有限公司、上海译文出版社 2013 年版。

［美］大卫·哈维：《跟大卫·哈维读〈资本论〉》（第二卷），谢富胜、

李连波等校译，上海译文出版社 2016 年版。

［美］大卫·哈维：《世界的逻辑》，周大昕译，中信出版社 2017 年版。

［美］大卫·哈维：《新帝国主义》，初立忠、沈晓雷译，社会科学文献出版社 2009 年版。

［美］大卫·哈维：《资本的限度》，张寅译，中信出版社 2017 年版。

［美］大卫·哈维：《资本社会的 17 个矛盾》，许瑞宋译，中信出版社 2016 年版。

［美］戴维·哈维：《后现代的状况——对文化变迁之缘起的探究》，阎嘉译，商务印书馆 2003 年版。

［美］丹尼·罗德瑞克：《全球化走得太远了吗?》，熊贤良、何蓉译，北京出版社 2000 年版。

［美］丹尼尔·贝尔：《资本主义文化矛盾》，赵一凡、蒲隆、任晓晋译，生活·读书·新知三联书店 1989 年版。

［美］凡勃仑：《有闲阶级论：关于制度的经济研究》，李华夏译，中央编译出版社 2012 年版。

［美］哈里·布雷弗曼：《劳动与垄断资本：二十世纪中劳动的退化》，方生等译，商务印书馆 1979 年版。

［美］何柔宛（Karen Ho）：《清算：华尔街的日常生活》，翟宇航等译，华东师范大学出版社 2018 年版。

［美］亨利·福特：《我的生活与工作》，梓浪、莫丽芸译，北京邮电大学出版社 2005 年版。

［美］克里斯托弗·布朗：《不平等，消费信用与储蓄之谜》，程皓译，社会科学文献出版社 2016 年版。

［美］贾米尔·乔纳、约翰·福斯特：《工人阶级不稳定性的马克思主义理论及其与当今的关联》，苏熠慧译，载姚建华、苏熠慧编著《回归劳动：全球经济中不稳定的劳工》，社会科学文献出版社 2019 年版。

［美］肯尼斯·霍博、威廉·霍博：《清教徒的礼物：那个让我们在金融废墟重拾梦想的馈赠》，丁丹译，东方出版社 2013 年版。

［美］伦德尔·卡尔德：《融资美国梦：消费信贷文化史》，严忠志译，世纪出版集团、上海人民出版社 2007 年版。

［美］迈克尔·赫德森：《金融帝国：美国金融霸权的来源和基础》，嵇飞、林小芳等译，中央编译出版社 2008 年版。

［美］迈克尔·尤辛:《投资商资本主义》,樊志刚等译,海南出版社1999年版。

［美］莫妮卡·普拉萨德:《过剩之地:美式富足与贫困悖论》,余晖译,上海人民出版社2019年版。

［美］乔西·柯斯曼:《买断美国:私募股权投资如何引发下一轮大危机》,王茜译,机械工业出版社2010年版。

［美］乔治·瑞泽尔:《赋魅于一个祛魅的世界——消费圣殿的传承与变迁》,罗建平译,社会科学文献出版社2015年版。

［美］萨斯基娅·萨森:《驱逐:全球经济中的野蛮性与复杂性》,何森译,凤凰出版传媒股份有限公司、江苏凤凰教育出版社2016年版。

［美］威廉·I. 罗宾逊:《全球资本主义论:跨国世界中的生产、阶级与国家》,高明秀译,社会科学文献出版社2009年版。

［美］约翰·B. 福斯特、弗雷德·马格多夫:《当前金融危机与当代资本主义停滞趋势》,陈弘译,载刘元琪主编《资本主义经济金融化与国际金融危机》,经济科学出版社2009年版。

［美］约翰·肯尼斯·加尔布雷思:《加尔布雷思文集》,沈国华译,上海财经大学出版社2006年版。

［葡］若昂·阿马罗·德·马托斯:《公司金融理论》,费方域译,上海财经大学出版社2009年版。

［日］堤清二:《消费社会批判》,朱绍文等译校,经济科学出版社1998年版。

［日］高田太久吉:《金融全球化十大热点问题》,孙仲涛、宋颖译,中共中央党校出版社2005年版。

［意］杰奥瓦尼·阿锐基:《漫长的20世纪:金钱、权力与我们社会的根源》,姚乃强、严维明、韩振荣译,江苏人民出版社2001年版。

［英］大卫·哈维:《资本的城市化:资本主义城市化的历史与理论研究》,董慧译,苏州大学出版社2017年版。

［英］丹尼尔·米勒:《消费:疯狂还是理智》,张松萍译,经济科学出版社2013年版。

［英］盖伊·斯坦丁:《不稳定的无产者:从失权者到公民》,周洋译,载姚建华、苏熠慧编著《回归劳动:全球经济中不稳定的劳工》,社会科学文献出版社2019年版。

［英］卡尔·波兰尼：《巨变：当代政治与经济的起源》，黄树民译，社会科学文献出版社2017年版。

［英］莱斯利·斯克莱尔：《资本主义全球化及其替代方案》，梁光严等译，社会科学文献出版社2012年版。

［英］罗纳德·多尔：《股票资本主义：福利资本主义——英美模式VS.日德模式》，李岩、李晓桦译，社会科学文献出版社2002年版。

［英］罗纳尔多·蒙克：《新瓶装旧酒：全球化、劳动与不稳定的无产者》，孙萍译，载姚建华、苏熠慧编著《回归劳动：全球经济中不稳定的劳工》，社会科学文献出版社2019年版。

［英］诺埃尔·卡斯特利、尼尔·M.科、凯文·沃德等：《工作空间：全球资本主义与劳动力地理学》，刘淑红译，凤凰出版传媒股份有限公司、江苏凤凰教育出版社2015年版。

［英］斯图尔特·克雷纳：《管理简史》，覃果、李晖、夏萍等译，海南出版社2017年版。

［英］西莉亚·卢瑞：《消费文化》，张萍译，南京大学出版社2003年版。

［英］雅克·佩雷蒂：《重启：隐藏在交易背后的决策》，钟鹰翔译，广东经济出版社2019年版。

［英］约翰·梅纳德·史密斯：《演化与博弈论》，潘春阳译，复旦大学出版社2008年版。

四 中文期刊、报刊文献

曹辉、李茹莹：《美国大学基金会的资本输入、投资行为与治理方略》，《黑龙江高教研究》2016年第2期。

陈波：《经济金融化与劳资利益关系的变化》，《社会科学》2012年第6期。

陈波：《资本循环、"积累悖论"与经济金融化》，《社会科学》2018年第3期。

陈享光：《消费和储蓄的政治经济学考察——兼论我国消费储蓄政策》，《经济纵横》2018年第8期。

陈享光、黄泽清：《金融化、虚拟经济与实体经济的发展——兼论"脱实向虚"问题》，《中国人民大学学报》2020年第5期。

陈享光、黄泽清：《我国房地产价格变动的金融化逻辑》，《经济纵横》

2017 年第 12 期。

程恩富、谢长安：《当代垄断资本主义经济金融化的本质、特征、影响及中国对策——纪念列宁〈帝国主义是资本主义的最高阶段〉100 周年》，《社会科学辑刊》2016 年第 6 期。

杜勇、张欢、陈建英：《金融化对实体企业未来主业发展的影响：促进还是抑制》，《中国工业经济》2017 年第 12 期。

高峰：《金融化全球化的垄断资本主义与全球性金融——经济危机》，《国外理论动态》2011 年第 12 期。

高映珍：《非生产性固定资产的价值补偿问题》，《经济研究》1991 年第 8 期。

黄泽清：《金融化对收入分配影响的理论分析》，《政治经济学评论》2017 年第 1 期。

黄泽清、陈享光：《从属性金融化的政治经济学研究》，《教学与研究》2022 年第 4 期。

黄泽清、陈享光：《国际资本流动与我国各收入群体收入份额的变动——基于帕尔玛比值的分析》，《经济学动态》2018 年第 8 期。

黄泽清、李连波：《马克思劳动力再生产理论的再认识——基于两类流通过程的动态分析》，《马克思主义与现实》2023 年第 1 期。

李连波：《新自由主义、主体性重构与日常生活的金融化》，《马克思主义与现实》2019 年第 3 期。

李玲：《对比中美医改，增强制度自信》，《环球时报》2019 年 6 月 25 日第 15 版。

李怡乐：《家务劳动社会化形式的演变与资本积累》，《马克思主义与现实》2017 年第 3 期。

鲁春义、丁晓钦：《经济金融化行为的政治经济学分析——一个演化博弈框架》，《财经研究》2016 年第 7 期。

栾文莲：《金融化加剧了资本主义社会的矛盾与危机》，《世界经济与政治》2016 年第 7 期。

马慎萧：《劳动力再生产的金融化——资本的金融掠夺》，《政治经济学评论》2019 年第 2 期。

孟捷：《日本学者伊藤诚论后福特主义》，《国外理论动态》1999 年第 9 期。

宁殿霞:《金融化世界中的景观幻象与财富流转》,《武汉大学学报》(哲学社会科学版) 2018 年第 4 期。

欧阳彬:《当代资本主义日常生活金融化批判》,《马克思主义研究》2018 年第 5 期。

裴长洪、倪江飞、李越:《数字经济的政治经济学分析》,《财贸经济》2018 年第 9 期。

彭俞超、韩珣、李建军:《经济政策不确定性与企业金融化》,《中国工业经济》2018 年第 1 期。

齐昊、马梦挺、包倩文:《网约车平台与不稳定劳工——基于南京市网约车司机的调查》,《政治经济学评论》2019 年第 3 期。

申唯正:《21 世纪:金融叙事中心化与整体主义精神边缘化》,《江海学科》2019 年第 1 期。

宋宪萍、梁俊尚:《基于资本循环框架的金融化与空间化》,《马克思主义研究》2014 年第 10 期。

王景枝:《私有化趋势冲击美国高等教育公平》,《光明日报》2019 年 12 月 12 日第 14 版。

谢德仁:《再论经理人股票期权的会计确认》,《会计研究》2010 年第 7 期。

谢富胜、匡晓璐:《金融部门的利润来源探究》,《马克思主义研究》2019 年第 6 期。

谢富胜、李安:《人力资本理论与劳动力价值》,《马克思主义研究》2008 年第 8 期。

谢富胜、吴越、王生升:《平台经济全球化的政治经济学分析》,《中国社会科学》2019 年第 12 期。

杨兵:《美国雇员持股计划如何参与公司治理》,《社会保障问题研究》2003 年第 2 期。

杨长江:《略论当代金融资本》,《政治经济学评论》2015 年第 5 期。

杨典、欧阳璇宇:《金融资本主义的崛起及其影响——对资本主义新形态的社会学分析》,《中国社会科学》2018 年第 12 期。

袁堂卫、张志泉:《逆全球化、再全球化的马克思主义分析》,《马克思主义研究》2019 年第 9 期。

张成思、张步昙:《中国实业投资率下降之谜:经济金融化视角》,《经济研究》2016 年第 12 期。

张健：《警惕楼市"金融化"面临的国际风险》，《红旗文稿》2014 年第 10 期。

张翔、刘璐、李伦一：《国际大宗商品市场金融化与中国宏观经济波动》，《金融研究》2017 年第 1 期。

张翔鹏：《员工持股制度研究》，博士学位论文，中国社会科学院研究生院，2001 年。

张雄：《金融化世界与精神世界的二律背反》，《中国社会科学》2016 年第 1 期。

张以哲：《生活世界金融化的深层逻辑：从经济领域到人的精神世界》，《湖北社会科学》2016 年第 5 期。

周华、戴德明、刘俊海等：《国际会计准则的困境与财务报表的改进——马克思虚拟资本理论的视角》，《中国社会科学》2017 年第 3 期。

［美］J. B. 福斯特、R. W. 麦克斯切尼、R. J. 约恩纳：《全球劳动后备军与新帝国主义》，张慧鹏译，《国外理论动态》2012 年第 6 期。

［美］理查德·贝福雷、约瑟夫·哈利维：《马格多夫－斯威齐和明斯基论劳动对金融的实际隶属》，张雪琴译、王生升校，载《清华政治经济学报》第 2 卷，社会科学文献出版社 2014 年版。

［美］史蒂芬·A. 马格林：《老板们在做什么？——等级制与储蓄》，张淼、冯志轩译，《政治经济学评论》2010 年第 4 期。

［美］史蒂芬·A. 马格林：《老板们在做什么？——资本主义生产中等级制度的起源和功能》，柯唱、李安译，《政治经济学评论》2009 年第 1 期。

［美］威廉·K. 泰伯：《当代资本主义经济金融化与金融犯罪》，王燕译，《国外理论动态》2016 年第 7 期。

［美］约翰·B. 福斯特：《垄断资本的新发展：垄断金融资本》，云南师范大学马克思主义理论研究中心译，《国外理论动态》2007 年第 3 期。

［日］足立真理子：《资产、地租以及女性——对地租资本主义的女权视角分析》，李亚姣译，载孟捷、龚刚主编《政治经济学报》第 7 卷，社会科学文献出版社 2016 年版。

［希］考斯达斯·拉帕维查斯：《金融化了的资本主义：危机和金融掠夺》，李安译，载柳欣、张宇主编《政治经济学评论》第 15 辑，中国

人民大学出版社 2009 年版。

［意］里卡多·贝罗菲奥雷、［澳］约瑟夫·哈利维：《解构劳动：当代资本主义的"新特点"（上）》，车艳秋、房广顺译，《国外理论动态》2009 年第 11 期。

［印］拜斯德伯·达斯古普塔，《金融化、劳动力市场弹性化、全球危机和新帝国主义——马克思主义的视角》，车艳秋译，《国外理论动态》2014 年第 11 期。

［英］简·哈代：《全球经济中的劳动力分工新格局》，张志超译，《国外理论动态》2013 年第 5 期。

［英］约翰娜·蒙哥马利，《全球金融体系、金融化和当代资本主义》，车艳秋、房广顺译，《国外理论动态》2012 年第 2 期。

五　英文文献

Alan Walks, "Mapping the Urban Debtscape: The Geography of Household Debt in Canadian Cities", *Urban Geography*, Vol. 34, No. 2, 2013.

Alfred Rappaport, *Creating Shareholder Value: The New Standard for Business Performance*, New York: The Free Press, 1986.

Alicja Bobek, Marek Mikus and Martin Sokol, "Making Sense of the Financialization of Households: State of the Art and Beyond", *Socio-Economic Review*, mwad 029, 2023.

Amit Bhaduri, Kazimierz Laski and Martin Riese, "A Model of Interaction Between the Virtual and the Real Economy", *Metronomica*, Vol. 57, No. 3, 2006.

Andrew Leyshon and Nigel Thrift, "The Capitalization of Almost Everything: The Future of Finance and Capitalism", *Theory, Culture & Society*, Vol. 24, No. 7, 2007.

Annina Kaltenbrunner and Juan Pablo Painceira, "Developing Countries' Changing Nature of Financial Integration and New Forms of External Vulnerability: the Brazilian Experience", *Cambridge Journal of Economics*, Vol. 39, No. 5, 2015.

Ash Amin, *Post-Fordism: A Reader*, Cambridge: Blackwell, 1994.

Bruno Bonizzi, Annina Kaltenbrunner and Jeff Powell, "Subordinate Financialization in Emerging Capitalist Economies", Greenwich Papers in Political Economy, No. GPERC69, 2019.

Bruno Bonizzi, "Financialisation in Developing and Emerging Countries: A Survey", *International Journal of Political Economy*, Vol. 42, No. 4, 2013.

Bruno Bonizzi, "Institutional Investors' Allocation to Emerging Markets: A Panel Approach to Asset Demand", *Journal of International Financial Markets, Institutions & Money*, Vol. 47, No. 5, 2017.

Christian Marazzi, *The Violence of Financial Capitalism*, Cambridge, Mass and London: MIT Press, 2010.

Cindi Katz, "Vagabond Capitalism and the Necessity of Social Reproduction", *Antipode*, Vol. 33, No. 4, 2001.

Costas Lapavitsas, Ivan Mendieta-Muñoz, "Fnancialization at a Watershed in the USA", *Competition & Change*, Vol. 22, No. 5, 2018.

Costas Lapavitsas, *Profiting without Producing: How Finance Exploits Us All*, London: Verso Press, 2013.

Costas Lapavitsas, "Explaining the Historic rise in Financial Profits in the US Economy", University of Utah Department of Economics Working Paper Series, No. 6, 2017.

Costas Lapavitsas, "Theorizing Financialisation", *Work, Employment, and Society*, Vol. 25, No. 4, 2011.

Cédric Durand and Maxime Gueuder, "The Investment-profit Nexus in an Era of Financialisation and Globalization, a Marxist Perspective", CEPN Working Papers, No. 1, 2016.

Céline Baud and Cédric Durand, "Financialization, Globalization and the Making of Profits by Leading Retailers", *Socio-Economic Review*, Vol. 10, No. 2.

Daniel Friedman, "Evolutionary Games in Economics", *Econometric*, Vol. 59, No. 3, 1991.

Daniel Bergstresser and Thomas Philippon, "CEO Incentives and Earnings Management", *Journal of Financial Economics*, Vol. 80, No. 3, 2006.

David M. Brennan, David Kristjanson-Gural, Catherine P. Mulder and Erik

K. Olsen (ed), *Routledge Handbook of Marxian Economics*, NY: Routledge Press, 2017.

Dick Bryan, Michael Rafferty, and Chris Jefferis, "Risk and Value: Finance, Labor, and Production", *South Atlantic Quarterly*, Vol. 114, No. 2, 2015.

Dick Bryan, Randy Martin and Mike Rafferty, "Financialization and Marx: Giving Labor and Capital a Financial Makeover", *Review of Radical Political Economics*, Vol. 41, No. 4, 2009.

Dick Bryan, "The Duality of Labour and the Financial Crisis", *Economic and Labour Relations Review*, Vol. 26, No. 2, 2010.

Eckhard Hein and Nina Dodig, "Financialisation, Distribution, Growth and Crises-long-run Tendencies", Working Paper, Institute for International Political Economy, Berlin, No. 35, 2014.

Eckhard Hein, "Finance-dominated Capitalism and Re-distribution of Income: A Kaleckian Perspective", *Cambridge Journal of Economics*, Vol. 39, 2015.

Eileen Appelbaum and Rosemary Batt, *Private Equity at Work: When Wall Street Manages Main Street*, New York: Russell Sage Foundation Press, 2014.

Eileen Appelbaum, Rose Batt and Ian Clark, "Implications of Financial Capitalism for Employment Relations Research: Evidence from Breach of Trust and Implicit Contracts in Private Equity Buyouts", *British Journal of Industrial Relations*, Vol. 51, No. 3, 2013.

Elif Karacimen, "Consumer Credit as an Aspect of Everyday Life of Workers in Developing Countries: Evidence from Turkey", *Review of Radical Political Economics*, Vol. 48, No. 2, 2016.

Engelbert Stockhammer, "Shareholder Value Orientation and the Investment-profit Puzzle", *Journal of Post Keynesian Economics*, Vol. 28, No. 2, 2005.

Engelbert Stockhammer, "Financialisation and the Slowdown of Accumulation", *Cambridge Journal of Economics*, Vol. 28, No. 5, 2004.

Engelbert Stockhammer, "Financialization, Income Distribution and the Crisis", *Investigación Económica*, Vol. LXXI, No. 279, enero-marzo de 2012.

Erdogan Bakir and AL Campbell, "Neoliberalism, the Rate of Profit and the Rate of Accumulation", *Science & Society*, Vol. 74, No. 3, 2010.

Eswar Prasad, Thomas Rumbaugh and Qing Wang, "Putting the Cart before the Horse? Capital Account Liberalization and Exchange Rate Flexibility in China", *China & World Economy*, Vol. 13, No. 4, 2005.

Ewald Engelen, "The Case for Financialization", *Competition & Change*, Vol. 12, No. 2, 2008.

Frank Dobbin, Jiwook Jung, "The Misapplication of Mr. Michael Jensen: How Agency Theory Brought Down the Economy and Why It Might Again", *Research in the Sociology of Organizations*, Vol. 30, No. B, 2010.

François Chesnais, *Finance Capital Today: Corporations and Banks in the Lasting Global Slump*, Leiden-Boston: Brill, 2016.

Gary Gereffi, John Humphrey and Timothy Sturgeon, "The Governance of Global Value Chains", *Review of International Political Economy*, Vol. 12, No. 1, 2010.

Gerald Epstein andArjun Jayadev, The Rise of Rentier Incomes in OECD Countries: Financialization, Central Bank Policy and Labor Solidarity, *Financialization and the World Economy*, Northampton, MA: Edward Elgar, 2005.

Guy Standing, *The Precariat: The New Dangerous Class*, New York: Bloomsbury, 2011.

Howard Gospel, Andrew Pendleton and Sigurt Vitols, *Financialization, New Investment Funds, and Labour: An International Comparison*, Oxford: Oxford University Press, 2014.

Ian Clark and Robert Macey, "How is Financialization Contagious? How do HR Practices Help Capture Workplace Outcomes in Financialized Firms?", Paper to 33rd International Labour Process Conference, Athens, April 13 – 15, 2015.

Jack Welch Elaborates: Shareholder Value, https://chrisbanescu.com/blog/2009/03/jack-welch-elaborates-shareholder-value/.

James Crotty, "The Neoliberal Paradox: The Impact of Destructive Product Market Competition and Impatient Finance on Nonfinancial Corporations in the Neoliberal Era", *Review of Radical Political Economics*, Vol. 35, No. 3,

2003.

Jean Cushen and Paul Thompson, "Financialization and Value: Why Labour and the Labour Process Still Matter", *Work, Employment and Society*, Vol. 30, No. 2, 2016.

Jean Cushen, "Financialization in the Workplace: Hegemonic Narratives, Performative Interventions and the Angry Knowledge Worker", *Accounting, Organizations and Society*, Vol. 38, No. 4, 2013.

Jeff Powel, "Subordinate Financialization: A Study of Mexico and its Non-Financial Corporations", PhD Thesis, SOAS, University of London, 2013.

John F. M. McDermott, "Producing Labor-Power", *Science & Society*, Vol. 71, No. 3, 2007.

John Smith, *Imperialism in the Twenty-First Century: Globalization, Super-Exploitation, and Capitalism's Final Crisis*, NY: NYU Press, 2016.

John G. Gurley and Edward S. Shaw, "Financial Aspects of Economic Development", *American Economic Review*, Vol. 45, No. 4, 1955.

Julie Froud, Colin Haslam, Sukhdev Johal and Karel Williams, "Shareholder Value and Financialization: Consultancy Promises and Management Moves", *Economy & Society*, Vol. 29, No. 1, 2000.

Julie Froud, Sukhdev Johal, Adam Leaver and Karel Williams, *Financialization and Strategy: Narrative and Numbers*, London: Routledge Press, 2006.

Kenneth Ewart Boulding, "Income or Welfare", *Review of Economic Studies*, Vol. 17, No. 2, 1949.

Ken-Hou Lin and Donald Tomaskovic-Devey, "Financialization and U. S. Income Inequality, 1970 – 2008", *American Journal of Sociology*, Vol. 118, No. 5, 2013.

Kevin Fox Gotham, "Creating Liquidity out of Spatial Fixity: The Secondary Circuit of Capital and the Subprime Mortgage Crisis", *International Journal of Urban and Regional Research*, Vol. 32, No. 2, 2009.

K. Ali Akkemik and Sukru Ozen, "Macroeconomic and Institutional Determinants of Financialisation of Non-financial Firms: Case study of Turkey", *Socio-Economic Review*, Vol. 12, No. 1, 2014.

Lena Rethel, "Financialisation and the Malaysian Political Economy", *Global-*

ization, Vol. 7, No. 4, 2010.

Leon T. Kendall. "Securitization: A New Era in American Finance", In Leon T. Kendall and Michael J. Fishman, *A Primer on Securitization*, MIT Press, 1998.

Manuel B. Aalbers, *The Financialization of Housing: A Political Economy Approach*, London: Routledge Press, 2016.

Manuel B. Aalbers, "The Financialization of Home and the Mortgage Market Crisis", *Competition & Change*, Vol. 12, No. 2, 2008.

Maurizio Lazzarato, *The Making of the Indebted Man: An Essay on the Neoliberal Condition*, Los Angeles: Semiotex (e), 2012.

Martin Sokol, "Towards a 'Newer' Economic Geography? Injecting Finance and Financialisation into Economic Geographies", *Cambridge Journal of Regions, Economy and Society*, Vol. 6, No. 3, 2013.

Mary O'Sullivan, *Contests for Corporate Control: Corporate Governance and Economic Performance in the United States and Germany*, Oxford: Oxford University Press, 2000.

Matthew Watson, "House Price Keynesianism and the Contradictions of the Modern Investor Subject", *Housing Studies*, Vol. 25, No. 3, 2010.

Max J. Krause and Thabet Tolaymat, "Quantification of Energy and Carbon Costs for Mining Cryptocurrencies", *Nature Sustainability*, Vol. 11, No. 1, 2018.

Melinda Cooper, "Book Review—An Empire of Indifference: American War and the Financial Logic of Risk Management", *Postmodern Culture*, Vol. 18, No. 1, 2007.

Michel Aglietta, "Shareholder Value and Corporate Governance: Some Tricky Questions", *Economy and Society*, Vol. 29, No. 1, 2000.

Mike Gane, *Baudrillard's Bestiary: Baudrillard and Culture*, NY: Routledge Press, 1991.

Nadine Reis and Felipe Antunes de Oliveira, "Peripheral Financialization and the Transformation of Dependency: A View from Latin America", *Review of International Political Economy*, Vol. 30, No. 2, 2023.

Natascha van der Zwan, "Making Sense of Financialization", *Socio-Economic*

Review, Vol. 12, No. 1, 2014.

Neil Fligstein and Adam Goldstein, "The Anatomy of the Mortgage Securitization Crisis", *Research in the Sociology of Organizations*, Vol. 30, PART A, 2010.

Noemi Levy Orlik, "Financialisation in Unsuccessful Neo-Mercantilist Economies External Capital Inflows, Financial Gains and Income Inequality", *Limes+*, Vol. XI, No. 3, 2014.

Pablo G. Bortz and Annina Kaltenbrunner, "The International Dimension of Financialization in Developing and Emerging Economies", *Development and Change*, Vol. 49, No. 2, 2018.

Paul Thompson, "Disconnected Capitalism: Or Why Employers Can't Keep Their Side of the Bargain", *Work, Employment and Society*, Vol. 17, No. 2, 2003.

Paul Thompson, "Financialization and the Workplace: Extending and Applying the Disconnected Capitalism Thesis", *Work, Employment and Society*, Vol. 27, No. 3, 2013.

Peter L. Bernstein, *Capital Ideas: The Improbable Origins of Modern Wall Street*, New Jersey: Wiley Press, 2005.

Philip Harvey, "Marx's Theory of the Value of Labor Power: An Assessment", *Social Research*, Vol. 50, No. 2, 1983.

Philip Mader, Daniel Mertens and Natascha van der Zwan (ed), *Routledge International Handbook of Financialization*, NY: Routledge Press, 2020.

Randy Martin, *An Empire of Indifference: American War and the Financial Logic of Risk Management*, London: Duke University Press, 2007.

Randy Martin, *Financialization of Daily Life*, Philadelphia: Temple University Press, 2002.

Raquel Rolinik, "Late Neoliberalism: The Financialization of Homeownership and Housing Rights", *International Journal of Urban and Regional Research*, Vol. 37, No. 3, 2013.

Raymond W. Goldsmith, *Financial Structure and Development*, New Haven: Yale University Press, 1969.

Raúl Hinojosa, Peter Schey, "The Faulty Logic of the Anti-Immigration Rhetoric", *NACLA Report on the Americas*, Vol. 29, No. 4, 1995.

Richard Sennett, *The Culture of the New Capitalism*, New Haven & London: Yale University Press, 2006.

Rob Aitken, *Performing Capital, Toward a Cultural Economy of Popular and Global Finance*, New York: Palgrave Macmillan Press, 2007.

Robert Boyer, "From Shareholder Value to CEO Power: The Paradox of the 1990s", *Competition and Change*, Vol. 9, No. 1, 2005.

Robert Boyer, "Is a Finance-Led Growth Regime a Viable Alternative to Fordism? A Preliminary Analysis", *Economy and Society*, Vol. 29, No. 1, 2000.

Robert DeYoung and Tara Rice, "How do Banks Make Money? A Variety of Business Strategies", *Economic Perspectives*, Vol. 28, No. 4, 2004.

Robert U. Ayres and Allen V. Kneese, "Production, Consumption, and Externalities", *American Economic Review*, Vol. 59, No. 3, 1969.

Robin Blackburn, "Finance and the Fourth Dimension", *New Left Review*, Vol. 39, 2009.

Roger Lee, "The Ordinary Economy: Tangled up in Values and Geography", *Transactions of the Institute of British Geographers NS*, Vol. 31, No. 4, 2006.

Samir Amin, *Post-Fordism: A reader*, Cambridge: Blackwell, 1994.

Sarah Lehman Quinn, "Government Policy, Housing, and the Origins of Securitization, 1780–1968", PhD thesis, University of California, 2009.

Sharni Chan, "I am King: Financialisation and the Paradox of Precarious Work", *The Economic and Labour Relations Review*, Vol. 24, No. 3, 2017.

Shaun French, Andrew Leyshon and Thomas Wainwright, "Financializing Space, Spacing Financialization", *Progress in Human Geography*, Vol. 35, No. 6, 2011.

Silvia Federici, "From Commoning to Debt: Financialization, Micro-Credit and the Changing Architecture of Capital Accumulation", *South Atlantic Quarterly*, Vol. 113, No. 2, 2014.

Stephen A. Ross, "The Economic Theory of Agency: The Principal's Problem", *American Economic Review*, Vol. 63, No. 2, 1973.

Steve Fraser, *Every Man a Speculator: A History of Wall Street*, New York: Harper Collins Press, 2005.

Tristan Auvray and Joel Rabinovich, "The Financialisation-offshoring Nexus and the Capital accumulation of US Non-financial Firms", *Cambridge Journal of Economics*, bey058, 2019.

Ulrich Jürgens, Katrin Naumann and Joachim Rupp, "Shareholder Value in an Adverse Environment: The German Case", *Economy & Society*, Vol. 29, No. 1, 2000.

Waltraud Schelkle, "In the Spotlight of Crisis: How Social Policies Create, Correct, and Compensate Financial Markets", *Politics & Society*, Vol. 40, No. 1, 2012.

William I. Robinson, *Into the Tempest: Essays on the New Global Capitalism*, Chicago: Haymarket Books, 2018.

William Lazonick and Mary O'Sullivan, "Maximizing Shareholder Value: A New Ideology for Corporate Governance", *Economy and Society*, Vol. 29, No. 1, 2000.

Yingyao Wang, "The Rise of the Shareholding State: Financialization of Economic Management in China", *Socio-Economic Review*, Vol. 13, No. 3, 2015.

Yu Luo and Frank Zhu, "Financialization of the Economy and Income Inequality in China", *Economic and Political Studies*, Vol. 2, No. 2, 2014.

索 引

C

产业资本　3,4,7,9,26,39,40,42,45,55,59—67,71,78,79,81,99,101,141,156,167,179—183,189—192,196,197,199,202,203,206,209,212—214,216,218,219

从属性　5,6,8,9,28,73,178,179,181—192,196,218,219

F

福特　6,10—12,37,49,50,56—59,62—66,68,91,94,123,126—128,156,181,182,186

G

工资　2,3,9—12,17,18,21,34,36,37,39,41—44,47—52,56,67,69,71,78,81,91—94,112,123—129,135,137,143,144,155,156,169,170,172,182,183,193—196,203,209,212—217,219

股东价值　4—6,10,14—19,24—26,28,29,58,62,73,79—83,85—88,90,91,94,95,99—103,105,106,108,110—112,114,117—123,125,126,142,151,178,184,188—191,216—219

国际　1,11,16,21,46,57,62,67,69,70,82,92,95,96,98,100,103,105,106,108,111,112,116,119,120,123,140,141,146,148,151,162,178—188,191—199,201—203,206,209,212—214,218—220

H

核心国家　5,6,8,178,179,181,182,186—196,201,203,218,219

J

价格　2,3,6,7,10,13,14,30,34—38,41—44,46,47,51,53,55,56,59,66,68,69,73,77,79—81,88,92,101,102,118—122,125,130,136,137,140,141,143—153,157,166,167,169,170,174,175,183,191,192,197,198,217,218,220

金融化　1—30,41,55,58—74,77—82,86,90,91,94—98,101—105,107,108,110—112,114,120,123—125,128,130—134,137—146,148—152,154,155,157—161,165,166,169,170,172,174—196,206,213,215—220

金融资本　4,7,8,11—14,23,26,42,45—48,53—55,58,59,62,64,66,68,88,95,97—99,180,184,185,190,191,196

K

可变资本　4—9,30,34—36,40,41,74,77,82,90,91,94,95,101,111,123,130,215

空间　2,25—28,41,64,73,83,115,120,122,135,140,145,175,180

L

劳动力　1—14,16—58,65—82,87,92—94,101,122,130,131,134,135,137,138,143—145,150,155,156,160,168,176—178,181—183,188,189,191—197,215—220

M

马克思　2,4,6,7,11,12,21,23,24,30—44,46,49,51,53,56,58—61,63,74,76—79,82,92—94,100—102,120,131,132,135,136,144,179,180,182,193,196,216

Q

企业　1,2,4—6,9,11,15—20,22,24—26,28,45,47,48,50—53,57,58,62,64,66—69,71,74,79—83,85—92,94—105,107—129,134,136,140—142,148,151,152,157,159—161,167,177,179,181,182,184,185,188—190,192,194,195,216,217,219

S

收入　1—6,8,10—22,26,28,32,46,48,51,52,61—64,69—71,73,74,76,78,79,88,92,94,105,108,115,117,119,125,128,130,139,141,145—147,150,153,154,156,159,162,170,172,181,187,192,195—199,201—203,206,209,212,213,215—218,220

T

投资　5,6,12,13,15—20,25,26,45,53,55,60,62,64,68,70,74,81,86,88,90,94—98,100—108,110,111,114,116—119,121,123—126,136,140—142,144,153,154,159,167,169,180,182—184,187—190,193,194,197,202,203,206,209,216,217,219,220

X

消费信贷　3—7,9,10,12,20,58,69—71,73,77,78,81,82,130—133,139,141—144,150,154—162,165—172,174—177,215—219

消费资料　2,3,5,6,10,14,21,26,27,30,62,67,68,71—73,76,78,79,81,94,102,130,131,134—145,154,160,167,170,176,191,192,196,215—218,220

信用　19,22,24,42,55,58—62,64,65,69,116,142,158,160,161,167,184,185,189,218

虚拟资本　13,45,59—61,63,65,79,80,120,167,179,181,183—185,187—189,192,218,219

Y

运动　4,13,38,50,59—63,65—67,74,75,78,79,82,101,139,156,180,181,196,216

Z

再生产　1—14,17—21,23—32,34—36,38—48,50—55,57,61,65—76,78,79,81,82,94,95,101,130,131,134,135,137,138,143—145,150,155,156,160,168,176—178,183,188,191,192,194—197,215—220

政府　11,12,19,21,22,26,27,52,55,69,78,88,97,102,125,140,145,146,153,155—161,165,166,179,183—186,192,196,213,218—220

住房　1—3,11,14,21,23,27,28,69,135,136,140,141,143,145,148,150,157—159,161,162,164,166,167,218

资本积累　1,4,12—14,23—25,28,35,42,45—48,51—55,57—59,62,64—67,76,93—95,99—101,132,133,135,179—181,184,185,188,191,193,195,219

资产　11—13,15,16,19,20,22,23,26,41,44,51—53,62,66—70,76,77,79,81,87,91,93,97—100,102,103,105—107,115,120—123,130,131,133,136,137,139,141—143,148,150,154,155,158—160,162—168,170,174,175,177,180,183,184,187,188,190,193,195,217—219

后　　记

　　本书是在我的2020年博士学位论文的基础上修改而成的，原文主要的写作时间是2019年至2020年初。众所周知，2020年是极其特殊的一年，年初暴发的新冠疫情迅速席卷全球，冲击了人类政治、经济、文化、生活等方方面面，有些影响持续到了今天。对于直面现实问题的经济学而言，这种外部冲击是不容忽视的，以至于有人调侃道，以后经济学的论文开篇终于不用写"2008年国际金融危机以来"了，而是改为"2020年新冠疫情以来"。由于本书主体内容写作于新冠疫情之前，所以，实事求是地讲，疫情带来的冲击效应是否会影响甚至改变本书的主要结论，在疫情暴发之初我是拿不准的。但是，随着时间的流淌和实践的检验，本书中的主要结论不仅仍然适用，而且获得了更多的论据。欧美发达国家的金融化趋势依然强劲，它们过于依赖金融以至于复工复产的措施也大都是通过金融的方式执行，无论是政府、企业还是家庭部门的金融化程度都达到了新的高度。发展中国家金融化的从属性特征更加明显，一方面，它们不得不承受发达国家国际金融资本的溢出效应；另一方面，随着传统全球生产网络出现裂痕，在各个区域生产网络基础上连接形成的新型全球生产网络为发展中国家提供了更多融入经济全球化的角度，从而也为其摆脱金融依附性和从属性提供了更多的可能。

　　四年来，博士学位论文让我获得了许多荣誉也遭受了些许质疑，但无论如何都没有磨灭我对马克思主义理论特别是政治经济学的热爱。2020年底，博士学位论文入选某奖项的复审，几位主流经济学专家的评论让我对自己的论文、研究的理论甚至当代国内经济学的发展方向都产生了困惑。2022年初，博士学位论文获得了"第一届吴易风马克思主义经济学学术菁英奖"，当我回顾老一代学者的治学态度，沿着老先生们的足迹前行时，曾经熟悉的研究轨道又被我再次找回了。事实上，马克思主义政治经济学是非常深刻且有趣的学问，它不是机械的知识记忆更不是缺乏生机的数字演算，而是在事实基础上抽象提炼出本质范畴后运用逻辑、历史、数理等各种方式对现实状况进行理论再现的过程。本书中的本质性范畴——劳动力商品、产业资本、生息资本、金融资本等，在经历了一二百年的发展演变后发生了什么变化，这些变化聚焦到不同的个体、企业、国家又会产生什么影响，这就是本书想尝试回答的内容。这些内容是如此有趣，以至于我在中国人民大学教授的"00后"学生们也深受吸引，他们也会不断提出更多有意思的问题来丰富这些内容。

完成一篇博士学位论文的书稿要感谢的人有很多。感谢我的导师陈享光教授、我的博士后合作导师张雷声教授以及所有对我在博士学位论文创作过程中有过直接和间接帮助的老师和朋友。学术研究特别是理论经济学的研究虽然直接取决于个人学术积累过程，但在这个过程中少不了导师的谆谆教诲和师友们的鼓励帮助。犹记得论文创作的那段时光，经常去办公室叨扰导师，也经常和学友们一起进行学术沙龙，很多思路的源泉即来源于此。在和陈老师的沟通中，我感悟到了做学问可以如此轻松快乐，政治经济学可以如此深刻透彻；在和张老师的沟通中，我领悟到马克思主义理论的整体性和系统性的重要意义，也更加明晰了政治经济学在马克思主义学科中的基础意义；在和各位老师前辈以及学术友人的沟通交流中，我不断扩大自己的视野，理解了不同研究角度是如何看待同一社会问题的。

感谢中国人民大学马克思主义学院，她让我从一位初出茅庐的博士毕业生逐渐成长为独当一面的青年教师，在紧张又活泼的科研生活中给了我家庭般的温暖和生活的港湾，在我"囊中羞涩"的时期"雪中送炭"，为本书出版提供了资金支持。

感谢《中国社会科学博士论文文库》，如果没有入选文库这一学术激励，本书可能还要延迟许久才能出版。特别感谢中国社会科学出版社的责任编辑王衡老师，感谢她细致和专业的编校工作，为本书中的不少错谬之处做出了修订。

最后，感谢我的家人，他们对我求学和工作的鼎力支持为本书创作提供了一个非常优渥的环境。

今年，我可爱的女儿来到了世间，这本书是爸爸送给她的第一个礼物！

黄泽清

2024 年 6 月